公式テキスト『改訂6
ここが変わった

「福祉住環境コーディネーター検定試験®2級」の問題は、基本的に東京商工会議所が発行する「公式テキスト」から出題されます。2022年2月に公式テキスト『改訂6版』が刊行され、第48回試験からは『改訂6版』の内容が出題範囲となっています。『改訂6版』の全体の構成は『改訂5版』(2019年刊行)を踏襲しており、抜本的な変更はありませんが、『改訂5版』刊行後に行われた重要な法改正や制度改革などに対応した新たな内容が盛り込まれ、また統計等の数値が新しい情報に更新されています。主な変更点はp.1～2のとおりです。

本書は『公式テキスト 改訂6版』に対応しています！

第1章 高齢者や障害者を取り巻く社会状況と福祉住環境コーディネーターの意義

今回の『改訂6版』で最も多く変更されたのはこの章です。「**地域共生社会の実現のための社会福祉法等の一部を改正する法律**」の公布に関連した**介護保険法等の改正や令和3年度介護報酬改定**による見直し等を踏まえた記述となっています。

また、これまで行われてきた**認知症**に対する取り組みについての記述が記載され、新しい**住生活基本計画（全国計画）**を踏まえての記述も追加されました。

- **2020（令和2）年介護保険制度改正**の方向性について
- **令和3年度介護報酬改定**のポイント
- **認知症**に対する取り組みについて（2019（令和元）年策定の「**認知症施策推進大綱**」など）
- **住生活基本計画（2021（令和3）年度～2030（令和12）年度）**について

・**障害者総合支援法**に基づく**令和 3 年度障害福祉サービス等報酬改定**について

・**2020（令和 2）年**の**バリアフリー法改正**について

第 4 章　相談援助の考え方と福祉住環境整備の進め方

・**感染症**の大規模流行下における**相談援助**について（2020（令和 2）年の新型コロナウイルス感染症の感染拡大をうけて）

第 5 章　福祉住環境整備の基本技術および実践に伴う知識

・とくに高齢者の住環境整備において考慮しなければならない**ヒートショック**と**熱中症**について

・福祉住環境整備において、**設備の取り付け位置や名称**などが変更

	改訂5版	→ 改訂6版
玄関の上がりがまち段差の解消	式台	**踏台**に名称変更
和洋室間の段差解消	すりつけ板	**ミニスロープ**に名称変更
収納棚の出し入れしやすい高さ（上方）	眼の高さより下	**肩**の高さより下
トイレの立ち座り用の縦手すり取り付け位置	便器の先端から200～300mm 前方の側面	便器の先端から**250**～300mm 前方の側面
玄関ベンチ設置の際の縦手すり取り付け位置	ベンチ座面端部から200～250mm 程度の位置	ベンチ座面端部から**250**～300mm 程度の位置
便器への横方向アプローチ	－	**トランスファーボード**や**移乗台**を使用しての便器への移乗を追加

第 6 章　在宅生活における福祉用具の活用

・**ロボット介護機器**の開発と活用の取り組みについて（**介護人材不足**への対応や**介護負担の軽減**に向けて）

CONTENTS

本書の使い方

□□ 第55問

解いて正解した問題には、ボックスにチェックを入れましょう。最低2回は正解するという目標を立ててもよいでしょう。

難易度：★★

問題の難易度を、以下の3段階で表しました。

★……………普通
★★…やや難しい
★★★……難しい

各問共通 次の文章の【A】の部分にあてはまる最も適切な語句を、①～④の中から1つ選びなさい。

□□ 第55問 難易度：★★

国際障害分類（ICIDH）は、「障害」というマイナス面だけに注目した分類であったのに対し、国際生活機能分類（ICF）は「【A】」というプラス面に注目した分類に変わった。

①個人因子　②環境因子　③生活機能　④社会的不利

□□ 第56問 難易度：★★

30歳代の生理機能を100%とした場合、腎臓内で血液を濾過する働きは80歳代で約60%にまで低下し、肺で酸素を交換する働きは50%以下になる。しかし、これらの臓器の生理機能は【A】をもっているため、機能が低下しても通常の生活を送ることはできる。

①適応力　②復元力　③免疫機能　④予備能力

□□ 第57問 難易度：★★

知能は、変化する課題や新しい環境に適応する能力としての流動性知能と、学習や経験によって蓄積された知識の積み重ねによって得られる結晶性知能に分かれる。流動性知能は20歳代にピークを示し、それ以降は、個人差はあるものの徐々に低下する。これに対し、結晶性知能は【A】。

①40歳代まで上昇し、その後は徐々に低下する
②40歳代まで上昇し、その後は急激に低下する
③60歳くらいまで上昇し、それを生涯維持できる人もいる
④生涯にわたって上昇し続け、死の直前に急激に低下する

赤シート
正解や重要ポイントなどは、赤シートで隠せるようになっています。赤シートを使ってポイントをおさえ、理解を深めましょう。

付属の赤シートを活用！

第55問 解説 ICF の障害のとらえ方 正解

ICF では､｢心身機能･身体構造｣｢活動｣｢参加｣の総称を｢　　　｣とした。国際障害分類（ICIDH）が「障害」というマイナス面だけに注目した分類であったのに対し、国際生活機能分類（ICF）は「　　機能」というプラス面に注目した分類に変わり、障害観、障害者観の発展を反映したものになった。（公式テキスト p.91）

（公式テキスト p.91）
東京商工会議所発行の公式テキストの対応ページを入れました。

図表で覚えよう！

ICF の諸次元の相互作用

健康状態
心身機能・身体構造　活動　参加
生活機能
環境因子　個人因子
背景因子

図表で覚えよう！
文章では理解しにくい内容を、図や表にして覚えやすくしています。

キーワード

PT：Physical Therapist の略で、理学療法士のこと。
OT：Occupational Therapist の略で、作業療法士のこと。

キーワード
重要単語をピックアップしました。

ポイント

浴槽の長さ
浴槽の長さは、浴槽に入ったときに足底が浴槽壁に届くことが重要である。足が前方の浴槽壁に届かないと、身体が湯に潜り込んでしまい、溺れるおそれがある。

ポイント
覚えておきたいポイントをまとめました。

注：ここに掲載しているページは見本で、本文と一致しません。

本書は、原則として『2 級公式テキスト 改訂 6 版』の情報に基づいて編集しています。また、本書での「公式テキスト」は東京商工会議所発行の『福祉住環境コーディネーター検定試験® 2 級公式テキスト 改訂 6 版』を指します。

試験ガイダンス

●試験期間

試験は年に2シーズン行われます。例年のスケジュールは次のとおりです。

第1回：7月中旬～8月上旬頃　　第2回：11月中旬～12月上旬頃

●試験形式・時間

多肢選択式・90分（別に試験開始前に本人確認、説明等約20分）

●受験資格

学歴・年齢・性別・国籍による制限はありません。

2級からの受験や、2・3級の併願受験も可能です。

●試験方式

IBT：インターネットに接続された受験者本人のパソコンで受験します。自宅や会社などプライバシーが配慮され受験に適した環境であれば受験できます（公共スペースは不可）。

CBT：全国各地のテストセンターのパソコンで受験します。

●出題範囲・合格基準

3級の範囲および『2級公式テキスト 改訂6版』に該当する知識と、それを理解した上での応用力が問われます。100点満点とし、70点以上をもって合格となります。

【注意】試験に関する情報は、変更される場合があります。受験される方は、必ず事前にご自身で下記の試験実施機関が発表する最新情報をご確認ください。

◆試験や公式テキストに関する問合せ先

東京商工会議所　検定センター
TEL：050-3150-8559（土日・祝休日・年末年始を除く 10:00 ～ 18:00）
https://kentei.tokyo-cci.or.jp/fukushi/
〒100-0005 東京都千代田区丸の内3-2-2

●試験の流れ

～IBT編～

①受験申込時の自動返信メールに記載のURLからオンライン試験プラットホーム（Excert）にログインする。

②パソコンや通信状況、受験環境を確認し、「試験開始をリクエスト」をクリックする。

③webカメラを通じて、本人確認・受験環境を確認する。

④試験の開始。

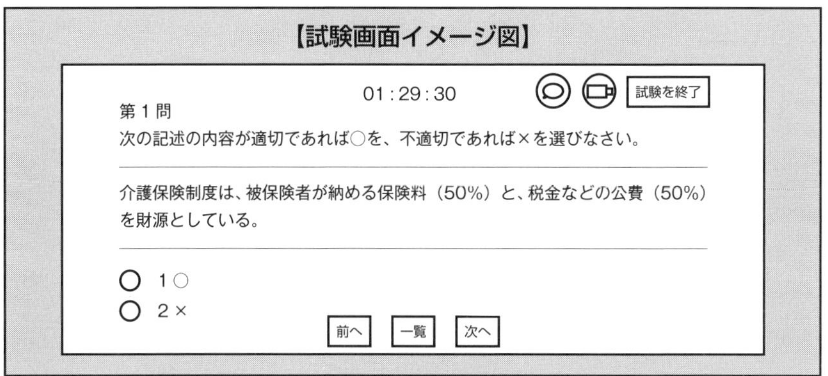

⑤解答の終了後、試験終了ボタンをクリックする。

⑥試験の終了後、試験結果画面に移動すると試験結果が表示される。

⑦「合格」の場合、試験終了の数日後に届くメールにしたがって手続きをすると、デジタル合格証が発行される。

●試験の流れ

～CBT 編～

①予定時間の 30 分～ 10 分前までに試験会場に到着しておく。

②受付と本人確認を済ませる。

③試験会場に入室し、設定されたパソコンでオンライン試験プラットフォーム（Excert）にログインする。

④表示された福祉住環境コーディネーター２級の試験を選択して、試験を開始する。
※試験画面については、IBT 編を参照。

⑤すべての解答が終了したら、試験終了のボタンをクリックする。

⑥試験の終了後、試験結果画面が表示される。

⑦「合格」の場合、試験終了の数日後に届くメールにしたがって手続きをすると、デジタル合格証が発行される。

試験前に必ずやっておくこと！

●持ち物の準備を忘れずに（IBT・CBT 共通）

身分証明書と、IBT のみ**手鏡またはスマートフォン・携帯電話**も忘れずに持参しましょう。**手鏡またはスマートフォン・携帯電話**は、モニター画面のメモ書きや付箋などの貼り付けがないか確認する際に使用します。

●前日までに登録情報を確認・更新しよう（IBT・CBT 共通）

試験前日までにオンライン試験プラットフォーム（Excert）にログインして、登録した ID とパスワードで間違いなくログインができるかどうか、また登録内容に間違いがないか確認しておきましょう。修正が必要な場合は、済ませておきましょう。登録内容が身分証明書と異なる場合は受験ができません。

●動作環境などを事前に準備しておこう（IBT のみ）

事前に、メールにて受験の準備に関する案内があります。特に**動作環境**については詳細な説明があるので、しっかり読んで、前日までに対応しているか確認して整えておきましょう。また、忘れずに PC 等の**動作確認**をしておきましょう。

高齢者や障害者を取り巻く社会状況と福祉住環境コーディネーターの意義

第1問～第42問

公式テキスト p.2 ～ p.86

各問共通　次の文章の内容が、適切であれば○を、不適切であれば×を選びなさい。

□□第①問

難易度：★★

総人口に占める65歳以上の高齢者の人口の割合を、高齢化率という。わが国の2021（令和3）年における高齢化率は、約1割である。高齢者人口の増加は今後も続き、2035年には、高齢化率が2割近くになると推計されている。

□□第②問

難易度：★★

世帯主が65歳以上の高齢者世帯が増加している。高齢者世帯の家族構成では、単独世帯と夫婦のみの世帯が多く、今後は特に単独世帯が増加することが予測されている。

□□第③問

難易度：★★★

2010（平成22）年に内閣府が行った調査によると、介護が必要になったときに介護を受けたい場所としては、「自宅」と回答した人が最も多く、男女ともに全体の5割を超えた。

第1問 解説 高齢者人口の推移

正解 ×

総人口に占める65歳以上の高齢者の人口の割合を、**高齢化率**という。2021（令和3）年の高齢者人口は3,618万人で、高齢化率は**28.8%**となった。高齢者人口の増加は今後も続き、2035年には、高齢化率が**33%**近くになると推計されている。（公式テキスト p.3）

第2問 解説 高齢者世帯数の増加

正解 ○

高齢者世帯の家族構成では、**単独世帯**と夫婦のみの世帯が多く、今後は特に**単独世帯**が増加すると考えられる。高齢者世帯に占める**単独世帯**の割合は、2040年には40.0%まで上昇すると予測される。（公式テキスト p.3）

第3問 解説 介護に対する意識の変化

正解 ×

介護が必要になったときに介護を受けたい場所を「自宅」と回答した人は全体で**37.3%**、男性が**44.7%**、女性が**31.1%**と男女で開きがあり、介護や住まい方に対する考え方の男女による違いが明らかになった（内閣府「介護保険制度に関する世論調査」（2010年）による）。（公式テキスト p.4）

図表で覚えよう！

介護を受けたい場所	全体	男性	女性
現在の住まい（自宅）	37.3%	44.7%	31.1%
介護付きの有料老人ホームや高齢者住宅	18.9%	15.3%	21.9%
特別養護老人ホーム等の介護保険施設	26.3%	22.6%	29.3%
病院に入院	12.9%	12.7%	13.0%

各問共通 次の文章の内容が、適切であれば○を、不適切であれば×を選びなさい。

□□第4問

難易度：★

日本の木造住宅には、かつて用いられていた尺貫法の影響が強く残っており、廊下、階段、開口部等の幅員は、通常、柱芯―芯の間隔を910mm（3尺）としている。このような設計はこれまで常識とされてきたが、高齢者や障害者の生活には適さないことが多い。

□□第5問

難易度：★

わが国の福祉施策は、在宅における生活支援から施設福祉へと変わってきたために、障害をもつ高齢者は、施設や病院で暮らすのが当たり前という考え方が浸透しており、在宅での生活はあまり重視されていない。

□□第6問

難易度：★★

65歳以上の高齢者では、家庭内で起きる事故死が交通事故死の5倍以上に達している。高齢者の家庭内事故による死亡の原因として最も多いのは、転倒や階段などからの転落である。

第4問 解説 日本の木造住宅の問題点

正解 ○

日本の木造住宅には、**尺貫法**の影響が強く残っており、廊下、階段、開口部等の幅員は、通常、柱芯―芯の間隔を**910**mm（**3**尺）としている。このような設計は、これまで常識とされてきたが、介助を必要とする高齢者や、車椅子を使用する障害者の室内移動には適していない。（公式テキスト p.6）

ポイント

尺貫法の長さの単位

尺（しゃく）：1尺＝**10/33**m ≒ **0.303**m ＝ **30.3**cm

寸（すん）：1寸＝**1/10**尺　10寸＝**1**尺

間（けん）：1間＝**6**尺≒**182**cm

第5問 解説 長期化する在宅生活

正解 ×

わが国の福祉施策は、**施設**福祉から**在宅**における生活支援に移り変わってきた。そのことにより、以前は施設や病院で暮らしていた重度の障害をもつ高齢者についても、在宅での生活が重視されるようになってきた。（公式テキスト p.8）

第6問 解説 高齢者に多い家庭内事故

正解 ×

2020（令和2）年の「人口動態統計」（厚生労働省）によると、高齢者の家庭内事故による死亡の原因として最も多いのは、浴槽内での「**溺死・溺水**」である。「その他の不慮の窒息」「転倒・転落」がそれに次いで多い。（公式テキスト p.8）

各問共通　次の文章の内容が、適切であれば○を、不適切であれば×を選びなさい。

□□ 第7問

難易度：★★

介護保険制度以前の高齢者介護において中心的な役割を果たしてきた老人福祉制度は、措置制度を基本としていた。措置制度とは、市町村が住民の申請に応じてその必要性を判断し、サービスの内容やサービスを提供する事業者は利用者が選択するしくみである。

□□ 第8問

難易度：★★

介護保険の運営主体となる保険者は都道府県である。保険者は、要介護認定、保険給付、第1号被保険者の保険料の賦課・徴収等の事務や、介護サービスの基盤整備等を行う。

□□ 第9問

難易度：★★

介護保険制度の対象となる被保険者は、第1号被保険者と第2号被保険者に分かれる。第1号被保険者は65歳以上の人、第2号被保険者は、20歳以上65歳未満の医療保険加入者である。

第7問 解説　介護保険制度導入に至る背景

正解 ×

措置制度とは、行政機関である市町村が、住民の申請に応じてその必要性を判断し、サービスの内容やサービスを提供する機関も**市町村**が決定して提供するしくみである。（公式テキスト p.13）

第8問 解説　介護保険の保険者

正解 ×

介護保険の運営主体となる保険者は**市町村**である。介護保険制度の導入に際して掲げられた基本的な考え方の一つが**地方分権**で、利用者の生活の現場に近い基礎自治体である市町村が保険者とされた。（公式テキスト p.15）

第9問 解説　介護保険の被保険者

正解 ×

介護保険の第 1 号被保険者は 65 歳以上の人、第 2 号被保険者は、**40** 歳以上 65 歳未満の医療保険加入者である。第 1 号被保険者と第 2 号被保険者では、それぞれ、介護保険によるサービスの受給要件や保険料の納入方法が異なる。（公式テキスト p.16）

図表で覚えよう！

被保険者の区分	対象	保険料の徴収方法	
第 1 号被保険者	65 歳以上の人	年金の月額が 15,000 円以上	年金から天引き
		年金の月額が 15,000 円未満	個別に普通徴収
第 2 号被保険者	40 歳以上 65 歳未満の医療保険加入者	医療保険の保険料と一括で徴収	

各問共通　次の文章の内容が、適切であれば○を、不適切であれば×を選びなさい。

□□ 第10問

難易度：★★★

介護保険の財源は、50%ずつを公費と保険料とで賄われている。公費負担の内訳は、市町村が25%、都道府県と国がそれぞれ12.5%となっている（都道府県指定の介護保険3施設および特定施設を除く）。

□□ 第11問

難易度：★

介護保険のサービスを利用するためには、要介護（または要支援）の認定を受けることが必要である。認定を申請すると、調査員が家庭を訪問し、心身の状態や生活の状況などについて聞き取り調査が行われる。

□□ 第12問

難易度：★

介護保険の在宅（居宅）サービスの利用にあたっては、要介護のレベルごとに設定されている利用限度額の範囲内で、ケアプランを作成しなければならない。ケアプランの作成は、介護支援専門員に依頼することもできるが、利用者が自分で作成することもできる。

第10問 解説 介護保険の財源構成 正解 ×

介護保険の財源は、50％ずつを公費と保険料とで賄われている。公費の内訳は、市町村と都道府県が**12.5％**、国が**25％**を負担している（都道府県指定の介護保険3施設および特定施設については、市町村12.5％、都道府県17.5％、国20％）。（公式テキストp.16）

第11問 解説 要介護認定 正解 ○

要介護認定の申請先は、市町村の介護保険の担当窓口である。申請を受けると、市町村の職員や介護支援専門員などの調査員が家庭を訪問し、心身の状態や生活の状況などについて**聞き取り調査**が行われる。調査の結果は、まず**コンピュータ**による判定にかけられる（一次判定）。続いて、保険・医療・福祉の専門家で構成される**介護認定審査会**で、一次判定の結果、主治医の意見書、訪問調査の際の特記事項などの情報をもとに審査が行われ、介護の必要度が総合的に判定される。（公式テキストp.16, 17）

第12問 解説 ケアプランの作成 正解 ○

ケアプランの作成は、**介護支援専門員**（要支援者の介護予防ケアプランは地域包括支援センター）に依頼することもできるが、利用者が自分で作成することも可能である。（公式テキストp.17）

各問共通　次の文章の内容が、適切であれば○を、不適切であれば×を選びなさい。

□□ 第13問

難易度：★★

介護保険の保険者である市町村は、介護保険事業計画を策定し、5年ごとに見直しを行う。保険料についても、事業計画に定めるサービス費用見込額等に基づき、5年間を通じて財政の均衡を保つよう設定されるので、保険料は、所得が大きく変わらなければ5年度を通じて同一である。

□□ 第14問

難易度：★★

2005（平成17）年の介護保険制度改革により創設された地域密着型サービスのうち、小規模多機能型居宅介護は、「通い（通所）」を中心として、要介護者の状態や希望に応じて随時「訪問」や「泊まり」を組み合わせることができ、切れ目のないケアが提供できるサービスの形態である。

□□ 第15問

難易度：★★★

2005（平成17）年の介護保険制度改革により設置された地域包括支援センターは、地域住民の心身の健康保持や生活安定のために必要な援助を行う、地域包括ケアシステムの中核機関として位置付けられ、保健師、主任介護支援専門員、介護福祉士が配置されている。

第13問 解説 介護保険事業計画　正解 ×

介護保険の保険者である市町村は、**3** 年を 1 期とする介護保険事業計画を策定し、**3** 年ごとに見直しを行う。保険料は、事業計画にに基づき **3** 年間を通じて財政の均衡を保つよう設定されるので、所得が大きく変わらなければ **3** 年度を通じて保険料は同一である。（公式テキスト p.18）

図表で覚えよう！

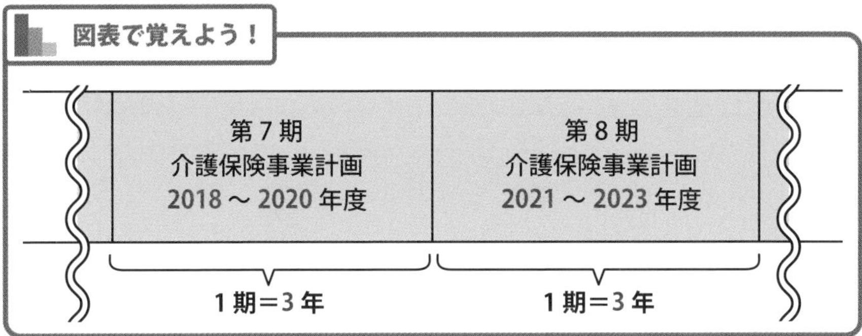

第14問 解説 小規模多機能型居宅介護　正解 ○

小規模多機能型居宅介護は、「**通い**（**通所**）」を中心として、要介護者の状態や希望に応じて随時「**訪問**」や「**泊まり**」を組み合わせることができ、切れ目のないケアが提供できるサービスの形態で、地域密着型サービスの目玉として創設された。（公式テキスト p.22）

第15問 解説 地域包括支援センターの設置　正解 ×

地域包括支援センターには、保健師、主任介護支援専門員、**社会福祉士**が配置される。（公式テキスト p.21）

各問共通　次の文章の内容が、適切であれば○を、不適切であれば×を選びなさい。

□□ 第16問　　難易度：★★

2021（令和3）年度の介護報酬改定に伴い、感染症や災害への対応力を強化するために、介護施設・事業所等にBCP（業務継続計画）の策定が義務づけられた（2024（令和6）年3月までは努力義務とされている）。

□□ 第17問　　難易度：★★

1999（平成11）年に制定された住宅品確法に基づく住宅性能表示制度では、性能表示事項の中に「高齢者等への配慮に関すること」という区分を設け、高齢者等に対する安全面や住みやすさのための配慮や対策がどの程度なされているかを5段階の等級で表示することとしている。

□□ 第18問　　難易度：★★

1991（平成3）年度から、新設のすべての公営住宅において、①住棟アプローチの確保、②床段差の解消、③共用階段への手すりの設置などの高齢化対策仕様が標準化された。

第16問 解説 感染症や災害に備えた取り組み 正解 ○

感染症や災害に備えた取り組みを日頃から行い、それらの事態が発生したときも業務を滞りなく継続できるように、介護施設・事業所等に**BCP（業務継続計画）**の策定が義務づけられた。2024（令和6）年3月までは努力義務とされている。（公式テキスト p.31）

第17問 解説 住宅性能表示制度 正解 ○

住宅性能表示制度の性能表示事項「**高齢者等への配慮**に関すること」においては、新築時に手がけておかないと後々の対応が難しくなる「**移動時の安全性**」と「**介助の容易性**」という2つの目標を達成するための対策が講じられているかどうかが評価の対象になる。（公式テキスト p.42）

ポイント

高齢者等への配慮に関する評価基準の例（住宅性能表示制度）

・高齢者が日常生活で使用する浴室出入り口の段差
　5mm以下（段差なしとみなされる）⇒等級5
　20mm以下の単純段差⇒等級4

第18問 解説 公的賃貸住宅のバリアフリー化 正解 ○

さらに、1993（平成5）年度には、「**手すり**の設置個所の追加」「滑りにくい**床材**仕上げ」「トイレ暖房のためのコンセント追加」などが、1994（平成6）年度には、「**手すり**の設置個所のさらなる追加」「レバーハンドル式ドア把手の採用」「暖房器具への対応」などが行われている。（公式テキスト p.42）

各問共通　次の文章の内容が、適切であれば○を、不適切であれば×を選びなさい。

□□ 第19問

難易度：★★

バリアフリー改修工事等における高齢者向け返済特例制度は、生存中は利息のみを毎月返済し、借入金の元金は、高齢者本人の死亡後に相続人が融資住宅および敷地を売却するか、自己資金等により一括返済する制度で、リバースモーゲージというしくみを用いたものである。

□□ 第20問

難易度：★★

生活福祉資金貸付制度は、各市町村の地域包括支援センターが実施している制度で、65 歳以上の高齢者や障害者のいる世帯に生活資金等を低利で貸し付けるものである。借り入れた資金は、住宅入居費や住居の移転、住宅の増改築・補修等に用いることができる。

□□ 第21問

難易度：★★★

家賃債務保証制度は、高齢者、障害者、外国人、子育て世帯、解雇などによる住居退去者世帯が賃貸住宅に入居する際に必要となる、敷金・礼金、引っ越し費用等の費用を低利で貸し出し、賃貸住宅への入居を支援する制度である。

第19問 解説 リフォーム融資の高齢者向け返済特例制度　正解 ○

住宅金融支援機構が行っている、バリアフリー改修工事等における高齢者向け返済特例制度は、**高齢者住まい法**の施行に伴って、2001（平成13）年から利用できるようになった制度である。（公式テキスト p.44）

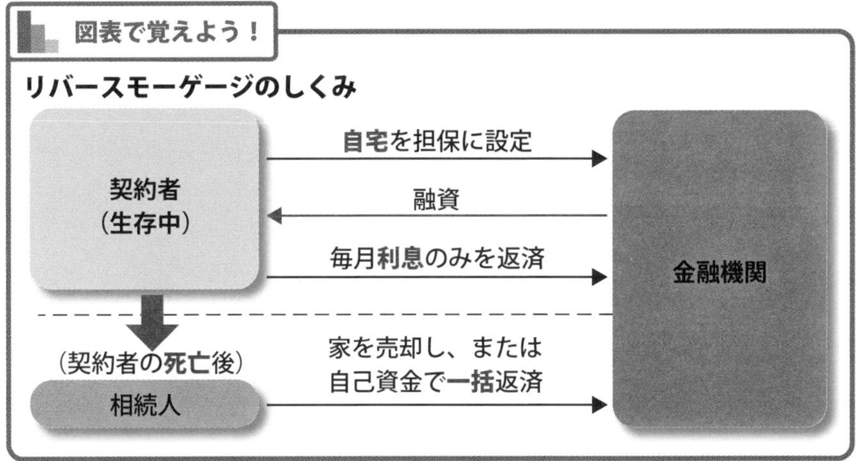

第20問 解説 生活福祉資金貸付制度　正解 ×

生活福祉資金貸付制度は、1955（昭和30）年に厚生省（当時）により創設された制度で、各都道府県の**社会福祉協議会**を実施主体とし、市町村**社会福祉協議会**を窓口として実施している。（公式テキスト p.44）

第21問 解説 家賃債務保証制度　正解 ×

家賃債務保証制度は、高齢者、障害者、外国人、子育て世帯、解雇などによる住居退去者世帯が、賃貸住宅に入居する際の**家賃債務**などを保証し、賃貸住宅への入居を支援する制度である。保証の対象となるのは、滞納家賃、未払いとなった原状回復費用、訴訟費用である。（公式テキスト p.47）

各問共通　次の文章の内容が、適切であれば○を、不適切であれば×を選びなさい。

□□ 第22問

難易度：★★★

サービス付き高齢者向け住宅は、単身や夫婦などの高齢者世帯が安心して住まえる賃貸借方式や利用権方式の住宅である。厚生労働省・経済産業省の共管により、2011（平成23）年10月から登録制度が実施されている。

□□ 第23問

難易度：★★★

ケアハウスは、60歳以上（夫婦の場合はどちらかが60歳以上）で、自炊ができない程度の身体機能の低下が認められるか、高齢のため独立して生活するには不安があり、家族による援助を受けることが難しい高齢者が利用する老人福祉施設で、特別養護老人ホームの一形態として制度化された。

□□ 第24問

難易度：★★

認知症高齢者グループホームは、認知症高齢者が5～9人で一つのユニット（生活単位）を構成して共同生活を営み、入浴・排泄・食事の介護など日常生活上の世話と機能訓練を受けながら生活する施設である。

第22問 解説 サービス付き高齢者向け住宅　正解 ×

サービス付き高齢者向け住宅の登録制度は、厚生労働省・**国土交通省**の共管により、2011（平成23）年10月に開始された。住宅面ではバリアフリー構造で一定の住戸面積と設備を有し、サービス面では少なくともケアの専門家による状況把握（安否確認）・生活相談サービスが付いている。（公式テキストp.49）

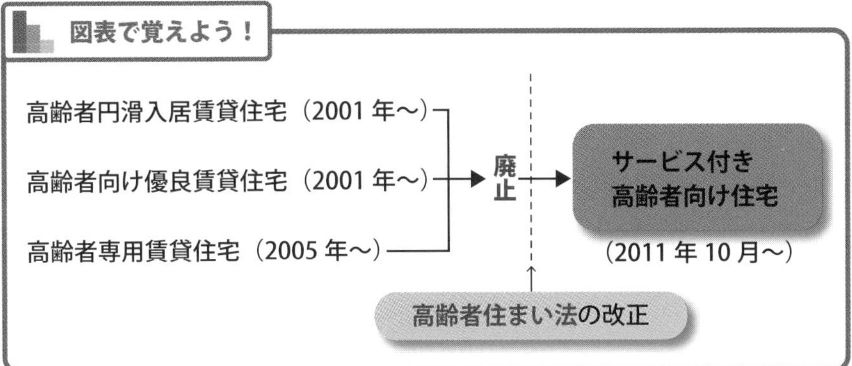

第23問 解説 ケアハウス　正解 ×

ケアハウスは、**軽費老人ホーム**の一形態として制度化された。従来の軽費老人ホームA型・B型に設けられていた、所得制限や自炊を原則とするなどの制約は、ケアハウスにはない。A型・B型は原則として既存の施設のみとされ、ケアハウスへの一元化が進められている。（公式テキストp.51）

第24問 解説 認知症高齢者グループホーム　正解 ○

認知症高齢者グループホームの特徴は、**日常的な生活の場**の創出、**日常生活の継続**に重点を置きながら、認知症の症状を緩和し、生活の質の向上を図ることを目指している点である。（公式テキストp. 51）

各問共通　次の文章の内容が、適切であれば○を、不適切であれば×を選びなさい。

□□第25問

難易度：★★

身体障害者の住宅改修に関する調査結果によると、実際に住宅改修をした人が改修を行った場所としては「廊下」「階段」が最も多く、これらが改修場所の最優先とされていることがわかる。

□□第26問

難易度：★★

障害者基本法による障害者の定義は、「身体障害、知的障害、精神障害がある者であって、障害及び社会的障壁により継続的に日常生活または社会生活に相当な制限を受ける状態にあるものをいう」とされており、この定義には、発達障害や難病等が含まれていない。

□□第27問

難易度：★★★

障害者総合支援法に基づく自立支援給付には、介護給付費、訓練等給付費等がある。これらの給付を受けようとする障害者は、居住地の市町村に申請して支給決定を受けなければならない。障害者支援施設に入所している場合は、施設が立地する市町村が支給決定を行う。

第25問 解説 身体障害者の住宅改修の実態　正解 ×

身体障害者で住宅改修をした人が改修を行った場所としては「**トイレ**」「**風呂（浴室）**」が最も多く、これらが改修場所の最優先とされていることがわかる（厚生労働省「身体障害児・者実態調査」（2006年）による）。（公式テキスト p.55, 57）

図表で覚えよう！

身体障害者で住宅改修を行った人が改修した場所

場所	割合	場所	割合	場所	割合
トイレ	67.2%	廊下	32.7%	階段	20.3%
風呂（浴室）	63.4%	居室	29.8%	訪問灯等設置	7.7%
玄関	35.1%	台所	26.8%		

厚生労働省「身体障害児・者実態調査」（2006年）による

第26問 解説 障害者の定義　正解 ×

現行の障害者基本法による障害者の定義は、「身体障害、知的障害、精神障害（**発達障害**を含む）**その他心身の機能の障害**がある者であって、障害及び社会的障壁により継続的に日常生活または社会生活に相当な制限を受ける状態にあるものをいう」とされており、発達障害や**難病**等も含まれる。（公式テキスト p.60）

第27問 解説 自立支援給付の申請と支給決定　正解 ×

介護給付費、訓練等給付費等の給付を受けようとする障害者が障害者支援施設に入所している場合は、**入所前の居住地**の市町村が支給決定を行う。施設が立地する市町村ではない。（公式テキスト p.67）

各問共通　次の文章の内容が、適切であれば○を、不適切であれば×を選びなさい。

□□ 第28問

難易度：★★★

障害者総合支援法では、居住支援系のサービスとしてグループホーム（共同生活援助）を規定している。グループホームには 3 つの類型があり、そのうち「日中サービス支援型」では、24 時間の支援体制が確保される。

□□ 第29問

難易度：★

高齢者は長年の生活習慣が身に付いているので、生活上の不便・不自由を意識していないことがある。そのような場合、福祉住環境整備で解決できることがあるとしても、本人が不便・不自由を感じていないのだから、福祉住環境コーディネーターは関与すべきでない。

□□ 第30問

難易度：★

専門職としての福祉住環境コーディネーターと相談者との関係は、「契約関係」で成り立っている。双方の関係が、「相談の開始で始まり、終了をもって終わる」契約関係であることを理解して職務に当たるべきである。

第28問 解説 グループホーム（共同生活援助） 正解 ○

グループホームの「日中サービス支援型」は、事業者がみずから介護サービスを提供し、**24時間**の支援体制を確保するものである。世話人が洗濯・掃除等の家事、相談・助言、その他日常生活上の支援を行い、生活支援員が入浴・排泄または食事の介護を行う。（公式テキスト p.78）

図表で覚えよう！

グループホームの類型	介護サービスを提供する者
介護サービス包括型	グループホーム事業者が提供
日中サービス支援型	グループホーム事業者が常時提供 （24時間の支援体制）
外部サービス利用型	委託を受けた外部の指定居宅介護事業所が提供

第29問 解説 福祉住環境コーディネーターの役割 正解 ×

高齢者は生活上の不便・不自由を意識していないことが多く、不便・不自由を感じていても、福祉住環境整備でそれを解決できるとは思っていないこともある。それに**気づいてもらう**ことが、福祉住環境コーディネーターの最初の役割である。（公式テキスト p.81）

第30問 解説 福祉住環境コーディネーターの職業倫理 正解 ○

福祉住環境コーディネーターと相談者との関係は、「相談の開始で始まり、終了をもって終わる」**契約**関係である。（公式テキスト p.83）

各問共通　次の文章の【A】の部分にあてはまる最も適切な語句を、①～④の中から１つ選びなさい。

□□ 第31問

難易度：★

【A】とは、生活者の満足感・安定感・幸福感などの諸要因の質をいう。諸要因には、生活者自身の意識構造と生活の場の諸環境があると考えられ、この両者のバランスがとれた状態を質的に高め、生活の向上をめざそうという観点から生まれた言葉である。「生活の質」などと訳される。

① ADL　② IADL　③ WHO　④ QOL

□□ 第32問

難易度：★★

介護保険制度は、社会連帯による客観性と公平性を確保するために、40歳以上の全国民による【A】のしくみにより運営されることとなった。

①措置制度　②社会保険　③公的年金　④公的扶助

□□ 第33問

難易度：★★

介護保険の保険料の徴収方法は、第１号被保険者は、年金の月額が１万5,000円以上の場合は老齢（退職）年金・障害年金・遺族年金から天引きされ、年金の月額が１万5,000円未満の場合は普通徴収として個別に徴収される。第２号被保険者の保険料は、【A】。

①普通徴収として個別に徴収される
②市町村民税に加算され、税として納付する
③医療保険の保険料と一括で徴収される
④国民年金または厚生年金の保険料と一括で徴収される

第31問 解説 QOL（Quality of Life） 正解 ④

QOL は Quality of Life の略で、「**生活の質**」などと訳される。ADL は Activities of Daily Living の略で「**日常生活動作**」、IADL は Instrumental Activities of Daily Living の略で「**手段的日常生活動作**」、WHO は World Health Organization の略で「**世界保健機関**」。（公式テキスト p.10）

第32問 解説 介護保険制度の基本的なしくみ 正解 ②

介護保険制度では、**社会保険**のしくみを取り入れることにより、介護サービス給付と保険料負担の関係が明確化された。介護保険の財源のうち、50% は被保険者が支払う**保険料**である。（公式テキスト p.15, 16）

図表で覚えよう！

介護保険の財源構成

公費負担 50%			保険料負担 50%	
国	都道府県	市町村	第 1 号被保険者分	第 2 号被保険者分
25%	12.5%	12.5%	23%	27%

都道府県指定の介護保険3施設および特定施設の内訳については、国20%、都道府県17.5%、市町村12.5%である。

第1号被保険者、第2号被保険者の保険料の内訳は、それぞれの人口比に基づいて設定される。上記の内訳は、第8期介護保険事業計画による。

第33問 解説 介護保険の保険料の徴収方法 正解 ③

第 2 号被保険者の保険料は、加入している**医療保険**（国民健康保険や職場の健康保険）の保険料と一括で徴収される。（公式テキスト p.16）

各問共通　次の文章の【A】の部分にあてはまる最も適切な語句を、①～④の中から１つ選びなさい。

第34問

難易度：★★★

介護保険の財源の50％を占める保険料の内訳は、第１号被保険者と第２号被保険者の【A】に基づいて設定されている。2021（令和3）～2023（令和5）年度は、第１号被保険者分相当が23％、第２号被保険者分相当が27％となっている。

①要介護・要支援認定者数の比率
②介護サービスの利用者数の比率
③保険給付額の比率
④人口比

第35問

難易度：★★

介護保険による介護サービスには、要介護者を対象とする介護給付と要支援者を対象とする予防給付がある。これらはそれぞれ、都道府県・政令市・中核市が指定・監督を行う居宅・施設サービスと、市町村が指定・監督を行う【A】等に分かれている。

①地域支援事業
②地域密着型サービス
③地域包括ケア
④地域生活支援事業

第34問 解説 介護保険の財源構成 正解 ④

介護保険の財源の 50% を占める保険料の内訳は、第 1 号被保険者と第 2 号被保険者の**人口比**に基づいて設定される。介護保険事業計画の第 8 期に当たる 2021（令和 3）～ 2023（令和 5）年度は、第 1 号被保険者分相当が 23%、第 2 号被保険者分相当が 27% となっている（p.31 の第 32 問「図表で覚えよう！」を参照）。（公式テキスト p.16）

第35問 解説 介護サービスの種類 正解 ②

介護サービスは、都道府県・政令市・中核市が指定・監督を行う居宅・施設サービスと、市町村が指定・監督を行う**地域密着型サービス**等に分かれている。地域密着型サービスは、2005（平成 17）年の介護保険制度改正により創設された（翌年 4 月施行）。（公式テキスト p.17）

図表で覚えよう！

<table>
<tr><th></th><th colspan="2">都道府県・政令市・中核市が指定・監督</th><th>市町村が指定・監督</th></tr>
<tr><td rowspan="6">介護給付
要介護 1～5</td><td rowspan="5">居宅サービス</td><td>訪問サービス（訪問介護・訪問看護等）</td><td rowspan="3">地域密着型サービス</td></tr>
<tr><td>通所サービス（通所介護・通所リハビリテーション）</td></tr>
<tr><td>短期入所サービス（短期入所生活介護等）</td></tr>
<tr><td>特定施設入居者生活介護</td><td rowspan="3">居宅介護支援</td></tr>
<tr><td>福祉用具貸与・特定福祉用具販売</td></tr>
<tr><td colspan="2">施設サービス（介護老人福祉施設等）</td></tr>
<tr><td rowspan="5">予防給付
要支援 1・2</td><td rowspan="5">介護予防サービス</td><td>訪問サービス（介護予防訪問入浴介護等）</td><td rowspan="3">地域密着型介護予防サービス</td></tr>
<tr><td>通所サービス（介護予防通所リハビリテーション）</td></tr>
<tr><td>短期入所サービス（介護予防短期入所生活介護等）</td></tr>
<tr><td>介護予防特定施設入居者生活介護</td><td rowspan="2">介護予防支援</td></tr>
<tr><td>介護予防福祉用具貸与・
特定介護予防福祉用具販売</td></tr>
</table>

※上記のほかに住宅改修（住宅改修費・介護予防住宅改修費）がある。

各問共通　次の文章の【A】の部分にあてはまる最も適切な語句を、①～④の中から１つ選びなさい。

■■第36問　難易度：★★

介護保険制度では、在宅の要介護者・要支援者が、手すりの取り付けや段差の解消など一定の住宅改修を行う場合、居宅介護住宅改修費（または介護予防住宅改修費）を原則として【A】で支給している。

①前払い　②償還払い　③受領委任払い　④分割払い

■■第37問　難易度：★★★

【A】は、住宅金融支援機構が民間金融機関と提携して実施している長期固定金利住宅ローンである。取得する住宅が、住宅品確法により定められた「高齢者等配慮対策等級」3以上を満たしている場合には、借入金利を当初5年間引き下げる優遇措置を受けることができる。

①フラット35　②リ・バース60　③財形住宅融資　④まちづくり融資

■■第38問　難易度：★★

【A】は、高齢者等の生活特性に配慮した設備・仕様の住宅と附帯施設の供給に加えて、居住している高齢者に対し、生活援助員による安否確認や緊急時の対応、一時的な家事援助などの日常生活支援サービスが提供される、高齢者向けの公的賃貸住宅である。

①ケアハウス
②シルバーハウジング
③サービス付き高齢者向け住宅
④福祉ホーム

第36問 解説 介護保険制度による住宅改修費の支給　正解 ②

介護保険制度では、在宅の要介護者・要支援者が、手すりの取り付けや段差の解消など一定の住宅改修を行う場合、居宅介護住宅改修費（または介護予防住宅改修費）を原則として**償還払い**で、また、条件によっては受領委任払いで支給している。（公式テキスト p.43）

キーワード

償還払い　：まず利用者本人が施工業者に工事費用の全額を支払い、利用者は、市町村に申請して介護保険による支給を受ける。

受領委任払い：施工業者に給付費の受け取りを委任する手続きを行い、利用者は施工業者に工事費用の自己負担分のみを支払う。施工業者は、市町村から残りの額の支給を受ける。

第37問 解説 フラット35・フラット35S　正解 ①

フラット35は、住宅金融支援機構が民間金融機関と提携して実施している長期固定金利住宅ローンである。取得する住宅が「高齢者等配慮対策等級」**3**以上を満たしている場合は、借入金利を当初5年間（等級4以上の場合は10年間、共同住宅の専用部分は等級3でも可）引き下げる優遇措置（**フラット35 S**）を受けることができる。（公式テキスト p.44）

第38問 解説 シルバーハウジング　正解 ②

シルバーハウジングは、1987（昭和62）年に制度化された「シルバーハウジング・プロジェクト」により供給されている高齢者向けの公的賃貸住宅で、高齢者等の生活特性に配慮した設備・仕様の住宅と附帯施設の供給に加えて、生活援助員による安否確認や緊急時の対応、一時的な家事援助などの日常生活支援サービスが提供される。（公式テキスト p.50）

■■第39問

難易度：★★

住環境整備の重要性に関する①～④の記述の中で、その内容が最も適切なものを１つ選びなさい。

① 平均寿命が伸びたことにより定年後の在宅生活期間が長期化し、高齢になって在宅生活をおくる者が多くなっている。しかし、一般的な住宅の構造は高齢者の生活に適していないことから、福祉施策は在宅における生活支援から施設福祉に切り替わり、施設の充実が重視されるようになってきた。

② 厚生労働省の「人口動態統計」によると、死亡原因の順位では、例年、悪性新生物（がん）、心疾患、老衰、脳血管疾患、肺炎などに続いて、不慮の事故が挙げられている。不慮の事故では、家庭内事故が大きな割合を占めており、特に高齢者では交通事故に次いで発生率が高い。

③ 核家族化の進行や働き方の多様化などから、介護が必要になった高齢者や障害者を、家族だけで介護するのが困難な状況になっている。安全・安心・快適な在宅生活を維持するためには、ホームヘルパーなどの人的サービスに限らず、必要に応じて住環境整備を行う必要がある。

④ 寝たきりのおむつ使用者では、泌尿器系の疾患によっておむつを使用しなければならない高齢者が大部分を占めている。住環境整備を行えばトイレで排泄を行うことができる人もいるが、介助者の負担を軽減するためには、おむつを使用したほうがよい。

第39問 解説 住環境整備の重要性 正解 ③

①× 従来の住宅構造では高齢者は生活しにくいことから、より快適に暮らすために住環境整備を望む声が高まっている。福祉施策も施設福祉から在宅における生活支援に変わってきており、**在宅での生活が重視される**ようになっている。（公式テキスト p.8）

②× 死亡原因のうちの不慮の事故では、65 歳以上の高齢者に限れば、**家庭内事故**が交通事故よりも発生率が高く、2020（令和 2）年の「人口動態統計」では交通事故の 5 倍以上に達している。（公式テキスト p.8）

ポイント

日常生活で起こりやすい家庭内事故

落下型　：墜落、**転落**、**転倒**、落下物による打撲等
接触型　：つぶされ、ぶつかり、挟まれ、こすり、鋭利物による傷害等
危険物型：やけど・熱傷、感電、ガス中毒・酸欠、**溺水**等

③○ 現在は、介護保険制度や地方自治体によるさまざまな在宅福祉サービスが展開されているが、安全・安心・快適な在宅生活を維持するためには、ホームヘルパーなどの人的サービスに限らず、必要に応じて**住環境整備**を行う必要がある。（公式テキスト p.8）

④× 寝たきりのおむつ使用者のうち、泌尿器系の疾患によっておむつを使用しなければならない高齢者はほんの一部だといわれており、自分でトイレに行けるような住環境であれば、おむつから離れることが可能になる人も少なくないと考えられる。ベッドに常時寝ていてもらって食事と排泄の世話をするほうが介護にかかる労力は少ないが、昼間は**ベッドから離れて**生活することを目指すのが本来あるべき姿であり、**QOL**の向上にもつながる。（公式テキスト p.9）

難易度：★★

介護保険制度が導入された背景に関する①〜④の記述の中で、その内容が最も不適切なものを１つ選びなさい。

① 一般に、65 歳以上の高齢者人口の全人口に占める割合（高齢化率）が 7% を超えた社会を高齢化社会、14% を超えた社会を高齢社会、21% を超えると超高齢社会という。わが国は、超高齢社会の段階にある。

② 1963（昭和 38）年に老人福祉法が制定され、新たな老人福祉施設として、養護老人ホーム、特別養護老人ホーム、軽費老人ホーム、老人福祉センター等が創設された。

③ 介護保険制度以前の老人福祉制度は、行政機関である市町村が住民の申請に対して必要性を判断し、サービスの内容やサービスを提供する機関（行政機関や社会福祉協議会など公的な団体）も市町村が決定し、提供する「措置制度」を基本としていた。

④ 介護保険制度は、高齢者の介護に関する従来の制度を再編成し、「老人福祉」と「老人医療」の２分野に分けることにより、加齢による疾患などで介護を必要とする人が、住み慣れた地域や自宅でできる限り自立した生活を営めるように、さまざまな介護サービスが提供されるしくみを形成した。

第40問 解説 介護保険制度導入の背景　正解 ④

①○　日本の人口における高齢化率は、2007（平成19）年に21%を超えており、**超高齢社会**に移行している。（公式テキスト p.11）

キーワード

高齢化率 ＝ 65歳以上の高齢者人口が全人口に占める割合

高齢化率 7% 超　⇒ 高齢化社会
高齢化率 14% 超 ⇒ 高齢社会
高齢化率 21% 超 ⇒ 超高齢社会
日本は、2007（平成19）年以降、超高齢社会に移行

②○　1963（昭和38）年に制定された**老人福祉法**により、民間事業者が運営する有料老人ホームについても規定され、老人家庭奉仕員（ホームヘルパー）も制度上に位置づけられた。（公式テキスト p.11）

③○　老人福祉法の「**措置制度**」は、現在も、やむを得ない理由から介護保険制度の利用が著しく困難な場合に限って存続しており、介護保険によるサービス費用の利用者負担分が措置費用の対象になっている。（公式テキスト p.13）

④×　介護保険制度は、それまで「**老人福祉**」と「**老人医療**」に分かれていた高齢者の介護に関する制度を再編成し、介護を必要とする人が、住み慣れた地域や自宅でできる限り自立した生活を営めるように、さまざまな介護サービスが提供されるしくみを形成した。（公式テキスト p.14）

難易度：★★★

障害者向けの住宅施策に関する（a）～(d) の記述について、その内容が不適切なものの数を①～④の中から 1 つ選びなさい。

(a) 障害者総合支援法では、居住支援系のサービスとして、グループホーム（共同生活援助）を規定している。グループホームは、障害者に対して、主に夜間、共同生活を営む住居において、相談、入浴・排泄または食事の介護、その他日常生活上の援助を行うもので、障害支援区分によっては利用できないケースがある。

(b) グループホームの類型には、「介護サービス包括型」「日中サービス支援型」「外部サービス利用型」の 3 つがある。2018（平成 30）年度に新たに創設された「日中サービス支援型」は、委託を受けた外部の指定居宅介護事業所が介護サービスを常時提供し、24 時間の支援体制を確保するものである。

(c) 福祉ホームは、ある程度の自活能力はあるが、家庭環境や住宅事情などにより居宅で生活することが困難な 18 歳以上の障害者が地域の中で生活できるように、日常生活に適した居室・設備を低額な料金で提供し、日常生活に必要な支援を行う施設である。障害者総合支援法に基づく市町村等の地域生活支援事業では、福祉ホーム事業を必須事業として位置づけている。

(d) シルバーハウジングは、1987（昭和 62）年に制度化された「シルバーハウジング・プロジェクト」によって供給される高齢者向けの公的賃貸住宅である。事業主体の長が特に必要と認める場合には、障害者世帯の入居も可能としている。

① 1 個　② 2 個　③ 3 個　④ 4 個

第41問 解説 障害者向けの住宅施策 **正解 ③**

(a) × グループホームは、**障害支援区分**にかかわらず利用可能となっている。ただし、身体障害者の場合、利用対象者は、65 歳未満の者または 65 歳に達する日の前日までに障害福祉サービスもしくはこれに準ずるものを利用したことがある者に限る。(公式テキスト p.78)

(b) × グループホームのうち、「日中サービス支援型」は、**グループホーム事業者**がみずから介護サービスを常時提供し、**24 時間**の支援体制を確保するものである。(公式テキスト p.78)

(c) × 障害者総合支援法に基づく市町村等の地域生活支援事業では、福祉ホーム事業を**任意事業**として位置づけている。(公式テキスト p.79)

(d) ○ シルバーハウジングの入居対象者は、高齢者単身世帯(60 歳以上)、高齢者夫婦世帯(夫婦のいずれか一方が 60 歳以上であれば可)、高齢者(60 歳以上)のみからなる世帯であるが、事業主体の長が特に必要と認めた場合は、**障害者単身**世帯、**障害者とその配偶者**からなる世帯なども含まれる。(公式テキスト p.50, 79)

ポイント

グループホーム(共同生活援助)の設備に関する基準

- 共同生活住居が、住宅地または住宅地と同程度に入居者の家族や地域住民との交流の機会が確保される地域にあること
- 既存の**集合住宅**や**戸建住宅**も利用可
- 定員分の居室(個室で 7.43m^2 以上)に加えて、日常生活に必要な設備(居間・食堂・トイレ・浴室・洗面設備・台所等)を**ユニット**ごとに設けること
- 1 共同生活住居当たりの定員は、新築の場合 **2 ~ 10** 人、既存建物の場合 **2 ~ 20** 人(都道府県知事が認めた場合 30 人以下)
- 1 ユニットの定員 **2 ~ 10** 人

難易度：★★★

サテライト型住居に関する(a)～(d)の記述について、その内容が適切なものを○、不適切なものを×としたとき、正しい組み合わせを①～④の中から1つ選びなさい。

(a) 地域生活への移行をめざしている障害者や、一人で暮らしたいという要望をもつ障害者もいることから、一人暮らしに近い形態の「サテライト型住居」が創設された。

(b) サテライト型住居は、利用者が通常の交通手段を利用しておおむね1時間以内に本体住居（グループホーム）に移動できる距離に設置することとされている。

(c) サテライト型住居の定員は1人で、1つの本体住居（グループホーム）に対して、原則として3か所まで設置できる。

(d) サテライト型住居には、日常生活を営むうえで必要な台所、トイレ、洗面設備、浴室などを設けなければならない。居間や食堂などの共有スペースは、本体住居（グループホーム）の利用で代替することができる。

① (a)○ (b)× (c)○ (d)×
② (a)○ (b)○ (c)× (d)×
③ (a)× (b)○ (c)× (d)○
④ (a)○ (b)× (c)× (d)○

第42問 解説 サテライト型住居　正解 ④

(a) ○　障害者総合支援法では、地域生活への移行をめざしている障害者や、一人で暮らしたいという要望をもつ障害者に対応するために、2014（平成26）年に一人暮らしに近い形態の「**サテライト型住居**」を創設した。（公式テキスト p.79）

(b) ×　サテライト型住居は、利用者が通常の交通手段を利用しておおむね**20**分以内に本体住居（グループホーム）に移動できる距離に設置することとされている。（公式テキスト p.79）

(c) ×　1つの本体住居（グループホーム）に対して設置できるサテライト型住居は、原則として**2**か所までである。（公式テキスト p.79）

(d) ○　居間や食堂などの共有スペースは、**本体住居（グループホーム）**の設備を利用することができ、本人の希望により、食事や余暇活動等に参加できる。（公式テキスト p.79）

ポイント

サテライト型住居の設備に関する基準

- 民間賃貸集合住宅の一室などを利用可
- 利用者が通常の交通手段を利用しておおむね**20分**以内に本体住居（グループホーム）に移動できる距離に設置すること
- 1つの本体住居につき**2**か所まで設置可（本体住居の入居者が4人以下の場合は1か所）
- 定員1名、居室面積は7.43m² 以上
- 日常生活に必要な**台所・トイレ・洗面設備・浴室**等を設けること
- 居間や食堂などの共有スペースは、**本体住居（グループホーム）**の設備を利用することで代替可
- サテライト型住居単体でグループホームになることはできない

頻出テーマを攻略しよう！

●●● Part1 ●●●

第１章の内容で本試験に最もよく出題されるのは、**介護保険制度**に関する問題です。介護保険制度は、福祉住環境コーディネーターの仕事とかかわりが深いので、その制度についてよく理解しておかなければならないのは当然です。介護保険制度に関する問題では、**制度創設に至る背景**や、**制度の基本的なしくみ**、これまでに何度も行われてきた**制度改革**の内容などが幅広く出題されます。なお、介護保険制度を利用した**住宅改修**や、**福祉用具の貸与・販売**に関する問題は、第５章、第６章からも出題されるので、そちらもぜひチェックしてください。

介護保険制度に関する問題はココ！

＜本試験型問題＞

第 1 章 ⇒ 第 7 問～第 16 問／第 32 問～第 36 問／第 40 問

第 5 章・第 6 章 ⇒ 第 116 問／第 120 問／第 164 問・例文（d）／第 170 問～第 171 問／第 173 問／第 182 問～第 183 問／第 194 問～第 195 問／第 198 問／第 200 問・例文（d）

＜別冊・予想模試＞

第 1 回 ⇒ 第 1 問／第 4 問～第 5 問／第 7 問／第 15 問／第 31 問～第 32 問／第 38 問／第 42 問／第 45 問・選択肢④／第 46 問

第 2 回 ⇒ 第 1 問／第 4 問～第 6 問／第 15 問／第 31 問／第 45 問／第 46 問・例文（d）／第 52 問・例文（a）

第 3 回 ⇒ 第 4 問～第 6 問／第 25 問～第 26 問／第 29 問／第 31 問／第 43 問／第 46 問／第 51 問／第 52 問・例文（d）／第 55 問・選択肢①

障害のとらえ方と自立支援のあり方

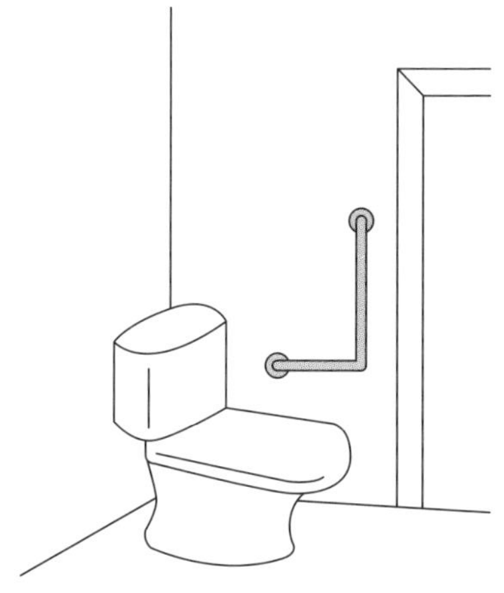

第 43 問～第 59 問

公式テキスト p.87 ～ p.122

各問共通　次の文章の内容が、適切であれば○を、不適切であれば×を選びなさい。

□□ 第43問

難易度：★★

世界保健機関（WHO）が出版した「国際障害分類（ICIDH）」は、医学的な観点においてのみ障害をとらえていると批判されたため、国際生活機能分類（ICF）では医学モデルを排し、障害を社会と環境との相互作用の観点（社会モデル）でとらえた。

□□ 第44問

難易度：★★

予防医学において、一次予防とは、定期的な健康診断等により疾患を早期発見・早期治療し、重度化を予防することをいう。

□□ 第45問

難易度：★

高齢者のリハビリテーションは、身体的および精神的な機能の回復を最大限に図り、可能な限り自立して生活できる能力を取り戻すことが目標となる。そのためには、急性期には絶対安静を保って原疾患の治療に専念し、その後の回復期からリハビリテーションを開始するべきである。

第43問 解説 障害のとらえ方の変遷

正解 ×

ICF は、**医学モデル**と**社会モデル**の両者を統合したものといえる。ICF では新たに「環境因子」「個人因子」という概念が位置づけられ、これらの背景因子と生活機能、健康状態を双方向の関係概念としてとらえたことも特徴である。（公式テキスト p.91）

第44問 解説 一次予防・二次予防・三次予防

正解 ×

定期的な健康診断等により疾患を早期発見・早期治療し、重度化を予防することを**二次予防**という。（公式テキスト p.95）

キーワード

一次予防：食生活や栄養、運動、身体活動、休養、心の健康づくり、たばこ・アルコールの節制、歯や目の健康等に気を配り、**生活習慣**を改善して、**生活習慣病**を予防すること。

二次予防：定期的な健康診断等により疾患を**早期発見・早期治療**し、重度化を予防すること。

三次予防：障害が残った場合に、早期に**リハビリテーション**を行うことにより障害の程度を軽減し、**廃用症候群**の予防に努めること。

第45問 解説 高齢者リハビリテーションの進め方

正解 ×

急性期からベッド上で機能訓練を行うなど、なるべく早期からリハビリテーションを開始し、関節の拘縮、筋力の低下等の**廃用症候群**を予防することが重要である。（公式テキスト p.99）

各問共通　次の文章の内容が、適切であれば○を、不適切であれば×を選びなさい。

□□ 第46問

難易度：★★

地域における介護予防の取り組みを機能強化するため、地域リハビリテーション活動支援事業が2015（平成27）年4月に新設された。本事業は、介護保険に規定する「介護予防・日常生活支援総合事業」(新しい総合事業)の中の「一般介護予防事業」に位置づけられている。

□□ 第47問

難易度：★★

老化現象には個人差があり、紫外線や放射線、大気汚染などの有害物質の曝露、偏った栄養摂取、ストレス、喫煙、過度の飲酒、睡眠不足などの生活習慣のひずみ、重い病気の後などの老化促進因子が加わると、老化現象が急速に進行する。その状態を直角型の老化という。

□□ 第48問

難易度：★

高齢者にみられる円背(背中が丸くなる状態)は、転倒や骨折の原因になる。円背の高齢者は、「膝関節の伸びが悪い」「歩く速さが遅い」「歩幅が狭い」「すり足で歩く」などの歩行パターンになり、小さな段差でもつまずいてしまう傾向がある。

第46問 解説 地域リハビリテーション　正解 ○

地域リハビリテーション活動支援事業は、通所、訪問、地域ケア会議、サービス担当者会議、住民運営の通いの場等への、リハビリテーション専門職（**理学療法士・作業療法士・言語聴覚士**）等の関与を促進する事業である。（公式テキスト p.101, 102）

第47問 解説 通常老化と病的老化　正解 ×

老化現象が急速に進行する状態を**病的老化**という。これに対し、老化の進み方が遅く、高齢期でも心身を比較的若く保っていられる状態を、**通常老化**（**健常老化**）という。（公式テキスト p.104）

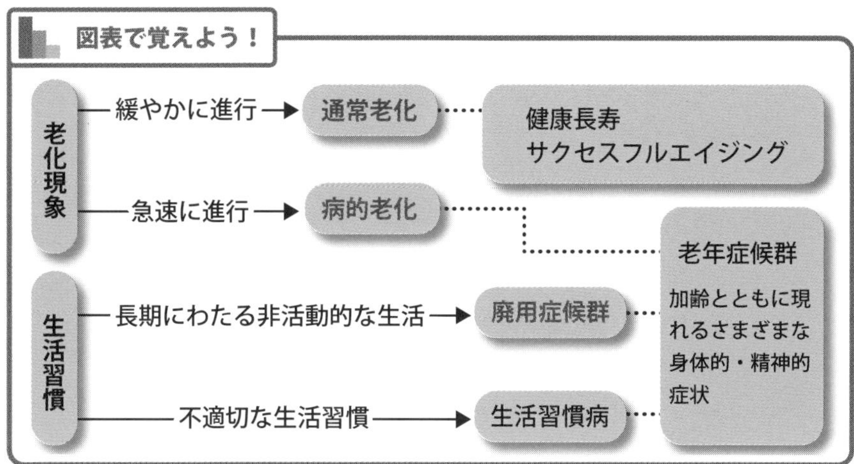

第48問 解説 高齢者に特有の徴候と生理機能の低下　正解 ○

背中の丸い高齢者は、ボディ・イメージが悪いので閉じこもりがちになること、視界が狭くなり、**転倒**の恐怖感があるために外出を控えるようになることなどから、体力を低下させている。（公式テキスト p.106）

各問共通　次の文章の内容が、適切であれば○を、不適切であれば×を選びなさい。

□□ 第49問

難易度：★★

加齢とともに記憶力は変化する。「情報をしっかりと把握して登録する働き」や「転送された内容を整理して貯蔵する働き」は、高齢になっても比較的良好に保たれるが、「長期間貯蔵した内容を検索して取り出す働き」は著しく低下する。

□□ 第50問

難易度：★★★

先天的障害とは、出生から生後１年未満の乳児期までに生じた障害をいう。先天的障害には、染色体異常によるダウン症候群のように原因を特定できるものと、原因をはっきり特定できないものがある。

□□ 第51問

難易度：★★

生後から幼児期、学童期を経て成人に至るまでの成長発達段階で障害が生じた場合、その後の成長に影響が起きる。後天的障害においては、知的・精神的な側面よりも、身体的な側面の発達への影響が現れやすい。

第49問 解説 記憶力の変化　正解 ×

加齢に伴い、「情報をしっかりと把握して登録する働き」「転送された内容を整理して貯蔵する働き」「長期間貯蔵した内容を検索して取り出す働き」の 3 段階とも能力が**低下**する。（公式テキスト p.109）

図表で覚えよう！

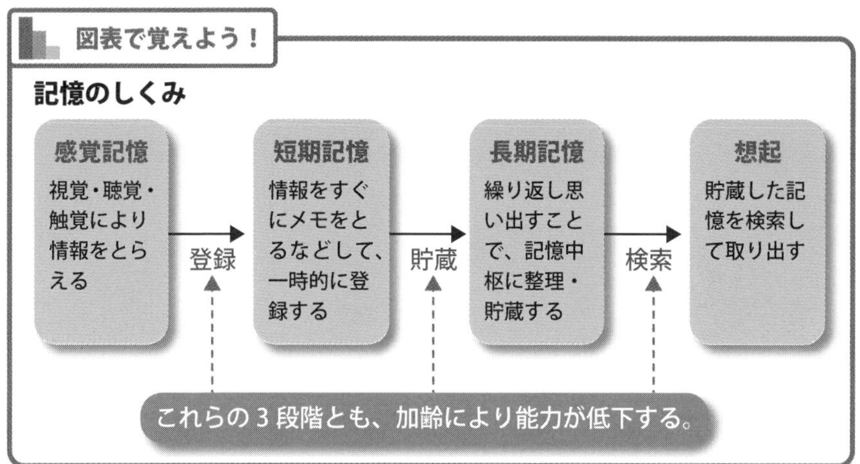

第50問 解説 先天的障害と後天的障害　正解 ×

先天的障害とは、生まれる以前の**胎児**の段階および**周産期**（妊娠満 22 週から出生後 7 日未満の期間）に生じた障害をいう。（公式テキスト p.113）

第51問 解説 成長発達段階における障害　正解 ×

知的・精神的な側面と身体的な側面の発達は互いに影響するので、障害がそのどちらに生じても、**双方に影響が生じる**可能性がある。（公式テキスト p.113）

2章 障害のとらえ方と自立支援のあり方

各問共通　次の文章の内容が、適切であれば○を、不適切であれば×を選びなさい。

□□ 第52問

難易度：★★

単一の原因疾患により複数の障害が生じることもある。たとえば、脳卒中の後遺症により片麻痺が生じるだけでなく、高次脳機能障害を併発する場合である。このように２つ以上の障害を有するものを、重度障害という。

□□ 第53問

難易度：★★

日内変動や季節変動により情動や症状に変化を生じやすい疾患では、その時々の症状に応じて介助量をコントロールしたり、症状の変化を視野に入れて、環境危険因子を除去したりする必要がある。

□□ 第54問

難易度：★★★

移動能力は、同一人物であってもさまざまな要因で変化しやすい。季節や一日の時間帯などによって自立度が変化する場合もあるので、本人が体調のよいときを基準に最小限の住環境整備を行い、できるかぎり自立を促すことが重要である。

第52問 解説 障害の重複化・重度化 正解 ×

2つ以上の障害を有することを**重複障害**という。脳卒中の後遺症により片麻痺が生じるだけでなく、高次脳機能障害を併発する場合や、先天性の肢体不自由に加えて知的な遅れを生じる場合などが重複障害の例である。(公式テキスト p.116)

第53問 解説 症状の変動（日内変動・季節変動） 正解 ○

日内変動や季節変動による影響が大きい疾患には、**関節リウマチ**や**うつ病**、**認知症**などがある。これらの疾患では、問題文のような配慮が特に重要である。(公式テキスト p.116)

キーワード

日内変動

①人間の生理機能の変化が、1日(24時間)を周期として繰り返されること。

②疾患等による心身の症状が1日のうちに変化すること。

第54問 解説 移動能力の把握の重要性 正解 ×

季節や一日の時間帯などによって自立度が変化する場合もあるので、**不調**のときを基準に、自立に向けた住環境整備を検討することが望ましい。不調のときに介助が必要になる場合は、確実に介助が提供されるようにしておくことも重要である。(公式テキスト p.120, 121)

各問共通　次の文章の【A】の部分にあてはまる最も適切な語句を、①～④の中から1つ選びなさい。

□□ 第55問

難易度：★★

国際障害分類（ICIDH）は、「障害」というマイナス面だけに注目した分類であったのに対し、国際生活機能分類（ICF）は「【A】」というプラス面に注目した分類に変わった。

①個人因子　②環境因子　③生活機能　④社会的不利

□□ 第56問

難易度：★★

30歳代の生理機能を100%とした場合、腎臓内で血液を濾過する働きは80歳代で約60%にまで低下し、肺で酸素を交換する働きは50%以下になる。しかし、これらの臓器の生理機能は【A】をもっているため、機能が低下しても通常の生活を送ることはできる。

①適応力　②復元力　③免疫機能　④予備能力

□□ 第57問

難易度：★★

知能は、変化する課題や新しい環境に適応する能力としての流動性知能と、学習や経験によって蓄積された知識の積み重ねによって得られる結晶性知能に分かれる。流動性知能は20歳代にピークを示し、それ以降は、個人差はあるものの徐々に低下する。これに対し、結晶性知能は【A】。

① 40歳代まで上昇し、その後は徐々に低下する
② 40歳代まで上昇し、その後は急激に低下する
③ 60歳くらいまで上昇し、それを生涯維持できる人もいる
④生涯にわたって上昇し続け、死の直前に急激に低下する

第55問 解説 ICFの障害のとらえ方 正解 ③

ICFでは、「心身機能・身体構造」「活動」「参加」の総称を「**生活機能**」とした。国際障害分類（ICIDH）が「障害」というマイナス面だけに注目した分類であったのに対し、国際生活機能分類（ICF）は「**生活機能**」というプラス面に注目した分類に変わり、障害観、障害者観の発展を反映したものになった。（公式テキスト p.91）

図表で覚えよう！

ICFの諸次元の相互作用

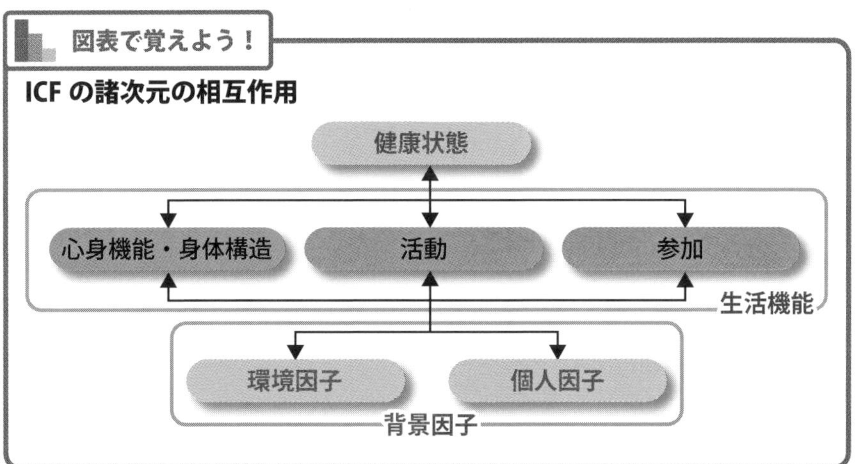

第56問 解説 加齢による生理機能の低下 正解 ④

肝臓や腎臓、肺などの臓器は日常の働きの数倍もの**予備能力**をもっているので、それらの生理機能が半分になったとしても、通常の生活を送ることはできる。（公式テキスト p.103）

第57問 解説 流動性知能と結晶性知能 正解 ③

賢さ、知恵の源となる結晶性知能は、過去の流動性知能の活動水準と学習時間を積算して得られる。結晶性知能は、**60歳**くらいまで上昇し、それを生涯維持できる人もいる。（公式テキスト p.109, 110）

難易度：★★

障害のとらえ方に関する①～④の記述の中で、その内容が最も適切なものを１つ選びなさい。

① 障害者基本法による障害者の定義では、障害の範囲を「身体障害、知的障害または精神障害」と定めており、この定義に当てはまらない難病や慢性疾患の患者は障害者に含められていない。

② 世界保健機関（WHO）が 1980（昭和 55）年に出版した国際障害分類（ICIDH）は、障害のとらえ方の流れが一方向的であるという批判を受けた。2001（平成 13）年に出版された国際生活機能分類（ICF）では、生活機能、健康状態、背景因子がそれぞれ双方向の関係概念としてとらえられている。

③ 国際生活機能分類（ICF）が提示した「生活機能」とは、「機能・形態障害」「能力障害」「社会的不利」という３つの概念の総称である。これらの概念は、障害を生物学的レベル、個人レベル、社会レベルにおいてとらえたことに対応している。

④ わが国の医療保険制度では、ICF の考え方に基づいた「リハビリテーション総合実施計画書」「リハビリテーション実施計画書」の作成が、診療報酬の算定要件となっている。介護保険制度のリハビリテーション給付においても、これらの計画書の作成を算定要件として今後導入することが検討されている。

第58問 解説 障害のとらえ方

正解 ②

①× 障害者基本法は 2011（平成 23）年に改正され、旧法では「身体障害、知的障害または精神障害」とされていた障害の範囲を「身体障害、知的障害、精神障害（発達障害を含む）**その他の心身の機能**の障害」と改めた。これにより、どのような種類であっても何らかの心身の機能の障害があり、それに伴う生活上の制限がある人はすべて障害者とされた。国会審議においても、症状が変動する**難病**や慢性疾患の患者もすべて障害者に含まれるという確認答弁がなされている。（公式テキスト p.88）

ポイント

・障害者総合支援法においても、一部の**難病患者**が障害福祉サービス等の支援の対象とされている（支援の対象は徐々に拡大され、2021（令和 3）年 11 月からは 366 疾病が対象）。

②○ 国際障害分類（ICIDH）への批判を踏まえて出版された国際生活機能分類（ICF）では、生活機能、健康状態、背景因子がそれぞれ**双方向**の関係概念としてとらえられている。（公式テキスト p.91）

③× 国際生活機能分類（ICF）が提示した「生活機能」とは、「**心身機能・身体構造**」「**活動**」「**参加**」という 3 つの概念の総称である。ICF では、これらのそれぞれに問題が生じた状態を「機能障害」「活動制限」「参加制約」とし、その総称を障害ととらえている。（公式テキスト p.91）

④× 2003（平成 15）年度から、介護保険制度のリハビリテーション給付においても、ICF の考え方に基づいた「**リハビリテーション総合実施計画書**」「**リハビリテーション実施計画書**」の作成が算定要件として導入された。（公式テキスト p.94）

難易度：★

障害者の心身の特性に関する (a) ～ (d) の記述について、その内容が適切なものを○、不適切なものを×としたとき、正しい組み合わせを①～④の中から１つ選びなさい。

(a) 先天的障害、あるいは成長発達の途上で障害をもった場合、障害をもつ以前の生活の中で経験したことがない動作などに対しては、その必要性を感じないことがある。

(b) 生後から幼児期、学童期を経て成人に至るまでの成長発達段階の場合で障害が生じると、その後の成長に影響が起きる。特に、後天的障害においては、知的・精神的な側面よりも、身体的な側面の発達への影響が生じやすい。

(c) 関節リウマチ、うつ、認知症などでは、日内変動や季節変動の影響により、情動や症状に変化が生じやすい。このような場合、症状の変動にとらわれずに、常に同じように介助を行うことが重要である。

(d) 病気や事故で障害をもった人が、障害によって生じた新しい状況を客観的に受け止めることができる心理的状態を、病識の欠如という。病識の欠如に至る過程では、多くの人が心の葛藤や混乱、苦悩などを経験する。

① (a) ○　(b) ×　(c) ×　(d) ×
② (a) ○　(b) ×　(c) ○　(d) ×
③ (a) ×　(b) ○　(c) ○　(d) ×
④ (a) ×　(b) ○　(c) ×　(d) ○

第59問 解説 障害者の心身の特性 正解 ①

(a) ○　先天的障害、あるいは成長発達の途上で障害をもった場合、障害をもつ以前の生活の中で**未経験**のことに対しては、その必要性を感じないことがある。たとえば、肢体不自由によりもともと立位動作が困難な人の場合、福祉用具を用いて立位動作が可能になるように調整しても、立位で作業を行う必要性を感じないために、実際には行わない場合がある。（公式テキスト p.114）

(b) ×　知的・精神的な側面の発達と身体的な側面の発達は互いに影響し合うので、そのどちらに障害が生じても、**双方に影響が生じる**可能性がある。（公式テキスト p.113）

(c) ×　関節リウマチ、うつ、認知症などでは、日内変動や季節変動の影響により、情動や症状に変化が生じやすく、服薬やさまざまな環境条件によっても症状は変化する。このような場合、その時々の症状に応じて**介助量**をコントロールし、症状の変化を視野に入れて**環境危険因子**を除去することが重要になる。（公式テキスト p.116）

(d) ×　病気や事故で障害をもった人が、障害によって生じた新しい状況を客観的に受け止めることができる心理的状態を、**障害受容**という。障害受容に至る過程では、多くの人が心の葛藤や混乱、苦悩などを経験する。病識の欠如とは、障害そのものや障害の内容を理解できない状態である。（公式テキスト p.117）

頻出テーマを攻略しよう！

●●● Part2 ●●●

第２章は、出題頻度の偏りが比較的少なく、章全体からまんべんなく出題されている印象がありますが、その中でも、**高齢者の心身の特性**に関する問題は毎回必ず出題されているので、ぜひ押さえておきたいところです。特に覚えておきたいのは、**通常老化**と**病的老化**、加齢に伴う**記憶力**の変化、**流動性知能**と**結晶性知能**の違いなどです。これらは、用語の意味や出題のパターンをしっかり覚えておけば確実に正解できるので、加点のチャンスです。第２章からは、国際生活機能分類（**ICF**）の特徴や、以前に用いられた国際障害分類（**ICIDH**）との違いについてもよく出題されます。

高齢者の心身の特性に関する問題は

＜本試験型問題＞
第２章⇒第 47 問〜第 49 問／第 56 問〜第 57 問

＜別冊・予想模試＞
第１回⇒第９問
第２回⇒第７問〜第８問／第 48 問
第３回⇒第７問／第 34 問

国際生活機能分類（ICF）に関する問題は

＜本試験型問題＞
第２章⇒第 43 問／第 55 問

疾患別・障害別にみた不便・不自由と福祉住環境整備の考え方

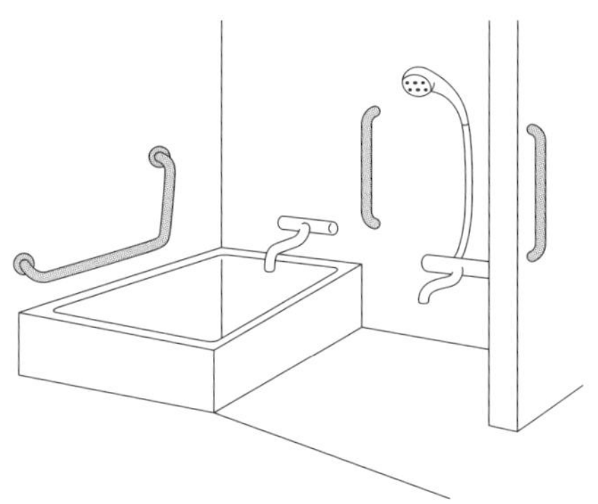

第 60 問～第 93 問

公式テキスト p.121 ～ p.202

各問共通　次の文章の内容が、適切であれば○を、不適切であれば×を選びなさい。

□□ 第60問

難易度：★★

脳血管障害は、かつては長らくわが国の死因別死亡率の第1位を占めていたが、最近は救命処置や治療薬の進歩により死亡率が低下し、第4位となっている。これに伴い、脳血管障害により要介護となる高齢者も著しく減少している。

□□ 第61問

難易度：★

廃用症候群とは、長期間の安静、寝たきり状態などにより心身の機能が低下し、病的な症状が現れるもので、筋力の低下、関節拘縮、骨粗鬆症、褥瘡などが代表的な症状である。生命の維持に直結する心臓や肺の働きは自律神経により調節されるので、これらの臓器には廃用症候群は生じない。

□□ 第62問

難易度：★★★

長期間にわたる安静、寝たきり状態で骨への負荷が少なくなると、骨量が減少し、骨粗鬆症になることがある。骨粗鬆症の予防には、運動療法、食事療法、日光浴の3つが重要で、薬物療法では治療効果がない。

第60問 解説 脳血管障害

正解 ×

救命処置や治療薬の進歩により、脳血管障害による死亡率は低下している。脳血管疾患の発症数も低下しているが、死亡率の低下が発症数の低下を上回っているために、脳血管障害により要介護となる人は現在も**多く**、高齢者が要介護となる原因の第**2**位となっている。（公式テキスト p.125）

第61問 解説 廃用症候群

正解 ×

廃用症候群は、心臓や肺などの臓器にも生じる。長期間の安静により心機能が低下すると、**起立性低血圧**や**頻脈**などの症状が現れ、肺の機能が低下すると**息切れ**を起こしやすくなる。（公式テキスト p.129）

ポイント

廃用症候群が生じやすい臓器とその症状

骨：骨粗鬆症
筋肉：筋力低下
心臓：**起立性低血圧**、頻脈
消化器：食欲不振、**便秘**
静脈：下肢静脈血栓症、肺塞栓
関節：関節拘縮
皮膚：**褥瘡**
肺：息切れ
膀胱：**排尿障害**、膀胱炎
脳・神経：精神活動の低下、**うつ**傾向

第62問 解説 骨粗鬆症

正解 ×

骨粗鬆症の予防には、**運動療法**、**食事療法**、**日光浴**の3つが重要である。**薬物療法**は確実な治療効果を現すが、これに加えて上記の3つを行うことで、より確実な治療効果が期待できる。（公式テキスト p129, 130）

各問共通　次の文章の内容が、適切であれば○を、不適切であれば×を選びなさい。

□□ 第63問　難易度：★★

骨折を病状に応じて分類すると、皮下骨折（単純骨折）と開放骨折（複雑骨折）がある。開放骨折は、骨折端が皮膚を破って空気に触れているもので、感染の危険性が高い。

□□ 第64問　難易度：★★★

正常の水準まで達していた知的機能が、脳神経細胞の減少・機能低下などにより持続的に低下し、日常生活や社会生活に支障をきたすようになった状態を認知症という。記憶障害が存在しても社会生活に支障がなく、認知症の定義に当てはまる段階でない状態を高次脳機能障害という。

□□ 第65問　難易度：★★

認知症の症状は、記憶障害や実行機能障害などの中核症状と、中核症状を背景として二次的に生じる妄想や幻覚、徘徊、多動・興奮といった周辺症状に大別される。中核症状、周辺症状ともに、認知症になると必ず現れる症状である。

第63問 解説 皮下骨折と開放骨折

正解 ○

開放骨折では、骨に細菌が侵入して感染する骨髄炎や、骨髄から脂肪の塊が血管内に入り込んで脳や肺の血管を詰まらせる脂肪塞栓など、重篤な合併症が生じることもある。（公式テキスト p.131）

第64問 解説 認知症と軽度認知障害

正解 ×

記憶障害が存在しても社会生活に支障がなく、認知症の定義に当てはまる段階でない状態を、**軽度認知障害**（MCI：Mild Cognitive Impairment）という。（公式テキスト p.134）

第65問 解説 認知症の中核症状と周辺症状

正解 ×

周辺症状の現れ方には個人差があり、**症状がほとんどみられない**場合もある。周辺症状は、行動・心理症状（BPSD：Behavioral and Psychological Symptoms of Dementia）とも呼ばれる。（公式テキスト p.134）

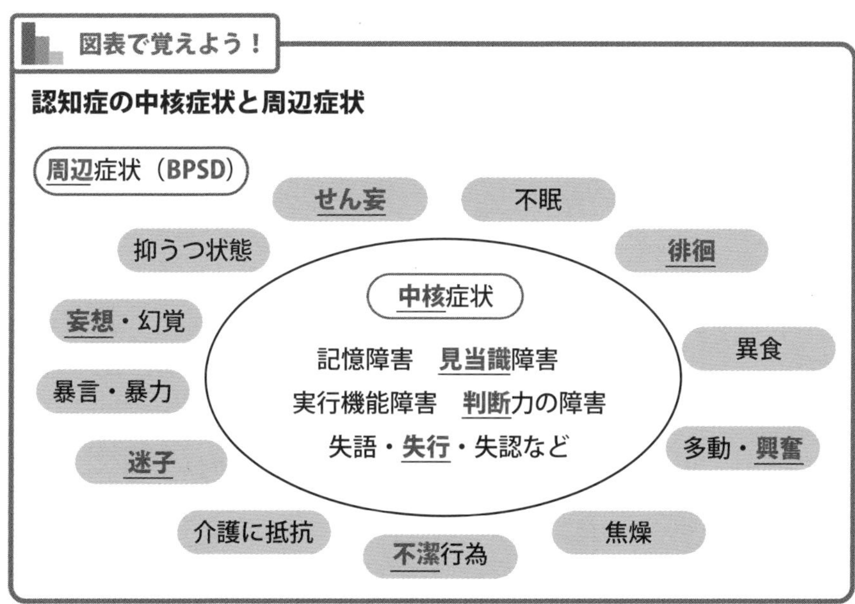

各問共通　次の文章の内容が、適切であれば○を、不適切であれば×を選びなさい。

□□ 第66問

難易度：★★

関節リウマチの患者は、現在、日本に60万～100万人いると推定されている。どの年代でも発症するが、最も多いのは30～50歳代で、男女比では女性が圧倒的に多いことがわかっている。

□□ 第67問

難易度：★★

パーキンソン病は、手足が震え、筋肉がこわばってくる神経難病である。原因のすべてはわかっていないが、脳内のドパミンという神経伝達物質が過剰に産生されることにより、からだの動きに障害が現れることが知られている。

□□ 第68問

難易度：★

パーキンソン病による歩行障害には、歩き始めの第一歩がなかなか踏み出せない「すくみ足」、小さな歩幅で歩く「小刻み歩行」、踵を地面から離さずに歩く「すり足歩行」、歩き出すとペースが速くなって止まらなくなる「前方突進歩行」などがある。

第66問 解説 関節リウマチ

正解 ○

関節リウマチの患者は**女性**に圧倒的に多く、男女比は 1 対 **2.5 ～ 4** である。関節リウマチを進行させる免疫システムの異常がなぜ起きるのかはまだ明らかにされていないが、体質、生活環境、ウイルス、**出産**などの多くの要因が絡んで発症すると考えられている。（公式テキスト p.143）

キーワード

自己免疫疾患

免疫システムは、体内に侵入したウイルス、細菌などの異物を攻撃し、排除する役割をもつ。その免疫システムが何らかの原因で異常をきたし、体内の正常な組織を攻撃してしまうことによりもたらされる病気を自己免疫疾患という。関節リウマチは自己免疫疾患の一つである。

第67問 解説 パーキンソン病の原因

正解 ×

パーキンソン病では、脳内のドパミンという神経伝達物質が**不足**することにより、からだの動きに障害が現れる。ドパミンは、中脳の黒質という部位で産生され、大脳にある線条体に向けて放出される。線条体は、ドパミンを使ってからだの動きをコントロールしている。（公式テキスト p.147）

第68問 解説 パーキンソン病の症状

正解 ○

パーキンソン病では、すくみ足、**小刻み歩行**、**すり足歩行**、**前方突進歩行**などの歩行障害のために、わずかな段差でもつまずいて転倒しやすくなるので、段差の解消に十分配慮する必要がある。すくみ足への対処法としては、床にカラーテープを貼り、足の振り出しを促すための目印を付ける方法がある。（公式テキスト p.149, 150）

各問共通　次の文章の内容が、適切であれば○を、不適切であれば×を選びなさい。

□□ 第69問

難易度：★

糖尿病は、大きく１型と２型に分類される。１型は、膵臓のインスリンを分泌する細胞が破壊されて機能を失い、インスリンの分泌量が絶対的に不足するタイプで、日本人の糖尿病の大半を占めるのは、この１型糖尿病である。

□□ 第70問

難易度：★

心筋梗塞は、動脈硬化などにより冠動脈が閉塞し、血流がとだえて、心筋が酸素・栄養不足になって壊死する病気である。血流の減少・とだえが一時的で、心筋が壊死にまで至らない場合は狭心症という。

□□ 第71問

難易度：★★

肢体不自由とは、上肢、下肢や体幹に永続的な運動機能障害があり、日常生活に不自由をきたしている状態をいう。脳や脊髄などの中枢神経の障害が原因で肢体不自由となる場合は、運動機能だけでなく、感覚、高次脳機能、自律神経機能、膀胱・直腸機能などの障害を併せもつことがある。

第69問 解説 1型糖尿病と2型糖尿病

正解 ×

日本人の場合、**2**型糖尿病が全糖尿病の約95%を占める。**2**型糖尿病は、膵臓からインスリンは分泌されるが、その分泌量が必要量よりも少なかったり、分泌のタイミングが遅れたり、インスリンの作用が不十分になったりするタイプである。（公式テキスト p.151）

ポイント

インスリンと糖尿病

食後は一時的に**血糖値**が上昇するが、膵臓から分泌される**インスリン**の働きにより、血液中のブドウ糖が体内の組織に取り込まれるので、血糖値は正常に戻る。そのインスリンが不足するか、インスリンの働きが不十分になり、血糖値が高い状態が慢性化したものが糖尿病である。

第70問 解説 心筋梗塞と狭心症

正解 ○

冠動脈は、心筋に血液を送り、酸素と栄養を供給する。冠動脈が細くなったり、詰まったりして、心筋に必要な血液が供給できなくなった状態を、虚血性心疾患という。その代表的なものが心筋梗塞で、心筋梗塞の軽症型ともいわれる虚血性心疾患が狭心症である。**心筋梗塞**では心筋が壊死するが、**狭心症**では壊死にまでは至らない。（公式テキスト p.153）

第71問 解説 肢体不自由

正解 ○

肢体不自由となる原因はさまざまで、その原因により障害の現れ方は異なる。そうした障害の特徴を理解し、障害の種類や程度に応じたきめ細かい介護を行う必要がある。**残存機能**を把握し、それを生かしてできる限り自立した生活を送れるように配慮する。（公式テキスト p.159）

各問共通 次の文章の内容が、適切であれば○を、不適切であれば×を選びなさい。

□□第72問

難易度：★★

脊髄損傷者の多くは、正常な便意と排便をコントロールする機能を失い、便秘傾向を示す。その場合、イレウスの発生に注意しながら、緩下剤、坐薬、浣腸などを使用して便習慣を確立する必要がある。

□□第73問

難易度：★★

筋ジストロフィーは、筋肉細胞が壊れ、筋萎縮、筋力低下が進行する遺伝性疾患である。遺伝形式などによりさまざまな病型に分類されるが、わが国で最も多いのはデュシェンヌ型筋ジストロフィーで、1～3歳ごろに、主に女児に発症する。

□□第74問

難易度：★

脳性麻痺による麻痺の現れ方には、四肢の一つが麻痺する単肢麻痺、上肢に麻痺がなく両下肢に麻痺がある対麻痺、からだの左右どちらかに麻痺を起こす片麻痺などがある。麻痺の程度や部位によって、日常生活の不自由さは異なる。

第72問 解説 脊髄損傷 正解 ○

脊髄損傷で正常な便意と排便をコントロールする機能を失っている人の便習慣を確立させるためには、坐薬の挿入や浣腸、摘便などをどこで、どのような姿勢で行うのかを把握し、トイレの**手すり**の位置や、**便器**の種類などを検討する必要がある。（公式テキスト p.163）

第73問 解説 デュシェンヌ型筋ジストロフィー 正解 ×

デュシェンヌ型筋ジストロフィーは、1～3歳ごろに、主に**男児**に発症する。（公式テキスト p.163）

ポイント

デュシェンヌ型筋ジストロフィーの症状

- 1～3歳ごろ、主に**男児**に発症。転びやすい、階段を上りにくい、走るのが遅いなどの徴候が現れる。
- 小学校入学前後に、腹を突き出して腰を大きく揺らすように歩く**動揺性歩行**が現れる。
- 小学校低学年から中学年になると、**動揺性歩行**が著しくなり、膝や太ももに手をついて起き上がる**登攀性起立**（とうはんせいきりつ）が多くなる。
- 小学校中学年から高学年になると、歩行能力がさらに**低下**する。
- 中学校入学のころには**車椅子**が必要になる。

第74問 解説 脳性麻痺 正解 ○

脳性麻痺では、麻痺の程度や部位によって、日常生活の不自由さが異なる。また、福祉住環境整備を必要とする年齢が幼児期から中高年期まで広範囲にわたるので、それぞれの時期により抱える問題は多様であり、福祉住環境整備に何を求めるかは**個別的**な要素が大きい。（公式テキスト p.168）

各問共通　次の文章の内容が、適切であれば○を、不適切であれば×を選びなさい。

□□ 第75問

難易度：★★★

切断は、四肢の一部あるいは全部が切り離された状態で、上肢切断と下肢切断に大別される。上肢切断、下肢切断ともに、原因は、業務上の事故や交通事故などによる外傷が大半を占める。

□□ 第76問

難易度：★

心臓機能障害により重度の不整脈がある場合、胸部にペースメーカーの植え込みが行われることがある。ペースメーカーは、IH式電気炊飯器や電磁調理器等の電磁家電製品、盗難防止装置、電気自動車の充電器、電気のこぎり・ドリル等に近づけると、誤作動する可能性が指摘されている。

□□ 第77問

難易度：★★

手術療法により直腸の切除や膀胱の全摘が行われ、排泄が困難な場合には、カテーテルが造設される。カテーテルを装着した部分の皮膚を不潔にすると炎症が起こりやすいので、清潔を保つことが重要である。

第75問 解説 切断

正解 ×

上肢切断は、業務上の事故や交通事故などの外傷性の原因によるものが大半を占める。下肢切断は、**糖尿病**や動脈硬化症などによる**末梢循環障害**によるものが 60% 以上を占める。下肢切断のその他の原因としては、交通事故や腫瘍による切断が挙げられる。（公式テキスト p.170）

第76問 解説 心臓機能障害

正解 ○

ペースメーカーは、細い電極を心臓に接触させ、心臓の筋肉に一定の周期で電気刺激を伝えることにより、心臓の拍動数を正常な値に調節する装置である。問題文に挙げられている機器類に近づけると、それらの機器から発せられる電磁波の影響により**誤作動**する可能性が指摘されている。（公式テキスト p.175）

第77問 解説 膀胱・直腸機能障害

正解 ×

手術療法により直腸の切除や膀胱の全摘が行われ、排泄が困難な場合には、**ストーマ**が造設される。（公式テキスト p.179）

ポイント

ストーマの種類

- ストーマには、大きく分けて**消化器**ストーマ（人工肛門）と**尿路**ストーマ（人工膀胱）がある。
- ストーマを造設した人を、**オストメイト**という。

各問共通　次の文章の内容が、適切であれば○を、不適切であれば×を選びなさい。

□□第78問
難易度：★★

肝臓機能障害を引き起こす主な疾患には、B型・C型ウイルス性肝炎、自己免疫性肝炎、アルコール性肝障害などがある。このうち、B型・C型肝炎ウイルスは血液を介して感染する。

□□第79問
難易度：★★★

高齢者に多い加齢黄斑変性症は、網膜の視細胞が障害される病気で、その症状は、暗い所で物を見ようとしてもよく見えない夜盲に始まる。病状が進行すると視野狭窄が生じ、さらには、視力低下、色覚障害が現れ、失明に至ることもある。

□□第80問
難易度：★

言葉を聞き分ける能力を、語音明瞭度という。語音明瞭度はさまざまな条件で変化する。音声が小さい場合はもちろん聞き取りにくいが、特に感音難聴では、いちばん聞き取りやすい音声の大きさを超えた場合にも、音が耳に響くために語音明瞭度はかえって低下する。

第78問 解説 肝臓機能障害

正解 ○

B型・C型肝炎ウイルスは**血液**を介して感染するので、歯ブラシやかみそりなど、血液が付着する可能性のあるものは家族で共有しないなどの注意が必要である。（公式テキスト p.181）

第79問 解説 視覚障害を引き起こす代表的な疾患

正解 ×

加齢黄斑変性症は、加齢などが要因となって網膜の**黄斑部**が障害される病気で、**中心暗点**や視力低下、物がゆがんで見える**変視症**、色覚障害などの症状が生じる。問題文は、**網膜色素変性症**の説明になっている。（公式テキスト p.184）

第80問 解説 感音難聴と語音明瞭度

正解 ○

人の聴覚には、大きすぎる音をうるさく不快に感じるレベルがある。難聴者は小さい音が聞こえにくくなる一方、特に**感音難聴**では、うるさく感じる音のレベルは正常な耳と同じか、むしろよりうるさく感じるので、聞き取れてしかも不快に感じない範囲（**ダイナミックレンジ**）が狭くなる。（公式テキスト p.188）

キーワード

伝音難聴：耳介から蝸牛（内耳にある、音波を電気信号に変える器官）に至るまでの機構のどこかに障害があり、音が十分に蝸牛に伝わらないことによって起きる難聴。

感音難聴：蝸牛から大脳の聴覚中枢に至るまでの経路のどこかが障害されることによって起きる難聴。

各問共通　次の文章の内容が、適切であれば○を、不適切であれば×を選びなさい。

□□ 第81問

難易度：★★

高次脳機能障害は、大脳の機能のうち、注意・言語・記憶・思考・認知・推論・学習・行為などの複雑な精神活動に障害のある状態である。高次脳機能障害の症状は環境や状況に大きく左右されるので、思い切って住環境を変化させ、新しい環境で生活してみると改善につながりやすい。

□□ 第82問

難易度：★★

注意欠陥多動性障害（ADHD）の基本的な特徴は、多動性、衝動性、不注意である。このうち、多動性や衝動性は成長とともに減少してくるが、不注意は思春期や成人期まで続くことがある。

□□ 第83問

難易度：★★

精神障害者は、身体障害者や高齢者と比較して、特別な住宅設計や住宅改修などの特定目的の福祉住環境整備は必要としない場合が多い。住宅の構造としては、段差の解消などの一般的なバリアフリーの配慮がなされていれば十分である。

第81問 解説 高次脳機能障害　正解 ×

高次脳機能障害者は、新しい環境に適応しにくいので、できる限り**発症前と同じ**住環境で生活することが望ましい。ただし、使い慣れた家具や器具が使用できなくなったり、状況に合わせて使いこなすことが困難になったりするので、家具や器具はなるべく少なく、使用方法が簡単なものにする。（公式テキスト p.193, 195）

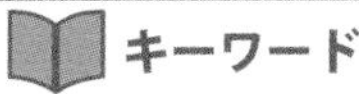

高次脳機能障害

大脳の機能のうち、注意・言語・記憶・思考・認知・推論・学習・行為などの複雑な精神活動を高次脳機能といい、それらの機能が障害された状態を高次脳機能障害という。

第82問 解説 注意欠陥多動性障害（ADHD）　正解 ○

注意欠陥多動性障害（ADHD）の基本的な特徴は、**多動性**、**衝動性**、**不注意**で、これらの出方の強さによって、多動性―衝動性優勢型、不注意優勢型と、その両方をあわせ持つ混合型の 3 タイプに分類される。多動性や衝動性は成長とともに減少してくるが、不注意は思春期や成人期まで続くことがある。（公式テキスト p.196）

第83問 解説 精神障害者の住環境整備　正解 ○

精神障害者は、身体障害者や高齢者と比較して、特別な住宅設計や**住宅改修**などの特定目的の福祉住環境整備は必要としない場合が多い。ただし、幻聴をもつ精神障害者は音に敏感になりやすいので、静かで落ち着いた環境を確保する必要がある。（公式テキスト p.201）

各問共通　次の文章の【A】の部分にあてはまる最も適切な語句を、①〜④の中から１つ選びなさい。

□□第84問

難易度：★

1950（昭和 25）年から約 30 年間、わが国の死亡原因の第１位は脳血管障害であったが、近年は救命処置と治療薬の進歩により、脳血管障害による死亡率は低下している。現在、高齢者の死亡原因の第１位を占めているのは【A】である。

①悪性新生物　②老衰　③誤嚥性肺炎　④心疾患（高血圧症を除く）

□□第85問

難易度：★

認知症の原因疾患は 100 以上に及ぶが、そのなかで最も多く、約 2/3 を占めるのが【A】である。【A】の原因はまだ十分に解明されていないが、脳組織内で、脳の神経細胞の減少と老人斑と呼ばれる変性蛋白の沈着がみられる。【A】の進行を抑える薬として、塩酸ドネペジル、メマンチン、ガランタミン、リバスチグミンなどが用いられる。

①脳血管性認知症
②レビー小体型認知症
③アルツハイマー型認知症
④軽度認知障害

□□第86問

難易度：★★

心筋梗塞の再発防止のためには、薬物療法を行うとともに、食事にも配慮する必要がある。動脈硬化の進行を抑える働きがある【A】や、野菜を中心とした低コレステロール食を心がける。

①鶏卵　②牛肉　③青魚　④鶏レバー

第 84 問 解説 高齢者の死亡原因と要介護の原因 正解 ①

現在、高齢者の死亡原因の第 1 位を占めているのは**悪性新生物（がん）**である。脳血管障害による死亡率は低下し、発症数も低下しているが、死亡率の低下が発症数の低下を上回っていることから、脳血管障害に伴う要介護高齢者数は現在も多く、要介護の原因では認知症に次いで第 2 位となっている。（公式テキスト p.124, 125）

第 85 問 解説 認知症の原因疾患 正解 ③

認知症の原因疾患は 100 以上に及ぶが、そのなかで最も多く、約 2/3 を占めるのが**アルツハイマー型認知症（アルツハイマー病）**である。続いて脳血管性認知症が約 20% と多く、レビー小体型認知症（レビー小体病）がそれに次いで多い。そのほか、慢性硬膜下血腫や脳腫瘍、正常圧水頭症、ピック病などの脳の病気や外傷による認知症、クロイツフェルト・ヤコブ病や AIDS などの感染症による認知症、甲状腺機能低下症や低血糖などの内分泌・代謝性疾患による認知症などがある。（公式テキスト p.134）

第 86 問 解説 心筋梗塞の再発防止 正解 ③

心筋梗塞の再発防止のためには、薬物療法を行うとともに、動脈硬化の進行を抑える働きがある**青魚**や、野菜を中心とした低コレステロール食を心がける。毎日の生活にややきつめの運動を取り入れること、禁煙、アルコールの多飲を控えること、ストレスの少ない生活をおくることなども重要である。（公式テキスト p.154）

各問共通　次の文章の【A】の部分にあてはまる最も適切な語句を、①〜④の中から１つ選びなさい。

□□第87問

難易度：★★★

脳性麻痺とは、【A】に生じた脳の障害が原因となり、運動機能に異常が生じる疾患である。基本的な症状は運動障害だが、重度の知的障害や、視覚・聴覚・構音障害などを合併することが多い。

①胎生期から新生児期
②新生児期から乳児期
③乳児期から小児期
④乳児期から青年期

□□第88問

難易度：★★★

切断とは、疾患や外傷、先天性奇形などの原因で、四肢の一部または全部が切り離された状態をいい、上肢切断と下肢切断に大別される。上肢切断の切断部位で最も多いのは【A】である。

①指切断　②前腕切断　③上腕切断　④サイム切断

□□第89問

難易度：★★★

【A】は、視神経が障害され、視野が狭くなる病気で、眼圧の上昇が原因の一つとされている。放置すると視神経の障害範囲が広がり、視野のほとんどが欠けて失明に至ることもある。

①網膜色素変性症　②緑内障　③糖尿病網膜症　④加齢黄斑変性症

第 87 問 解説 脳性麻痺の定義

正解 ①

脳性麻痺とは、**胎生期から新生児期**に生じた脳の障害が原因となり、運動機能に異常が生じる疾患である。1968（昭和 43）年に厚生省（現：厚生労働省）が行った定義では、「受胎から新生児期（生後 4 週間）までの間に生じた脳の非進行性病変に基づく、永続的、しかし変化しうる運動および姿勢の異常」とされ、「その症状は 2 歳までに発現する」とされている。（公式テキスト p.167, 168）

第 88 問 解説 上肢切断の切断部位

正解 ①

上肢切断の切断部位で最も多いのは**指切断**で、全体の 82% を占める。次いで、前腕切断が 8%、上腕切断が 6% となっている。サイム切断は、下肢切断のうち足首の部分で切断したものである。（公式テキスト p.170）

第 89 問 解説 視覚障害を引き起こす代表的な疾患

正解 ②

問題文の説明に当てはまる疾患は、**緑内障**である。網膜色素変性症は、網膜の視細胞が障害される病気で、症状は夜盲から始まり、病状の進行に伴い、視野狭窄、視力低下、色覚障害などが生じ、失明に至ることもある。糖尿病網膜症は、糖尿病の 3 大合併症の一つで、高血糖が続くことにより網膜の毛細血管の壁が変性し、閉塞したり破れたりすることにより視力が低下する。加齢黄斑変性症は、視細胞が多く分布する網膜の黄斑部が加齢とともに変性し、中心暗点や視力低下、物がゆがんで見える変視症、色覚障害などを生じる。（公式テキスト p.184）

難易度：★★

下のグラフは、高齢者が要介護となった原因の割合を表している。グラフ内のア、イ、ウに当てはまる語句の組合せとして最も適切なものを、下表の①〜④から１つ選びなさい。

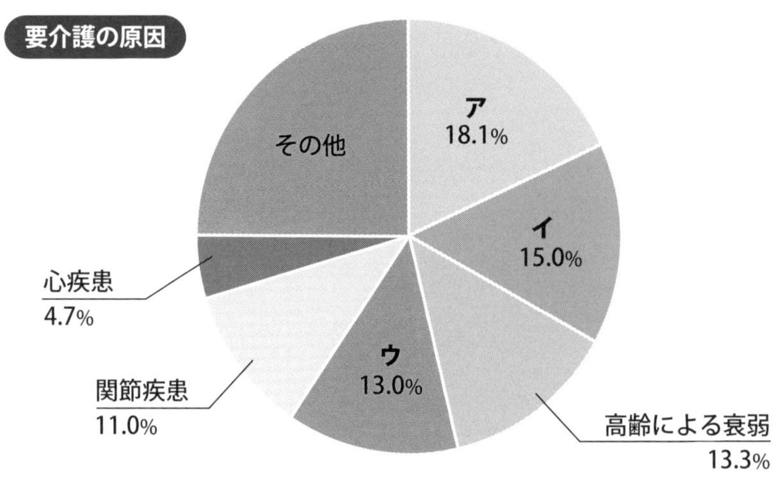

	ア	イ	ウ
①	脳血管疾患	悪性新生物	認知症
②	認知症	脳血管疾患	骨折・転倒
③	認知症	悪性新生物	脳血管疾患
④	骨折・転倒	認知症	脳血管疾患

第90問 解説 高齢者が要介護となった原因

正解 ②

高齢者が要介護となった原因は、上位から「**認知症**」「**脳血管疾患**」「高齢による衰弱」「**骨折・転倒**」の順である（内閣府「高齢社会白書」（2021年）による）。かつて、長らくわが国の死因別死亡率の第1位を占めていた脳血管疾患は、救命処置と治療薬の進歩により死亡率が低下し、発症数もまた低下している。しかし、死亡率の低下が発症数の低下を上回っているために、脳血管疾患により要介護となる高齢者は現在も多く、要介護の原因では第2位となっている。（公式テキスト p.124）

図表で覚えよう！

死亡原因		
第1位	悪性新生物（がん）	26.7%
第2位	心疾患（高血圧性を除く）	15.3%
第3位	老衰	10.6%
第4位	脳血管疾患	7.5%
第5位	肺炎	6.1%

厚生労働省「人口動態統計」（2020年）による

要介護の原因		
第1位	認知症	18.1%
第2位	脳血管疾患	15.0%
第3位	高齢による衰弱	13.3%
第4位	骨折・転倒	13.0%
第5位	関節疾患	11.0%

内閣府「高齢社会白書」（2021年）による

難易度：★★

脳血管障害に関する①～④の記述の中で、その内容が最も適切なものを1つ選びなさい。

① 脳血管障害が発症してから2～4週間の急性期には、絶対安静を保って病状を改善させる治療法が優先されるため、リハビリテーション医療はこの時期には行われない。

② 脳血管障害の回復期は、病状が安定した時期で、多くの場合、回復期リハビリテーション病棟に転院して本格的なリハビリテーション医療が開始される。理学療法では、麻痺側上肢機能訓練、片手動作訓練、排泄、入浴などのADL訓練が行われる。

③ 脳血管障害の生活期は、自宅または施設に退院し、身体の働きを維持しながら新しい生活をつくっていく時期である。介護施設での通所リハビリテーション（デイケア）、通所介護（デイサービス）、訪問リハビリテーションなどを利用して生活期のリハビリテーションを行う。

④ 脳血管障害に多い症状としては、左右両側の下肢が麻痺する対麻痺が挙げられる。手足がしびれたり、感覚が鈍くなったりする感覚障害や、意識がもうろうとなったり、反応が鈍くなったりする意識障害がみられることも多い。

第91問 解説 脳血管障害のリハビリテーション　正解 ③

①× 以前は、急性期には絶対安静を保って病状を改善させる治療法が優先されていたが、現在は、廃用症候群の予防や早期のADL自立を目標に、**できるだけ早い時期**から、理学療法士、作業療法士により急性期リハビリテーション医療を開始するようになっている。（公式テキストp.126）

②× **理学療法**では、起き上がり・移乗動作訓練や、平行棒内での歩行、下肢装具や歩行補助具を用いた歩行訓練などが行われる。**作業療法**では、麻痺側上肢機能訓練、片手動作訓練、排泄、入浴などのADL訓練が行われる。（公式テキストp.126）

③○ 脳血管障害の生活期は、自宅または施設に退院して、介護施設での**通所リハビリテーション**（デイケア）、**通所介護**（デイサービス）、**訪問リハビリテーション**などを利用して生活期のリハビリテーションを行い、急性期・回復期のリハビリテーションで獲得した心身の機能の低下を防ぐ。（公式テキストp.127）

④× 脳血管障害に多くみられるのは、身体の左右どちらかに麻痺を生じる**片麻痺**である。感覚障害、意識障害については選択肢の文のとおりである。（公式テキストp.125）

キーワード

単肢麻痺（単麻痺）：四肢のうち一つが麻痺する。
対麻痺：両下肢が麻痺する。
片麻痺：身体の左右どちらかが麻痺する。脳血管障害では、脳の病変と反対側に麻痺が生じる。
四肢麻痺：四肢のすべてが麻痺する。

■■第92問

難易度：★★★

内部障害に関する (a) ～ (d) の記述について、その内容が適切なものを○、不適切なものを×としたとき、正しい組み合わせを①～④の中から１つ選びなさい。

(a)　心臓機能障害をもつ人が無理なく日常生活をおくるためには、生活活動や運動に必要な消費カロリーを把握することが重要である。

(b)　慢性呼吸不全の状態を引き起こす病態として最も多いのは、肺結核後遺症である。

(c)　腎臓疾患の診断の指標としては、糸球体濾過値が用いられる。糸球体濾過値が正常値の 30% 以下になると慢性腎不全、さらに 10% 以下まで低下すると、尿毒症と診断される。

(d)　手術療法により直腸の切除や膀胱の全摘が行われて排泄が困難な場合にはストーマが造設される。ストーマを造設した人をオストメイトという。

①　(a) ×　(b) ×　(c) ○　(d) ×
②　(a) ×　(b) ×　(c) ○　(d) ○
③　(a) ×　(b) ○　(c) ×　(d) ○
④　(a) ○　(b) ×　(c) ○　(d) ○

第92問 解説 内部障害 正解 ②

(a) × 心臓機能障害をもつ人が無理なく日常生活をおくるためには、生活活動や運動に必要な**酸素消費量**を把握し、活動制限を考慮した福祉住環境整備を行うことが必要である。酸素消費量は METs（メッツ）という単位で表される。（公式テキスト p.174）

ポイント

生活活動や運動に必要な酸素消費量の例

2.8 METs：ゆっくり歩く
3 METs ：普通に歩く、電動アシスト自転車に乗る
3.5 METs：自転車に乗る
6 METs ：スコップで雪かき
8 METs ：重い荷物を運ぶ
8.8 METs：階段を速く上る
身体活動の量（METs・時）×体重（kg）＝エネルギー消費量（kcal）

(b) × 慢性呼吸不全の状態を引き起こす病態として最も多いのは、**慢性閉塞性肺疾患**（COPD）である。COPD は、喫煙などにより気管支や肺胞に炎症が生じ、慢性的に息切れが起きる病気である。（公式テキスト p.175）

(c) ○ 糸球体濾過値が正常値の 30% 以下になると**慢性腎不全**と診断される。さらに 10% 以下まで低下した状態が**尿毒症**である。**尿毒症**になると、腎臓による生体の恒常性の維持が困難になり、透析療法や腎移植が必要になる。（公式テキスト p.177）

(d) ○ 手術療法により直腸の切除や膀胱の全摘が行われて排泄が困難な場合には**ストーマ**が造設される。**ストーマ**には、消化器ストーマ（人工肛門）と尿路ストーマ（人工膀胱）があり、それらの保有者を**オストメイト**という。（公式テキスト p.179）

難易度：★★

下図は、眼の構造と視覚のしくみを表している。この図に対応する①～④の記述の中で、その内容が最も不適切なものを１つ選びなさい。

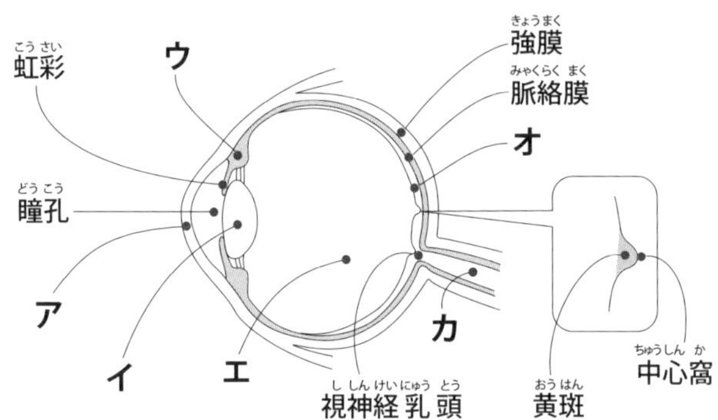

① **ア**は角膜といい、光を通す透明な膜である。眼球の前面を覆い、眼球を保護している。

② **イ**は硝子体という。凸レンズの形をした弾力性のある袋で、この袋の厚みを調節することで、瞳孔から入ってきた光が屈折され、**オ**に焦点を結ぶ。

③ **ウ**は毛様体といい、**イ**の厚みを調節する筋肉である。

④ **カ**は視神経という。光の色や明暗、物の形などの情報は、**オ**で電気信号に変えられ、視神経を経て大脳の視覚中枢に送られる。

第93問 解説 眼の構造と視覚のしくみ

正解 ②

①○　**ア**は**角膜**といい、光を通す透明な膜である。眼球の前面を覆い、眼球を保護するとともに、光を屈折させるフィルターの役割をしている。（公式テキスト p.182）

②×　**イ**は**水晶体**という凸レンズの形をした弾力性のある袋で、この袋の厚みを調節することで、瞳孔から入ってきた光が屈折され、**オ**の網膜に焦点を結ぶ。硝子体は**エ**で、眼球の形を整えているゼリー状の物質である。（公式テキスト p.182）

③○　**ウ**は**毛様体**といい、**イ**の水晶体の厚みを調節する筋肉である。毛様体の収縮により、近くの物を見るときは水晶体が厚くなり、遠くの物を見るときは水晶体が薄くなることで、**オ**の網膜に焦点が合うしくみである。（公式テキスト p.182）

④○　**カ**は**視神経**という。光の色や明暗、物の形などの情報は、**オ**の網膜で電気信号に変えられ、視神経を経て大脳の後頭葉にある視覚中枢に送られる。（公式テキスト p.182）

ポイント

眼の構造

眼の構造は、よくカメラにたとえられる。眼のそれぞれの部分は、カメラになぞらえると以下のような役割をしている。

角膜 ――→ フィルター
虹彩・瞳孔 ――→ 絞り
水晶体 ――→ レンズ
網膜 ――→ フィルム、デジタルカメラのイメージセンサー

頻出テーマを攻略しよう！

●●● Part3 ●●●

第３章の内容は、「高齢者に多い疾患別」「障害別」に分かれており、各回の試験では、その中からいくつかの疾患、障害に関する問題が出題されます。なかでも特に出題頻度が高いのは、**認知症**に関する問題です。

認知症は、高齢者が**要介護**となる原因の第１位となっており、現在、大きな問題になっているように、認知症の家族をもつ人にとっては、**介護の負担**が非常に大きくなります。住宅改修や福祉用具の活用などを提案することを通して、その負担を軽減することが福祉住環境コーディネーターの役割です。そのためには、認知症の特徴についてよく理解していなければなりません。

認知症に関する問題はココ！

＜本試験型問題＞

第３章 ⇒ 第 64 問〜第 65 問／第 85 問／第 90 問

＜別冊・予想模試＞

第１回 ⇒ 第 12 問／第 35 問／第 45 問・選択肢③／第 46 問・例文（b）

第２回 ⇒ 第１問／第８問／第 11 問／第 48 問・例文（c）／第 49 問

第３回 ⇒ 第 10 問／第 29 問／第 35 問

第4章

相談援助の考え方と福祉住環境整備の進め方

第 94 問～第 112 問

公式テキスト p.200 ～ p.245

各問共通　次の文章の内容が、適切であれば○を、不適切であれば×を選びなさい。

□□ 第94問　難易度：★

ケアマネジメントとは、ケアを必要とする人に対して、適切なサービスを受けられるように支援する活動をいう。介護保険制度では、社会福祉士がケアマネジメントの中心的な役割を担い、要介護者・要支援者や家族の相談に応じ、ケアプランの作成やサービス提供機関との連絡調整を行う。

□□ 第95問　難易度：★

ケアプラン作成の前提となるアセスメントでは、利用者のIADLやADLを把握する必要がある。IADLとは、寝返り、起きあがり、移乗、歩行、着衣、入浴、排泄等の日常生活の基本的な動作を、ADLとは、調理、掃除、買物、金銭管理、服薬状況の管理などができる能力をさす。

□□ 第96問　難易度：★★★

福祉用具・住宅改修支援事業は、福祉用具や住宅改修に関する相談・情報提供・連絡調整等を行うとともに、住宅改修費の支給申請に係る理由書の作成や、作成した場合の経費の助成を行う事業である。すべての市町村で実施されており、サービスの内容も全国共通である。

第94問 解説 介護支援専門員の役割　正解 ×

介護保険制度では、**介護支援専門員（ケアマネジャー）**がケアマネジメントの中心的な役割を担い、要介護者・要支援者や家族の相談に応じて、ケアプランの作成やサービス提供機関との連絡調整を行う。（公式テキスト p.204, 213）

第95問 解説 ケアマネジメントにおけるアセスメント　正解 ×

寝返り、起きあがり、移乗、歩行、着衣、入浴、排泄等の日常生活の基本的な動作を **ADL**（日常生活動作）といい、調理、掃除、買物、金銭管理、服薬状況の管理などができる能力を **IADL**（手段的日常生活動作）という。問題文では、ADL と IADL の説明が逆になっている。（公式テキスト p.207）

キーワード

ADL：Activities of Daily Living の略で、**日常生活動作**と訳される。食事をする、歩行する、排泄する、入浴するなどの日常生活で必要とされる基本的な動作をさす。

IADL：Instrumental Activities of Daily Living の略で、**手段的日常生活動作**と訳される。調理、掃除、買物、金銭管理、交通手段を利用した移動や旅行など、ADL よりも巧緻な動作や高度な判断を求められる応用的な動作をさす。

第96問 解説 福祉用具・住宅改修支援事業　正解 ×

福祉用具・住宅改修支援事業は、市町村の**任意事業**なので、実施しているかどうかは各市町村に問い合わせて確認する必要がある。事業の概要は問題文のとおりである。（公式テキスト p.212）

各問共通　次の文章の内容が、適切であれば○を、不適切であれば×を選びなさい。

□□ 第97問

難易度：★★

福祉住環境コーディネーターが行う相談援助においては、対象者が「できること」については、生活上の問題が生じないのであるから、あえて注目する必要性は低い。対象者が「できないこと」は何なのかを明らかにし、それを解決する方法を検討することに集中するべきである。

□□ 第98問

難易度：★★

個人情報の取り扱いについて社会全体の関心が高まっている。福祉住環境コーディネーターの活動においても守秘義務は絶対に厳守すべき原則であり、業務上知り得た情報は、地域の保健・医療・福祉等の協働・連携にかかわる者との間であっても共有してはならない。

□□ 第99問

難易度：★★

相談援助においては、被援助者の「ニーズ」を引き出すことが重要になる。「ニーズ」とは、本人が明確に意識している「やってほしいこと」である。これに対して、本人が意識しないものまでを含む「客観的に見て本人が必要な事項」を「デマンド」という。

第97問 解説 相談援助の基本的視点

正解 ×

福祉住環境コーディネーターの活動では、その特性上どうしても、対象者が「できないこと」に目を向けがちであるが、「**できること**」を含めて、トータルに本人をとらえることが重要である。「できること」とは、残存機能の活用という意味にとどまらず、本人の意欲や前向きな姿勢も含まれる。（公式テキスト p. 215）

第98問 解説 守秘義務とプライバシーの保護

正解 ×

守秘義務はきわめて重要な原則であるが、地域の保健・医療・福祉等の専門職の連携のためには、必要な情報を関係者間で**共有する**ことが求められる。この場合、守秘義務は、「業務上知り得た情報を、**協働・連携**にかかわる者以外に漏らしてはならない」と理解するべきである。（公式テキスト p. 217）

第99問 解説 ニーズへの気づきを促す支援

正解 ×

「**デマンド**」は本人が意識している「やってほしいこと」であるのに対し、「**ニーズ**」とは、本人が意識しないものまでを含む「客観的に見て本人が必要な事項」をいう。相談援助においては、被援助者の「ニーズ」への気づきを促し、本人から「ニーズ」を引き出すことが重要になる。（公式テキスト p. 218, 219）

各問共通　次の文章の内容が、適切であれば○を、不適切であれば×を選びなさい。

□□ 第100問

難易度：★

理学療法士は、医師の指示の下に、身体に障害のある人に対して、筋力の増強などの運動療法や、マッサージ、温熱、電気などの物理療法を行う専門職で、国家資格である。

□□ 第101問

難易度：★★

社会福祉士は、資格の有無にかかわらず、社会福祉に従事している人の呼び名である。社会福祉分野、行政分野、医療分野等で、利用者やその家族への相談援助、情報提供、関係機関との連絡調整等を行っている。

□□ 第102問

難易度：★★

福祉用具専門相談員は、介護保険制度で福祉用具サービスを利用する場合、福祉用具の選定、調整、使用方法の指導、モニタリングなどを通じて、福祉用具が適切に使用されるように助言・指導を行う。福祉用具貸与事業所および福祉用具販売事業所に１名以上置くことが義務づけられている。

第100問 解説 理学療法士

正解 ○

理学療法士は、関節、筋肉、神経といった**運動機能**を向上させ、寝返り、起き上がり、立ち上がり、車椅子・ベッドの移乗、歩行などの基本的な生活動作の改善を目的として、訓練や指導・援助を行う専門職である。(公式テキスト p.225)

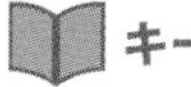

キーワード

PT：Physical Therapistの略で、**理学療法士**のこと。
OT：Occupational Therapistの略で、**作業療法士**のこと。

第101問 解説 社会福祉士

正解 ×

社会福祉士は、「社会福祉士及び介護福祉士法」により位置づけられた**国家資格**である。福祉事務所、障害者支援施設、病院等で相談援助業務を行っているほか、社会福祉士の資格を持ち、介護支援専門員として働いている人も多い。問題文は、**ソーシャルワーカー**の説明になっている。(公式テキスト p.227, 228)

第102問 解説 福祉用具専門相談員

正解 ×

介護保険制度では、福祉用具貸与事業所および福祉用具販売事業所に、福祉用具専門相談員を**2名**以上置くことが義務づけられている。資格要件は、介護福祉士、義肢装具士、保健師、看護師、准看護師、理学療法士、作業療法士、社会福祉士または指定講習の修了者である。(公式テキスト p.229)

各問共通　次の文章の内容が、適切であれば○を、不適切であれば×を選びなさい。

□□ 第103問

難易度：★★★

増改築相談員は、住宅リフォームに際して、工事の依頼先の選定や、費用の見積もりなどの相談業務（一般消費者のためのコンサルティング業務）、指導等を行う。

□□ 第104問

難易度：★

福祉住環境整備相談では、本人から直接意見や要望を聞くことが、最も正確な情報を得ることにつながる。本人が入院中ならば、病院に出向いて本人の意向を確認することも検討する。

□□ 第105問

難易度：★

福祉住環境整備を検討する際には、あまり多くの案を提示すると、本人や家族は選択に迷い、かえって負担を増やすことになる。一度に提案する改善案はなるべく少なくし、予算も同程度に揃えることが望ましい。

第103問 解説 増改築相談員 正解 ○

増改築相談員とは、住宅建築の現場に**10年**以上携わり、公益財団法人住宅リフォーム・紛争処理支援センターが企画したカリキュラムの研修会を修了し考査に合格した人で、同センターに登録している人をいう。（公式テキスト p.230, 231）

第104問 解説 福祉住環境整備の進め方 正解 ○

本人の立会いや面談がどうしても困難な場合は、本人の意向や、身体機能、生活動作の現状を把握している**看護師**、**理学療法士**、**作業療法士**などから情報を得るか、彼らの立会いのもとで相談を行う。（公式テキスト p.232）

第105問 解説 対費用効果の検討 正解 ×

福祉住環境整備を検討する際は、費用のかかる住宅改修だけでなく、家具の配置換え、既存品の代用、**福祉用具**の活用など、費用の比較的かからない改善案も含めていくつかの案を提示し、それぞれの長所、短所を説明して、本人や家族にできるだけ多くの判断材料を示すことが重要である。（公式テキスト p.233）

ポイント

福祉住環境整備の留意点

- 本人が実際に生活している場所の状況を確認する。
- できる限り**本人**の立会いの下で相談を行う。
- 本人だけでなく、**家族**の意向も把握する。
- 将来の身体状況の変化も考慮する。
- 相談者側の**キーパーソン**を確認する。
- **対費用効果**を検討し、複数の案を提示する。

各問共通　次の文章の【A】の部分にあてはまる最も適切な語句を、①～④の中から１つ選びなさい。

■■第106問　難易度：★

福祉住環境整備において、個々の高齢者の状況やその変化に応じて、適切にサービスが提供されるためには、支援にかかわる専門職が、自分の領域の活動を超え、協働してサービスを提供することが必要である。このような協力体制を【A】という。

①パターナリズム
②アドボカシー
③ケアマネジメント
④チームアプローチ

■■第107問　難易度：★★★

【A】は、高齢者や障害者の自立支援や社会復帰のために、車椅子、義肢・装具などの補装具、コミュニケーション機器、自助具など、さまざまな福祉用具の開発・作製を行う。また、リハビリテーションセンターなどで臨床サービスを提供する人も【A】と呼ばれることが多い。現状では、知識と技術があれば、資格なしにだれでもできることになっている。

①義肢装具士
②福祉用具専門相談員
③福祉用具プランナー
④リハビリテーション工学技師

第106問 解説 チームアプローチの必要性

正解 ④

福祉住環境整備において、個々の高齢者の状況やその変化に応じて、適切にサービスが提供されるためには、医師、理学療法士、作業療法士、言語聴覚士、看護師、保健師、薬剤師、社会福祉士、介護福祉士、介護支援専門員、建築関係者などの専門職が協働してサービスを提供する**チームアプローチ**が必要である。チームアプローチが機能するためには、支援にかかわる専門職がそれぞれの領域の活動を行うだけでなく、利用者の生活上の課題や目標、達成までの期間を共有し、連携をとることが重要である。（公式テキスト p.224）

第107問 解説 福祉用具関連職

正解 ④

リハビリテーション工学技師は、高齢者や障害者の自立支援や社会復帰のために、車椅子、義肢・装具などの補装具、コミュニケーション機器、自助具など、さまざまな福祉用具の開発・作製を行う者である。現状では、知識と技術があれば、**資格**なしにだれでもできることになっている。ただし、医師の指示と処方に基づいて義肢や装具を装用する部位の採型、製作および身体への適合を行う場合は、義肢装具士の資格が必要である。（公式テキスト p.229）

図表で覚えよう！

福祉用具関連の資格

義肢装具士	医師の指示の下に、義肢・装具の装用部位の採型・採寸、義肢・装具の作製、身体への適合を行う。国家資格。
福祉用具専門相談員	介護保険制度により貸与・販売される福祉用具が適切に使用されるように助言・指導を行う。
福祉用具プランナー	福祉用具を必要とする人に対し、福祉用具の選定と適切な利用の援助を行い、適応の状況をフォローアップする。

各問共通 次の文章の【A】の部分にあてはまる最も適切な語句を、①～④の中から1つ選びなさい。

□□ 第108問

難易度：★★★

建築士は「建築士法」に規定される国家資格で、建築物の設計、工事監理等を行う専門職である。建築士には、一級建築士、二級建築士、【A】建築士の3種類の資格があり、建築物の規模、用途、構造に応じてそれぞれの業務範囲等が定められている。

①三級　②特殊　③鉄筋コンクリート造　④木造

□□ 第109問

難易度：★★

2006（平成18）年度より、【A】の資質の向上を図るため、5年ごとの資格の更新制が導入され、更新時には研修の受講が義務づけられている。

①介護福祉士　②介護支援専門員　③社会福祉士　④理学療法士

□□ 第110問

難易度：★★

【A】は、「【A】法」により定められた国家資格で、主に精神科医療機関、精神障害者社会復帰施設、小規模作業所、グループホーム、保健所、精神保健福祉センターなどに勤務している。精神障害者の社会参加や社会復帰に関する相談に応じ、助言・指導、日常生活への適応のために必要な訓練などを行う。

①社会福祉士
②医療ソーシャルワーカー
③精神保健福祉士
④臨床心理士

第108問 解説 建築士の種類　正解 ④

建築士には、一級建築士、二級建築士、**木造**建築士の 3 種類の資格があり、建築物の規模、用途、構造に応じてそれぞれの業務範囲等が定められている。建築士は、建築物の設計や工事監理のほか、建築工事契約に関する事務や工事の指導監督、建築物に関する調査や鑑定、法令や条例に基づく手続きの代理等の業務を行うことができる。（公式テキスト p.229, 230）

第109問 解説 介護支援専門員の資格更新制　正解 ②

2006（平成 18）年度より、**介護支援専門員**の資質の向上を図るため、5 年ごとの資格の更新制が導入され、更新時には研修を受講することが義務づけられている。研修体系の見直しも行われ、認知症やターミナルケアなどの専門的な研修や、演習を中心とした研修の充実が図られている。（公式テキスト p.227）

第110問 解説 精神保健福祉士　正解 ③

精神保健福祉士は、「精神保健福祉士法」により定められた国家資格で、主に精神科医療機関、精神障害者社会復帰施設、小規模作業所、グループホーム、保健所、精神保健福祉センターなどで、精神障害者の社会参加や社会復帰に関する相談に対応し、助言や指導、日常生活への適応のために必要な訓練などの援助を行う専門職である。（公式テキスト p.228）

難易度：★★

福祉住環境整備とケアマネジメントに関する①～④の記述の中で、その内容が最も適切なものを１つ選びなさい。

① ケアマネジメントとは、ケアを必要とする人が適切なサービスを受けられるように支援する活動をいう。介護保険制度では、介護支援専門員などが要介護者や家族の相談に応じ、ケアプランの作成やサービス提供機関との連絡調整を行うなど、ケアマネジメントにおける中心的な役割を担う。

② ケアマネジメントの援助過程におけるアセスメントとは、サービスの提供状況を定期的・継続的にチェックすることをいう。住宅改修の場合は、改修後の利用者の生活状況を確認し、問題点があれば対応することがアセスメントに当たる。

③ ケアプランの作成にあたって、介護支援専門員がサービス提供者とともに開催する会議を、チームアプローチという。福祉住環境コーディネーターもそのような場に積極的に参加すべきである。

④ ケアプラン作成の前提となるアセスメントでは、利用者のIADLやADLを把握することが必要である。「IADL」とは、寝返り、起きあがり、移乗、歩行、着衣、入浴、排泄等の能力であり、「ADL」とは、調理、掃除、買物、金銭管理、服薬状況等の能力である。

第111問 解説 福祉住環境整備とケアマネジメント　正解 ①

①○　介護保険制度では、**介護支援専門員**などが要介護者や家族の相談に応じ、ケアプランの作成やサービス提供機関との連絡調整を行うなど、ケアマネジメントにおける中心的な役割を担う。（公式テキスト p.213）

図表で覚えよう！

介護を必要とする人	ケアプランの種類	ケアプランの作成者
在宅の要介護者	居宅サービス計画	居宅介護支援事業所の介護支援専門員
在宅の要支援者	介護予防サービス計画	地域包括支援センター
施設入所要介護者	施設サービス計画	施設の介護支援専門員

※在宅の要介護者・要支援者が介護給付・予防給付の在宅サービスを利用する際は、利用者がみずからケアプランを作成することもできる。

②×　ケアマネジメントの援助過程におけるアセスメントとは、介護支援専門員が**ケアプラン**を作成するにあたって、利用者本人の心身の状態を把握し、課題を導き出すことをいう。（公式テキスト p.205）

③×　ケアプランの作成にあたって、介護支援専門員はサービス提供者とともに**サービス担当者会議**を開催し、最も効果的なプランを立案する。福祉住環境コーディネーターもそのような場に積極的に参加し、住宅改修だけでなく福祉用具の活用も含めた全体的な福祉住環境整備プランを提案することが望まれる。（公式テキスト p.211）

④×　「**ADL**」とは、寝返り、起きあがり、移乗、歩行、着衣、入浴、排泄等の能力であり、「**IADL**」とは、調理、掃除、買物、金銭管理、服薬状況等の能力である。（公式テキスト p.207）

■■第112問

難易度：★★

相談援助の基本的視点に関する(a)～(d)の記述について、その内容が適切なものを○、不適切なものを×としたとき、正しい組み合わせを①～④の中から1つ選びなさい。

(a) 相談援助において重要なのは、同じ障害のある人の事例であれば、すべて同じように対応することである。公平性を保つためには、個々の事例に応じて援助の仕方を変えることは避けなければならない。

(b) 福祉住環境コーディネーターの活動の中心である住環境整備においては、その特性上、対象者本人の「できないこと」に注目しがちであるが、本人が「できること」や強み、長所などの肯定的な側面にも目を向けることが重要である。

(c) 援助者と被援助者の関係は、「援助する側」と「援助される側」という構図に置かれ、その構図が援助の内容に影響を及ぼす場合がある。相談援助においては、「パターナリズム」と呼ばれるこのような関係を築き、被援助者から絶対的な信頼を得ることが望ましい。

(d) 相談援助においては、対象者を「状況のなかの人」としてとらえることが必要である。人を「点」としてとらえるのでなく、社会環境という「面」の中にある人として認識することが重要である。

○ ①(a)○ (b)○ (c)○ (d)×
○ ②(a)○ (b)○ (c)× (d)○
○ ③(a)× (b)× (c)× (d)○
○ ④(a)× (b)○ (c)× (d)○

第112問 解説 相談援助の基本的視点 正解 ④

(a) × 同じ障害のある人の事例であっても、本人が自分の現在の生活において障害をどのように受け止め、どのように感じているのかを、本人の側に立って考える「**個別化**の視点」をもつことが重要である。本人の考え方や感じ方が違えば、援助の仕方も異なってくる。（公式テキスト p.214）

(b) ○ 福祉住環境コーディネーターの活動では、その特性上、対象者本人の「できないこと」に注目しがちであるが、本人が「**できること**」や強み、長所などの肯定的な側面にも目を向けて、本人をトータルにとらえることが重要である。（公式テキスト p.215）

(c) × 援助者と被援助者の「援助する側」と「援助される側」という構図が援助の内容に影響を及ぼす場合がある。「パターナリズム（父親的温情主義）」と呼ばれるこのような関係性に強く拘束されると、被援助者が援助者に依存しがちで、「援助する人」「援助してもらう人」という一方向の関係に陥ることになる。相談援助においては、本人の**自己決定**を尊重し、本人との協働作業に取り組むことが重要である。（公式テキスト p.215）

(d) ○ 人の生活は、夫婦、家族、親戚、近隣、地域、職場、学校など、さまざまな関係の上に成り立っているのであるから、対象者を「**点**」としてとらえるのでなく、社会環境という「**面**」の中にある人として認識することが重要である。（公式テキスト p.217）

頻出テーマを攻略しよう！

●●● Part4 ●●●

第４章は、相談援助に関する内容が中心です。「相談援助の基本的視点」「相談援助の方法」に関する問題では、「**パターナリズム**」「**説明と同意（インフォームド・コンセント）**」「**アドボカシー**」「**個人的空間**」などの、普段の生活ではあまり使わない用語がたくさん出てきます。これらの用語の意味を正確に理解しておくことが正解への近道です。

第４章では、福祉住環境整備に関連する、保健・医療、福祉、福祉用具、建築の各分野の**専門職**に関する問題も毎回出題されます。

相談援助の基本的視点、相談援助の方法に関する問題はココ！

＜本試験型問題＞

第４章⇒第97問〜第99問／第106問／第112問

＜別冊・予想模試＞

第１回⇒第51問

第３回⇒第15問〜第16問

福祉住環境整備に関連する専門職に関する問題はココ！

＜本試験型問題＞

第４章⇒第100問〜第103問／第107問〜第110問

＜別冊・予想模試＞

第１回⇒第17問／第38問

第２回⇒第16問／第38問

第３回⇒第17問／第38問

第5章

福祉住環境整備の基本技術および実践に伴う知識

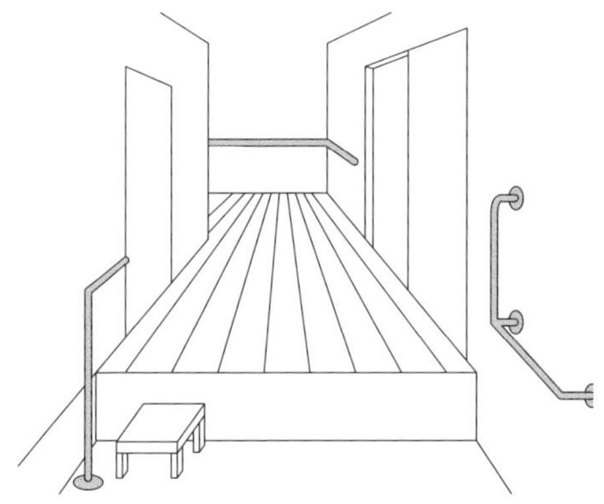

第 113 問〜第 169 問

公式テキスト p.247 〜 p.356

各問共通　次の文章の内容が、適切であれば○を、不適切であれば×を選びなさい。

□□ 第113問　難易度：★★

建築基準法により、住宅の1階居室の木造床面は、原則として直下の地面から250mm以上高くするよう定められている。これは、床下に敷設された配管のメンテナンスを容易にするためである。

□□ 第114問　難易度：★★

床材を選択する際には、滑りにくさを考慮することが重要なので、300mm×300mm以上の大きめのサンプルを用いて、実際に足で踏んで確認するとよい。その場合、履きものはなるべく滑りにくいものを使用する。

□□ 第115問　難易度：★★

手すりは、使用方法によりハンドレールとグラブバーに分類される。ハンドレールは、廊下や階段などでからだの位置を移動させるときに手を滑らせながら使用するもので、直径は28～32mm程度と、グラブバーよりもやや細めのものが適している。

第113問 解説 1階居室の木造床面の高さ

正解 ×

建築基準法により、住宅の1階居室の木造床面は、原則として直下の地面から**450**mm以上高くするよう定められている。これは、地面からの**湿気**を防ぐために床下の通気を行うからである。したがって、床下に防湿土間コンクリートを敷設するなど、地面からの湿気を防ぐ対策を講じた場合は、この規定は適用されない。（公式テキスト p.249, 250）

ポイント

建築基準法施行令第22条（一部）

最下階の居室の床が**木造**である場合における**床の高さ**及び防湿方法は、次の各号に定めるところによらなければならない。ただし、床下を**コンクリート**、たたきその他これらに類する材料で覆う場合（中略）においては、この限りでない。
①床の高さは、直下の地面からその床の上面まで**45cm**以上とすること。

第114問 解説 床材の選択

正解 ×

床材の滑りにくさの確認は、ふだんの使用状況に近い状態で行う。屋外では、使用している靴の中で一番**滑りやすい**ものを履いて床材を踏んで確認し、屋内では、はだし、靴下履き、スリッパ履きなど、いつもすごしている状態の中で最も**滑りやすい**条件で確認する。（公式テキスト p.253）

第115問 解説 ハンドレールとグラブバー

正解 ×

ハンドレールの直径は**32**～**36**mm程度と、グラブバーよりもやや**太め**のものが適している。グラブバーは、移乗動作や立ち座り動作の際につかまって使用する手すりで、直径**28**～**32**mm程度。（公式テキスト p.255）

各問共通　次の文章の内容が、適切であれば○を、不適切であれば×を選びなさい。

□□第116問

難易度：★★

和室と洋室の床面に段差が生じている場合、その段差を解消する最も簡便な方法は、下図のようにミニスロープを設置する方法である。ミニスロープの設置は、介護保険制度による住宅改修項目に該当する。

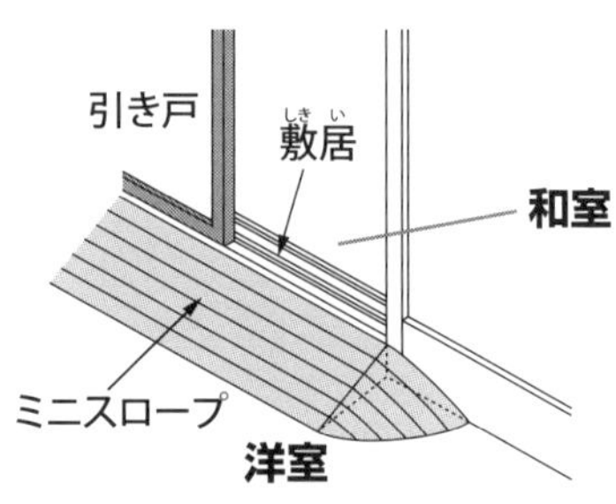

□□第117問

難易度：★★

下図は、引き戸の敷居周辺の段差を解消するために、床面にＶ溝レールを埋め込む場合の施工例である。下図のように、あらかじめＶ溝レールが埋め込まれた部材を使用することにより施工しやすくなり、仕上がりの精度もよい。

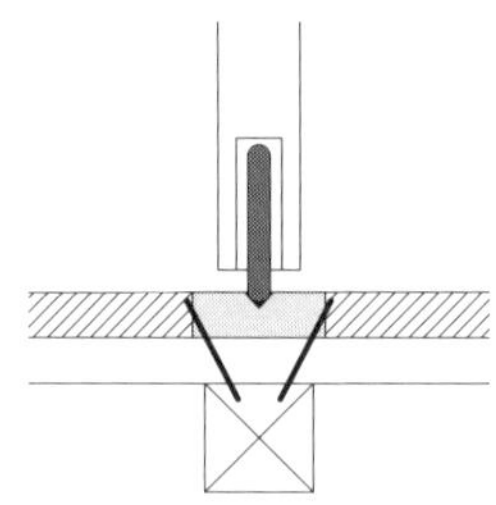

第116問 解説 ミニスロープの設置

正解 ○

和洋室間の床段差を解消する最も簡便な方法は、**ミニスロープ**を設置する方法である。その場合、ミニスロープの端部につまずかないように、端部もミニスロープ状に仕上げる必要がある。ミニスロープの設置は、介護保険制度による**住宅改修**項目に該当する。（公式テキスト p.251）

第117問 解説 V溝レールの設置

正解 ○

床板に直接**V溝レール**を埋め込む場合は、レールと床仕上げ材のすき間が開かないよう、施工時に細かい配慮が必要である。問題図のように、あらかじめ**V溝レール**が埋め込まれた部材を使用すると、部品化されているので施工しやすく、仕上がりの精度もよい。（公式テキスト p.252）

フラットレール

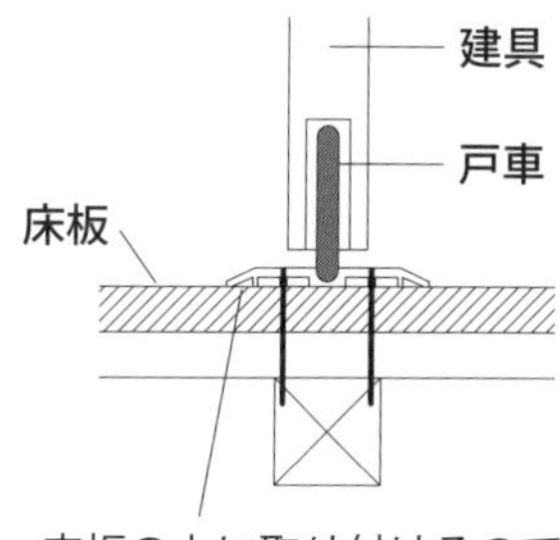

床板の上に取り付けるので施工が容易だが、緩やかな**凸部**が生じる。

V溝レール

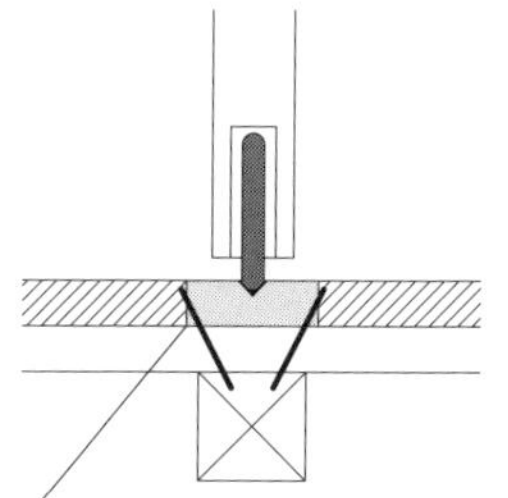

床仕上げ材との接合面に**すき間**が生じないように注意する。

引き戸の敷居周辺の段差を解消する方法としては、V溝レールを埋め込む方法のほかに、上図左のように床面にフラットレールを取り付ける方法もある。

各問共通　次の文章の内容が、適切であれば○を、不適切であれば×を選びなさい。

□□ 第118問

難易度：★

軸組構法で建てられた住宅で、間柱を利用して手すりを取り付ける場合は注意を要する。手すりの受け金具の形状によっては、十分な支持力が得られないためである。

□□ 第119問

難易度：★★★

関節リウマチなどにより手指に拘縮があるときは、手すりをしっかり握れないので、手すりに手や前腕を乗せて移動することが多い。その場合、手すりの取り付け高さは、通常よりも低くしたほうが使用しやすい。

□□ 第120問

難易度：★★

介護保険制度による住宅改修の項目には、「引き戸等への扉の取り替え」が含まれる。具体的な工事内容としては、開き戸の引き戸への変更、把手の変更、開閉方向の変更、戸の撤去などのほか、扉位置の変更等に比べて費用が低廉に抑えられる場合には、引き戸等の新設も対象となる。

第118問 解説　手すりの取り付け　　正解 ○

手すりの受け金具（ブラケット）は、木ネジ用の穴が3つ空いているものが多く、3本の木ネジすべてが有効に利かなければしっかり固定できない。間柱の幅は**35～40**mm程度しかなく、その幅では、受け金具の形状によっては2本の木ネジしか有効に利かないので、十分な支持力が得られない。（公式テキストp.257）

第119問 解説　横手すりの設置高さ　　正解 ×

廊下などを移動するときに使用する横手すりの高さは、通常は**大腿骨大転子**の位置に合わせて**750～800**mm程度とするが、関節リウマチなどで手すりをしっかり握れない場合は、手すりに手や前腕を乗せて移動することが多くなるので、手すりの設置高さは通常よりもやや**高く**、肘を直角に曲げた高さよりも若干低い程度にすると使用しやすい。（公式テキストp.256, 290）

第120問 解説　介護保険による住宅改修　　正解 ○

引き戸等の**新設**は、扉位置の変更等に比べて費用が低廉に抑えられる場合に限り、介護保険制度による住宅改修の対象に含まれる。（公式テキストp.258）

ポイント

介護保険による住宅改修の種類

①**手すり**の取り付け
②**段差**の解消
③滑りの防止および移動の円滑化等のための**床**または**通路面**の材料の変更
④**引き戸**等への扉の取り替え
⑤**洋式便器**等への便器の取り替え
⑥その他各住宅改修に付帯して必要となる住宅改修

各問共通 次の文章の内容が、適切であれば○を、不適切であれば×を選びなさい。

□□ 第121問

難易度：★★

住宅に使用される建具には、開き戸、引き戸、折れ戸などがあるが、高齢者や障害者に開閉動作がしやすいのは引き戸である。引き戸は、開き戸よりも気密性が高いので、冷暖房の効率がよい点もすぐれている。

□□ 第122問

難易度：★★

開き戸用の把手には、ノブ（握り玉）、レバーハンドル型、プッシュ・プル式などの種類がある。プッシュ・プル式は、押しても引いても開閉できるもので、握力が弱く手指の巧緻性が低下している人に適している。

□□ 第123問

難易度：★★

軸組構法による木造住宅は、尺貫法の影響により、廊下、階段、トイレなどの幅員は、多くの場合、柱（壁）芯―芯が3尺（910mm）で設計される。そのとき、廊下などの幅員の有効寸法は最大で780mmとなるが、自立歩行で住宅内を移動する場合は、この寸法でも特に問題は生じない。

第121問 解説 建具の種類と特徴　正解 ×

引き戸は、高齢者や障害者には開閉動作がしやすいが、**気密性**は低いので使用場所を考慮して設置する必要がある。（公式テキスト p.259）

第122問 解説 建具の把手の種類　正解 ○

プッシュ・プル式の把手は、押しても引いても開閉できるもので、**握力**が弱く**手指**の巧緻性が低下している人でも使用できる。（公式テキスト p.260）

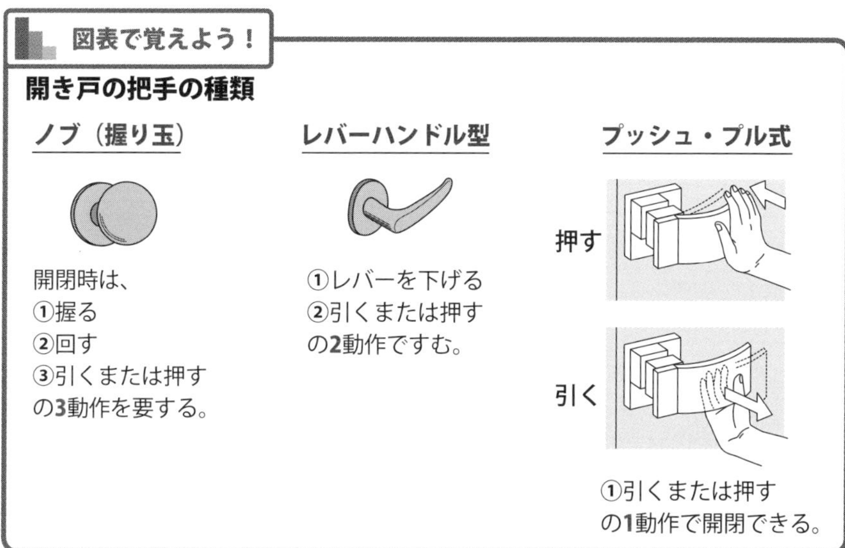

第123問 解説 スペースへの配慮　正解 ○

3尺モジュールで設計される住宅では、廊下などの幅員は、最大で有効寸法**780**mmとなる。自立歩行で移動する場合は、この寸法でも問題は生じないが、介助が必要な場合や車椅子を使用する場合は問題が生じる。（公式テキスト p.261）

各問共通　次の文章の内容が、適切であれば○を、不適切であれば×を選びなさい。

□□第124問

難易度：★★

椅子を選ぶときは、立ち座りのしやすさを考慮する。座面の高さは、立ち上がるときにつま先が床に着く程度が適当である。ソファーは、座面が低く、軟らかいものが、立ち上がるときに足腰に負担がかからないので楽である。

□□第125問

難易度：★

トイレや洗面・脱衣室などの小部屋は、毎日必ず使用する場所なので、色彩にも配慮し、壁面全体を明るい色調で仕上げると、毎日の生活動作を快適な気分で行うことができる。洗面器や便器も、白色だけでなくパステルカラーのものなどがあるので、好みに合わせて選ぶとよい。

□□第126問

難易度：★★

近年急増している熱中症は、屋外での運動や就労時に発生すると思われがちであるが、65歳以上の高齢者では、半数以上が住宅内で発生している。また、熱中症による高齢者の死亡者数のうち、家庭内での死亡者が8割以上を占めている。

第124問 解説 椅子の選び方　正解 ×

椅子の座面の高さは、立ち上がるときに足の**底面全体**がしっかり床に着くようなものを選ぶ。ソファーは、座面が低すぎると立ち上がり時に**股関節**や**膝関節**に負担がかかり、バランスを崩しやすい。また、ソファーが軟らかすぎると立ち座りが難しくなる。（公式テキスト p.265）

第125問 解説 色彩計画　正解 ×

トイレや洗面・脱衣室の壁面全体を明るい色調で仕上げると、毎日の生活動作を快適な気分で行うことができる。ただし、洗面器や便器は、痰や大便、尿の色を確認できるように、**白色**を基本とする。（公式テキスト p.267）

第126問 解説 高齢者と熱中症　正解 ○

高齢者は**知覚機能**が低下しているために暑さを感じにくく、また、**汗をかきにくい**ために暑さに対する自覚症状がないことなどから、熱中症になりやすい。熱中症は、65 歳以上の高齢者の場合、半数以上が**住宅内**で発生している。また、熱中症による高齢者の死亡者数のうち、家庭内での死亡者が 8 割以上を占めている。（公式テキスト p.269）

ポイント

高齢者の熱中症対策

・睡眠を十分にとる。
・のどが乾く前からこまめに**水分**を補給する。
・必要に応じて**塩分**も補給する。
・屋内では、室温を **28 度**以下に保つ。

各問共通　次の文章の内容が、適切であれば○を、不適切であれば×を選びなさい。

□□ 第127問

難易度：★★★

消防法により、すべての住宅に対して、住宅用火災警報器の設置が義務づけられている。警報器の設置場所は、消防法では居室および台所としているが、さらに、市町村条例等により、寝室や階段等に設置を義務づけている自治体もある。

□□ 第128問

難易度：★★★

道路から敷地内に入る際には、道路と敷地との境界線の道路側に設けられたL字溝の立ち上がり部分の段差により、車椅子での通行が妨げられやすい。将来にわたり車椅子移動の自立を図る場合は、立ち上がり部分が低いL字溝に変更することを検討する。自宅の敷地に面した部分のL字溝の切り下げを行う場合、手続き等は不要である。

□□ 第129問

難易度：★★

道路から玄関までのアプローチに階段を設ける場合、階段の蹴上げ寸法を110～160mm程度、踏面寸法を300～330mm程度とすることが望ましい。関節リウマチ患者が使用する場合は、蹴上げ寸法を低く抑えるようにする。

第127問 解説 住宅用火災警報器の設置義務

正解 ×

消防法により住宅用火災警報器の設置が義務づけられている場所は、**寝室**および**寝室**がある階の階段上部（1階の階段は除く）である（住宅の階数等によっては、その他の箇所にも設置する必要がある）。さらに、市町村条例等により、居室や台所等に設置を義務づけている自治体もある。（公式テキスト p.272）

ポイント

消防法施行令第5条の7第1項第1号

住宅用防災警報器または住宅用防災報知設備の感知器は、次に掲げる住宅の部分（中略）に設置すること。

イ **就寝**の用に供する居室
ロ イに掲げる住宅の部分が存する階（避難階を除く）から直下階に通ずる**階段**（屋外に設けられたものを除く）
ハ イまたはロに掲げるもののほか、（中略）総務省令で定める部分

第128問 解説 L字溝の切り下げ

正解 ×

道路境界線に設けられたL字溝を、立ち上がり部分が低いL字溝に変更する場合、**役所**（道路管理者である国、都道府県、市区町村のいずれか）にL字溝の切り下げのための**申請**を行う必要がある。**申請**が承認されると工事が可能になるが、費用は自己負担となる。（公式テキスト p.279）

第129問 解説 アプローチの階段

正解 ○

関節リウマチでは、段差の昇降時に痛みを伴いやすいので、階段の蹴上げ寸法を**低く**抑える。勾配1/12～1/15程度の緩やかなスロープを設置できる場合は、スロープを利用するとよい。（公式テキスト p.280, 281）

各問共通　次の文章の内容が、適切であれば○を、不適切であれば×を選びなさい。

□□ 第130問

難易度：★★

玄関の上がりがまちの段差が大きく昇降が困難な場合に、玄関土間に踏台を置く方法がある。踏台の高さは、上がりがまちの段差を等分するようにし、踏台の奥行きは 400mm 以上とする。

□□ 第131問

難易度：★★★

玄関の上がりがまちを安全に昇降するために手すりを設置する場合、基本的には、階段の手すりと同様に横手すりを取り付ける。握力が弱く、手すりがしっかり握れない場合は、上がりがまちぎわの壁面の鉛直線上に縦手すりを取り付ける。

□□ 第132問

難易度：★★

従来の 910mm（3 尺）モジュールの木造住宅の場合、廊下の幅員の有効寸法は最大で 780mm となる。車椅子で廊下を直進する場合は、この廊下幅でも問題はない。

第130問 解説 玄関土間への踏台の設置 正解 ○

踏台の高さは、上がりがまちの段差を**等分**する寸法にする。等分にした高さでも対象者が安全に昇降できない場合は、踏台の段数を増やして1段分の高さを低くする。踏台の奥行きは、昇降しやすいように余裕をもたせて**400**mm以上とする。（公式テキストp.286, 287）

第131問 解説 上がりがまちに設置する手すり 正解 ×

玄関の上がりがまちを安全に昇降するために手すりを設置する場合、基本的には、上がりがまちぎわの壁面の鉛直線上に**縦手すり**を取り付ける。ただし、縦手すりと踏台の併用は避ける。踏台を置く場合や、握力が弱く、手すりがしっかり握れない場合は、階段の手すりと同様に、手すりの高さを段鼻から測り、勾配に合わせて**横手すり**を取り付ける。（公式テキストp.287）

第132問 解説 車椅子で直進する際の廊下幅 正解 ○

車椅子の全幅は、自走用車椅子で**620～630**mm程度、介助用車椅子で**530～570**mm程度である。直進する場合は、全幅に100～150mmを加えた程度の幅員があれば通行できるので、通常の廊下幅でも問題ない。ただし、通常の廊下幅では廊下を直角に曲がることができず、居室に出入りする際にも問題が生じる。（公式テキストp.290）

各問共通　次の文章の内容が、適切であれば○を、不適切であれば×を選びなさい。

□□第133問

難易度：★★

脳血管障害による片麻痺者や関節リウマチによる車椅子使用者は、足を床面に下ろして車椅子を操作することが多い。このような場合、和洋室間の床段差や建具の敷居段差は、ミニスロープを設置する方法で解消しておくことが望ましい。

□□第134問

難易度：★★

階段を安全に昇降するためには、手すりを両側に取り付けることが望ましいが、階段幅が狭く、手すりを片側にしか設置できない場合は、階段を上るときに手すりが利き手側にくるように設置する。

□□第135問

難易度：★★

従来の木造住宅の階段には、180 度の回り部分を 30 度ずつ均等に 6 ツ割にしたものがある。この階段は、回り部分の面積が均等に分割されているので昇降しやすく、180 度回り部分を 60 度＋ 30 度＋ 30 度＋ 60 度の 4 ツ割にした吹き寄せ階段よりも安全である。

第133問　解説　屋内の床段差の解消

正解 ×

自走用車椅子の使用者で車椅子の操作能力が高い場合は、ミニスロープを設置する簡便な方法で段差の解消を図ってもよいが、床面に足を下ろして車椅子を操作する場合は、ミニスロープは**足部**への負荷が大きいので適さない。（公式テキスト p.292）

第134問　解説　階段への手すりの設置

正解 ×

手すりを階段の片側にしか設置できない場合は、階段を**下りる**ときに手すりが利き手側にくるように設置する。一般に、階段は上るときよりも下りるときのほうが**転落**の危険性が高いためである。（公式テキスト p.296）

第135問　解説　階段の形状と安全性

正解 ×

180 度の回り部分を 30 度ずつ均等に分割した階段は、常に**方向転換**しながら昇降することになり、**転落**の危険性が高い。60 度＋ 30 度＋ 30 度＋ 60 度の 4 ツ割にした吹き寄せ階段は、**60** 度の段で方向転換ができ、**30** 度部分ではまっすぐ移動できるのでより安全である。（公式テキスト p.294）

図表で覚えよう！

○

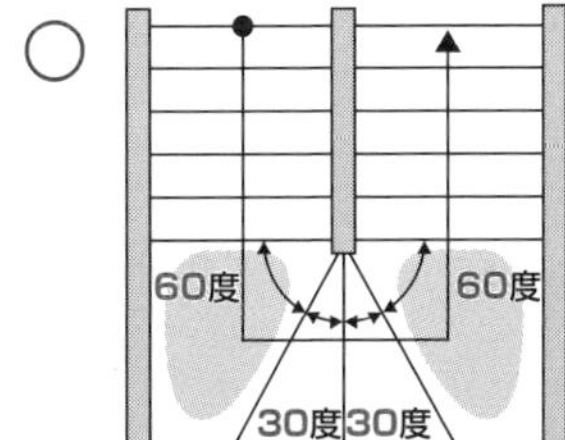

比較的広い **60** 度の段で方向転換ができる。

×

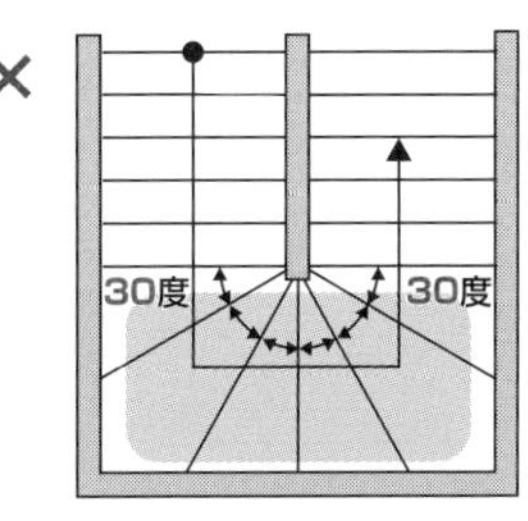

常に方向転換しながらの昇降になり、**危険**である。

各問共通　次の文章の内容が、適切であれば○を、不適切であれば×を選びなさい。

□□ 第136問

難易度：★

高齢者は一般にトイレの使用頻度が高くなるので、排泄行為の自立を促すためにも、寝室とトイレの距離をできるだけ短くし、移動を容易にすることが望ましい。寝室からトイレの出入り口までの距離がおおむね 4m を超えると、高齢者にとっては遠く感じられる。

□□ 第137問

難易度：★★

自走用車椅子を操作して便器にアプローチする場合、便器の側方または斜め前方から車椅子を便器に近づけることが最も多い。この場合、出入り口から車椅子を直進させていくと便器と平行に近い配置になるように、あらかじめ出入り口の位置と便器の配置を考慮する。

□□ 第138問

難易度：★★

トイレの立ち座り用の縦手すりは、立ち上がり動作がしやすいように、便器の先端よりも 250 ～ 300mm 程度前方の側面に設置する。身体機能が低下するにつれて、縦手すりの適切な位置は徐々に便器に近いほうに移動し、高い位置のほうが使いやすくなる。

第136問 解説 高齢者が使用するトイレの位置 正解 ○

寝室からトイレの出入り口までの距離がおおむね**4**m を超えると、高齢者にとっては遠く感じられる。できればトイレと寝室を隣接させるか、戸を設けて寝室から直接トイレに行けるような室配置にすることが望ましい。（公式テキスト p.298）

第137問 解説 車椅子による便器へのアプローチ 正解 ×

自走用車椅子を操作して便器にアプローチする場合、便器の**側方**または**斜め前方**から車椅子を便器に近づけることが最も多い。その場合のトイレスペースは、内法寸法で間口 1,650mm ×奥行き 1,650mm が標準的な広さであるが、出入り口から車椅子を直進させていったときに便器と**直角**に近い配置になるように出入り口の位置と便器の配置を考慮すると、標準的な広さよりも狭いスペースでもアプローチが可能になる場合がある。（公式テキスト p.299）

第138問 解説 トイレに設置する立ち座り用の縦手すり 正解 ×

トイレの立ち座り用の縦手すりの適切な設置位置は、身体機能が低下するにつれて徐々に**便器から離れる**方向に移動し、高さは**低い**位置のほうが使いやすくなることが多い。（公式テキスト p.300）

各問共通 次の文章の内容が、適切であれば○を、不適切であれば×を選びなさい。

□□ 第139問

難易度：★★★

トイレでの座位保持用の横手すりは、便器の中心線から左右に 350mm ずつ振り分けた左右対称の位置（手すりの芯―芯距離 700mm）に、同じ高さで設置するのが基本である。手すりの取り付け高さは、便座面の高さに揃える。

□□ 第140問

難易度：★

排泄時は、便器上で座位姿勢を保つことが必要である。歩行は可能だが便器上で座位を保つ能力が低い場合は、踵や足底が床に接していることが重要で、便座面の高さへの配慮が求められる。

□□ 第141問

難易度：★★★

浴室の戸は、洗面・脱衣室側に水滴がたれないように内開き戸とするのが一般的であるが、内開き戸は開閉時に広いスペースを必要とするうえに、高齢者や障害者が万一洗い場で倒れた場合に戸を開けにくく、外部からの救助が困難になるおそれがある。そのため、浴室の戸は外開き戸にすることが最も望ましい。

第139問 解説 トイレに設置する座位保持用の横手すり　正解 ×

トイレでの座位保持用の横手すりの取り付け高さは、車椅子の**アームサポート**の高さに合わせて、便座面から**220～250**mm程度上方とする。L型手すりは、座位保持用の横手すりと立ち座り用の縦手すりの機能を兼ねるものである。（公式テキスト p.301）

第140問 解説 便器上での座位姿勢の保持　正解 ○

踵や**足底**が床面に届かないと姿勢が崩れ、臀部が前方にずれやすく、側方に転倒するおそれもあり危険である。（公式テキスト p.303）

ポイント

温水洗浄便座は、標準的な便座よりも便座が**厚く**、便座面が**高く**なるので、便座を温水洗浄便座に交換する場合は特に注意が必要である。

第141問 解説 浴室の戸の形状　正解 ×

浴室の戸は、開閉動作のしやすい**3枚引き戸**にすることが望ましい。浴室出入り口の開口部の柱芯―芯距離を1,820mm程度確保できれば3枚引き戸の設置が可能で、開口有効寸法を1,000mm以上とすることができる。（公式テキスト p.307）

各問共通　次の文章の内容が、適切であれば○を、不適切であれば×を選びなさい。

□□ 第142問

難易度：★★★

浴室の洗い場の床面をかさ上げして洗面・脱衣室の床面と同じ高さにすることにより出入り口の段差を解消する場合、出入り口の洗い場側または開口部下枠の下部に排水溝を設け、その上にグレーチングを敷設する。浴室内の水勾配は、出入り口側の排水溝に向かって流れるように設ける。

□□ 第143問

難易度：★★

浴槽は、主に、和式浴槽、洋式浴槽、和洋折衷式浴槽に分けられるが、一般的に、高齢者や障害者が出入りしやすく、浴槽内で安定した姿勢を保持するのに適しているのは和洋折衷式浴槽である。

□□ 第144問

難易度：★★

浴槽への出入りを立ちまたぎで行う場合は、浴槽縁と洗い場の境界に縦手すりを設置し、縦手すりを両手で握って、壁面方向を向いて浴槽をまたいで出入りするのが一般的な手すりの使用方法である。

第142問 解説 浴室の洗い場床面のかさ上げ 　正解 ×

問題文のような工事を行って浴室出入り口の段差を解消する場合、出入り口の洗い場側または開口部下枠の下部に、主排水溝とは別に**補助的な排水溝**を設け、その上にグレーチングを敷設する。この場合、浴室内の水勾配は、**主排水溝側**に流れるようにする。（公式テキスト p.308）

第143問 解説 浴槽の形状 　正解 ○

一般に高齢者や障害者に適しているのは**和洋折衷式浴槽**で、外形寸法は長さ 1,100 ～ 1,300mm、横幅 700 ～ 800mm、深さ 500mm 程度のものが使いやすい。（公式テキスト p.313）

ポイント

浴槽の長さ

浴槽の長さは、浴槽に入ったときに**足底**が浴槽壁に届くことが重要である。足が前方の浴槽壁に届かないと、身体が湯に潜り込んでしまい、溺れるおそれがある。

第144問 解説 浴槽への出入り 　正解 ○

浴槽への出入りを立ちまたぎで行う場合は、問題文のように**縦手すり**を設置して使用するのが一般的であるが、横手すりがあるとさらにからだが安定するので、横手すりの取り付けも検討する。横手すりを設置する場合は、壁面に向かって立ち、胸の高さで両手で手すりを把持して横方向に移動する。（公式テキスト p.310, 311）

各問共通　次の文章の内容が、適切であれば○を、不適切であれば×を選びなさい。

□□第145問　難易度：★★★

洗面台奥の壁に掛ける鏡は、椅子に座った状態でも、立位姿勢でも、からだの胸から上の部分が映るように、床面からの高さ 800 ～ 1,750mm 程度の範囲をカバーできる大きさのものを設置する。この場合、鏡をやや手前に傾けると椅子に座った状態でも見やすくなる。

□□第146問　難易度：★★

現在、市販されているキッチンカウンターの高さは、床面から 800mm、850mm、900mm の 3 種類が標準的である。このうち、どの高さが適切かは使用者の身長に深く関係しており、一般に、キッチンカウンターの高さは「身長の半分＋ 50mm」がよいとされる。

□□第147問　難易度：★★

一般的に照明スイッチの設置高さは、床面から 1,000 ～ 1,100mm 程度であるが、上肢に障害があり、腕を高く上げられない場合は、床面から 700mm 以下の位置に設置することが望ましい。

第145問 解説 洗面台の鏡の取り付け位置　正解 ×

鏡を傾けて設置すると、椅子に座った状態、立位姿勢のどちらの姿勢においても**見にくくなる**ので、そのような取り付け方は避ける。カバーする高さの範囲は問題文のとおりでよい。（公式テキスト p.316）

第146問 解説 キッチンカウンターの高さ　正解 ○

一般に、キッチンカウンターの高さは「身長の**半分**＋ **50**mm」がよいとされる。使用者の身長が 160cm（1,600mm）の場合は「1,600 / **2** + **50** = **850**」であるから、標準的な 3 種類の中では高さ **850**mm のものが適していることになる。（公式テキスト p.320）

ポイント

キッチンカウンターの高さを細かく設定したいときは、キッチンカウンターの下部にある**台輪**（だいわ）部分（高さ 100mm 程度の下枠）で高さを調節できる場合がある。

第147問 解説 照明スイッチの設置高さ　正解 ×

上肢に障害があり、腕を高く上げられない場合は、照明スイッチの設置高さを床面から **800** ～ **900**mm、場合によってはそれ以下の高さにする。ただし、設置高さが 700mm 以下になると立位姿勢では操作がしづらく、かがむ必要がある。（公式テキスト p.325, 326）

各問共通　次の文章の内容が、適切であれば○を、不適切であれば×を選びなさい。

□□ 第148問

難易度：★★

下図は、キッチンの代表的な配置の一つで、調理機器類を一直線上に配置するI型配置である。この配置は、車椅子の移動特性に適している。

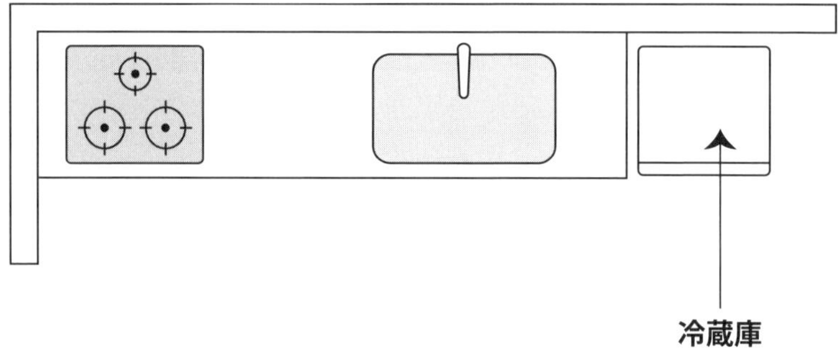

□□ 第149問

難易度：★★★

トイレでの立ち座りと座位姿勢の保持のために、L型手すりを右図のように設置した。

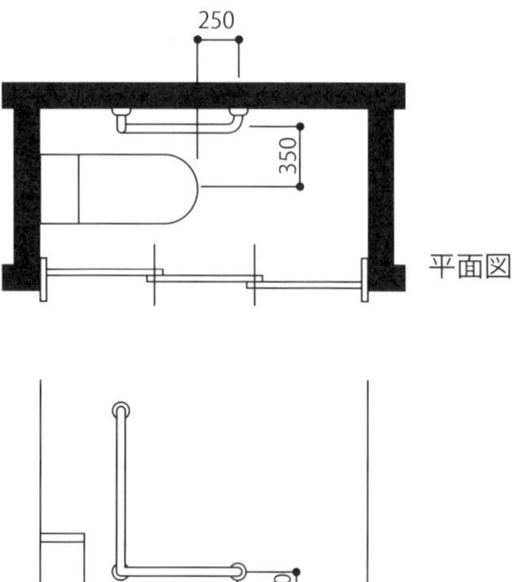

第148問 解説 キッチンの配置

正解 ×

キッチンの代表的な配置には、**I型**配置と**L型**配置がある。問題図のI型配置は、動線が単純で、小規模なキッチンでは移動距離が短くなるので高齢者に適しているが、キッチンが大きくなるほど移動距離も長くなる。一方、コンロ、調理台、シンク等を直角に配置するL型配置は、使用時に身体の向きを変える必要があるが、**車椅子**の移動特性に適している。（公式テキスト p.319）

第149問 解説 トイレに設置するL型手すり

正解 ×

トイレに設置するL型手すりは、立ち座り用の**縦手すり**と座位保持用の**横手すり**を組み合わせたものである。このうち、立ち座り用の縦手すりに相当する部分は、通常、便器の先端から250～300mm **前方**の側面に設置する。したがって、右図のような設置方法が正しい。なお、縦手すりの設置位置は、身体機能が低下するにつれてさらに便器から離れた、低い位置のほうが使いやすくなる。（公式テキスト p.300, 301）

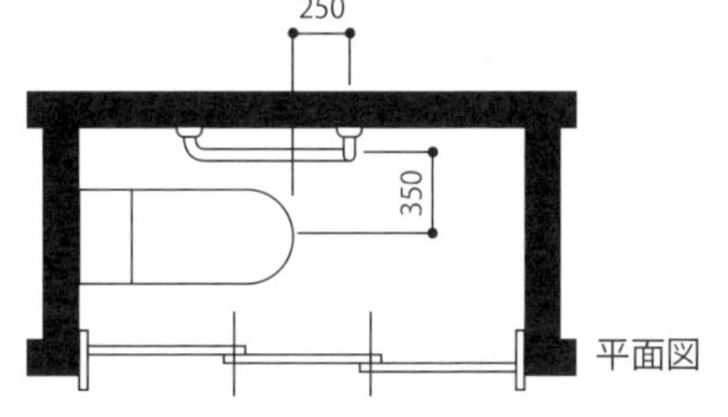

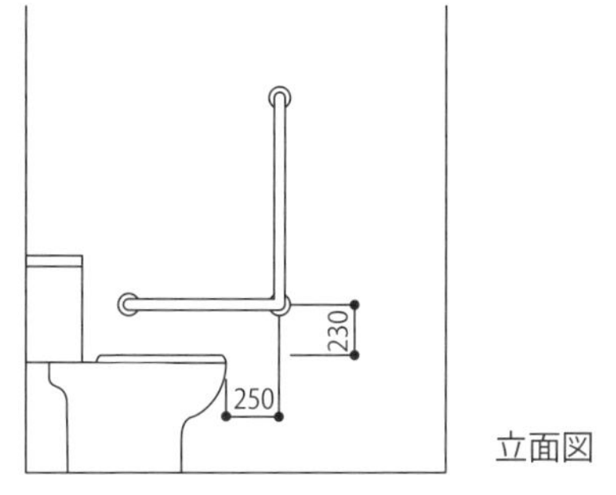

各問共通　次の文章の内容が、適切であれば○を、不適切であれば×を選びなさい。

第150問

難易度：★★

下図は、木造住宅の1階部分の平面図の一部である。玄関側にはスロープを設置できないので、外出時は洋室の掃き出し窓から車椅子で出入りすることにし、図のようにスロープを設置した。車椅子を使用してスロープを昇降する場合、スロープの勾配は少なくとも1/12、もしくはそれよりも緩やかにすることが望ましいが、下図のスロープはその条件を満たしている。

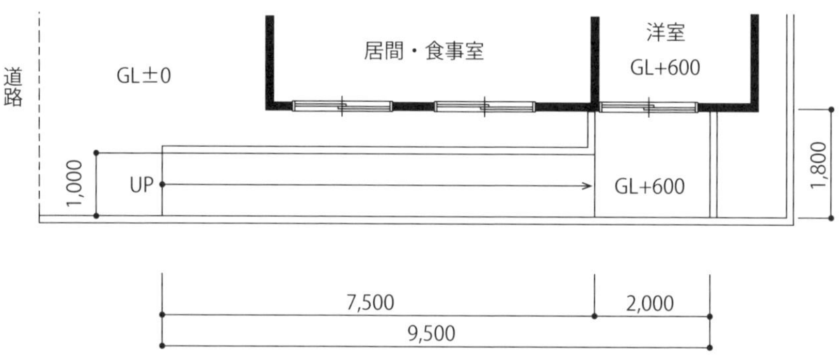

第151問

難易度：★★

右図は、浴室のスペースを内法寸法で間口1,600mm×奥行き1,600mmとした場合の、浴室のレイアウトの一例である。このレイアウトは、出入り口の幅を広くとれるのが利点だが、洗い場を歩いて移動するときに手すりに頼ることができない。

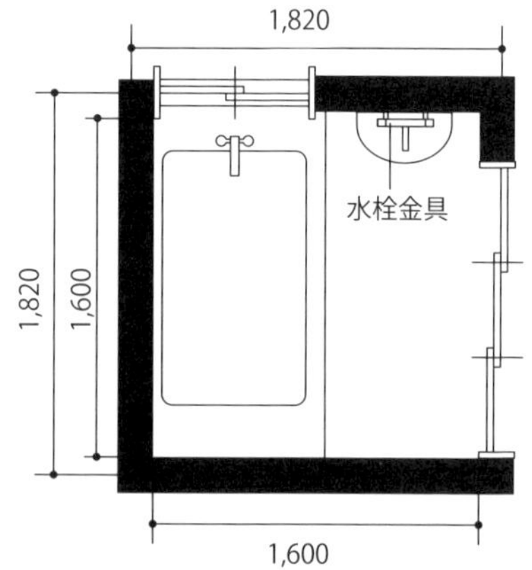

第150問 解説 スロープの設置

正解 ○

問題図のスロープは、水平距離が 7,500mm、高低差は 600mm なので、スロープの勾配は以下のように求められる。

$$\frac{600}{7500} = \frac{1}{12.5}$$

問題図のスロープの勾配は **1/12.5** で、1/12 よりも**緩やか**なので、問題文の条件を満たしている。（公式テキスト p.280）

第151問 解説 浴室のレイアウト

正解 ○

問題図は、浴室のスペースを内法寸法で間口 1,600mm ×奥行き 1,600mm とした場合の浴室の代表的なレイアウトの一つで、出入り口の正面に浴槽が配置されている。このレイアウトは、**出入り口の幅**を広くとれるのが利点で、問題図では 3 枚引き戸が設置されている。一方、このレイアウトでは、洗い場を歩いて移動する場合、壁面に沿って移動できないので、**手すり**に頼ることができず、歩行が不安定な場合は注意が必要となる。

右図は同じ広さのスペースを利用したもう一つの代表的なレイアウトで、出入り口の正面に洗い場がある。この場合、出入り口は狭くなるが、壁面に**横手すり**を設置することにより、手すりを利用して洗い場を移動することができる。（公式テキスト p.309）

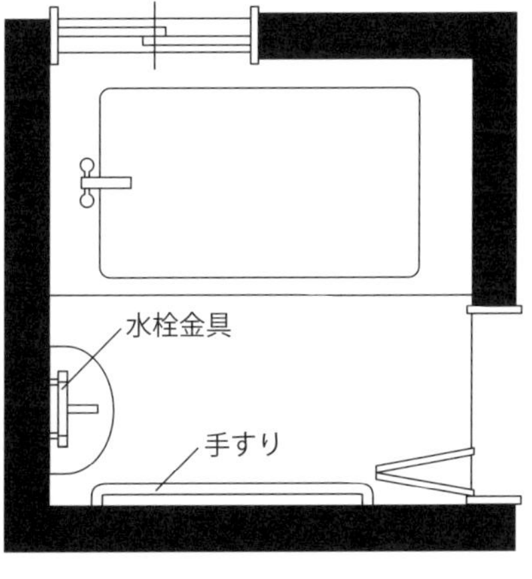

各問共通　次の文章の【A】の部分にあてはまる最も適切な語句を、①～④の中から１つ選びなさい。

□□ 第152問

難易度：★★

1階、2階というようなはっきりとした階構成とは別に、建物の一部に床面レベルが他の部分と大きく異なる部分を設けることがある。そのような住宅の造りを、【A】という。

①スキップフロア　②メゾネット　③デュプレックス　④テラスハウス

□□ 第153問

難易度：★★

廊下や階段などで使用する手すりは、衣服の袖口などを引っ掛けたり、身体をぶつけてケガをしたりしないように端部の処理を行う。その方法としては、【A】ことが望ましい。

①手すりの端部にエンドキャップを取り付ける
②手すりの端部を下方に曲げ込む
③手すりの端部を壁側に曲げ込む
④手すりの端部に丸みを持たせる

□□ 第154問

難易度：★★★

住宅で使用される引き戸にはさまざまな種類のものがあり、用途によって使い分けることができる。【A】は、向かって右でも左でも開けることができる2枚引き戸で、和室などによく用いられる。

①引き分け戸　②引き違い戸　③引き込み戸　④片引き戸

第152問 解説 スキップフロア　正解 ①

問題文のような住宅の造りを**スキップフロア**といい、傾斜地に住宅を建てる場合などに用いられる。床の高さが半階分ほどずれることがあるので、住宅内を移動する際に階段の上り下りが多くなる。したがって、階段の昇降が困難な場合には、階段昇降機あるいは段差解消機の設置の必要性が高くなる。(公式テキスト p.252, 253)

第153問 解説 手すりの端部の処理　正解 ③

廊下や階段などで使用する手すりの端部は、**壁側に曲げ込む**ことが望ましい。端部にエンドキャップを取り付けるだけでは、衣服の袖口などを引っ掛けたり、身体をぶつけてケガをしたりするおそれがある(p.149の図参照)。(公式テキスト p.255, 256)

第154問 解説 引き戸の種類　正解 ②

引き違い戸は、向かって右でも左でも開けることができる2枚以上の引き戸で、和室などによく用いられる。**引き分け戸**は、2枚引き戸を中央から左右に開けることができ、大きな開口有効寸法が得られる。**片引き戸**は、1枚の戸を引いて開閉する一般的な引き戸で、戸は壁に沿って滑るように開く。**引き込み戸**は、開いた戸が壁の内部に収納されるものである。(公式テキスト p.258)

各問共通　次の文章の【A】の部分にあてはまる最も適切な語句を、①～④の中から１つ選びなさい。

□□第155問

難易度：★★

必要なスペースを確保するために壁や柱を取り外す方法は、部分的な増改築に適しており、既存住宅の改造でしばしば行われる。ただし、枠組壁構法の住宅では、壁自体が構造体となっているので、原則として壁を取り外すことはできない。軸組構法の住宅には、取り外せる壁・柱と、【A】などが入っていて取り外せない壁・柱がある。

①梁　②間柱　③筋かい　④下地材

□□第156問

難易度：★★

暖房方法の一つである【A】は、適切な室温になるまでに時間がかかるが、ほこりが立たず静かである。【A】を行う機器として代表的なものに、床暖房やパネルヒーターがある。

①対流暖房　②輻射暖房　③集中暖房　④局所暖房

□□第157問

難易度：★

2004（平成16）年の【A】改正により、従来から自動火災報知設備の設置が義務づけられている共同住宅以外の小規模集合住宅や戸建て住宅にも、住宅用火災警報器を設置することが義務づけられた。【A】では、寝室および寝室がある階の階段上部への設置が義務づけられているが、市町村によっては、条例により台所等にも設置を義務づけている。

①消防法　②建築基準法　③災害対策基本法　④住生活基本法

第155問 解説 壁・柱の撤去によるスペースの確保 正解 ③

軸組構法の住宅には、取り外せる壁・柱と、**筋かい**などが入っていて取り外せない壁・柱がある。筋かいとは、軸組構法の住宅で、柱や梁からなる骨組みが地震や強風などで変形するのを防ぐために、骨組みの間に斜めに入れる部材である。筋かいの位置は、平面図、立面図、構造図に表記されている。（公式テキスト p.262, 263）

第156問 解説 暖房の方式 正解 ②

輻射暖房は、適切な室温になるまでに時間がかかるが、室内の空気を大きく循環させないので、ほこりが立たず静かである。**輻射暖房**を行う機器として代表的なものに、床暖房や**パネル**ヒーターがある。床暖房は、居間や台所、食堂、寝室などによく用いられる。（公式テキスト p.269）

キーワード

輻射暖房：輻射熱により室内を暖める方式で、床暖房やパネルヒーターが代表的。

対流暖房：温風により室内を暖める方式で、エアコンやファンヒーターが代表的。

第157問 解説 住宅用火災警報器の設置義務 正解 ①

2004（平成16）年6月に**消防法**が一部改正され、すべての住宅に住宅用火災警報器を設置することが義務づけられた（自動火災報知設備の設置が義務づけられている共同住宅を除く）。消防法では、寝室および寝室がある階の階段上部（1階階段は除く）への設置が義務づけられているが、市町村によっては、条例により住宅内の各居室や台所等にも設置を義務づけている場合がある。（公式テキスト p.272）

各問共通　次の文章の【A】の部分にあてはまる最も適切な語句を、①～④の中から１つ選びなさい。

□□第158問

難易度：★★

開き戸の開閉スピードを調節する【A】は、ほとんどの住宅の玄関戸に設置されているが、通行に時間がかかる場合や、高齢者や幼児、車椅子使用者などで戸を押さえることが困難な場合は、出入りを妨げることがある。

①ダンパー
②ショックアブソーバー
③レバーハンドル
④ドアクローザー

□□第159問

難易度：★★

屋内で車椅子を使用する場合、出入り口付近で車椅子の切り返しを行う際に、車椅子のフットサポートや駆動輪が壁に当たったりこすれたりして壁仕上げ材を傷付けることがある。これを防ぐために、【A】を数枚張り上げて設置し、「車椅子あたり」にする方法がある。

①垂木　②幅木　③かまち　④廻り縁

□□第160問

難易度：★★

廊下に取り付ける横手すりの取り付け高さは、通常は【A】の位置に合わせて、床面から750～800mm程度とする。手すりに体重をかけるよりもバランスを安定させることを主な目的として使用する場合は、前腕を乗せやすいようにそれよりも若干高い位置に設置する。

①腸骨稜　②仙骨　③大腿骨大転子　④肘

第158問 解説 ドアクローザーの設置・調整 正解 ④

ドアクローザーは、通行に時間がかかる場合や、高齢者や幼児、車椅子使用者などで戸を押さえることが困難な場合は、出入りを妨げることがあるので、戸が閉じる速さの調整が必要である。なお、マンションなどの集合住宅では、玄関戸は防火扉の役割を果たしているので取り外すことはできない。（公式テキスト p.284）

第159問 解説 車椅子あたりとしての幅木の設置 正解 ②

車椅子のフットサポートや駆動輪で壁面を傷付けることを防ぐために、**幅木**を数枚張り上げて設置し、「車椅子あたり」にする方法がある。（公式テキスト p.291）

ポイント

幅木とは、壁材の下部の床材と接する部分に張る横木で、通常は幅 60 ～ 80mm のものを 1 枚取り付けるが、「**車椅子あたり**」とする場合はこれを数枚張り上げて設置する。この場合、設置高さは通常 350mm 程度となる。

第160問 解説 横手すりの取り付け高さ 正解 ③

廊下に取り付ける横手すりの取り付け高さは、通常は**大腿骨大転子**の位置に合わせて、床面から 750 ～ 800mm 程度とする。実際に手すりの取り付けを検討する際は、本人と相談したうえで、理学療法士、作業療法士の評価に基づいて個別に高さをきめることが望ましい。（公式テキスト p.290）

各問共通　次の文章の【A】の部分にあてはまる最も適切な語句を、①～④の中から 1 つ選びなさい。

□□ 第161問

難易度：★★★

現在市販されているキッチンカウンターは、床面からの高さが 800mm、850mm、900mm の 3 種類が標準的である。もっと細かく高さを調整したい場合は、キッチンカウンターの下部にある【A】の部分で高さを調節できることもある。

①土台　②踏台　③台座　④台輪

□□ 第162問

難易度：★★★

JIS（日本産業規格）では、寝室全体の推奨照度を 20【A】としているが、この明るさは、居間の 50【A】と比較してもかなり暗い。高齢者の移動のしやすさを考慮すると、少なくとも居間と同程度の明るさが必要と考えられる。

①ルーメン　②ルクス　③ワット　④カンデラ

□□ 第163問

難易度：★★★

建築図面に用いられる線は、線種が 3 種類、線の太さが 2 種類または 3 種類あり、適宜使い分けられる。見えるものの外形線一般を表すときに用いられるのは【A】で、建築図面で最もよく使われる線である。

①実線の細い線
②実線の中間の線
③実線の太い線
④破線の中間の線

第161問 解説 キッチンカウンターの高さ　正解 ④

キッチンカウンターの高さは、**台輪**（だいわ）（キッチンカウンターの下部の収納部分の下方にある、高さ 100mm 程度の下枠）の部分で調節できる場合もある。ただし、台輪の部分が収納スペースになっている場合などは、この部分での高さの調節はできない。（公式テキスト p.320）

第162問 解説 照度の単位　正解 ②

照度とは、光に照らされている面の明るさの程度で、単位は**ルクス**である。JIS（日本産業規格）では、寝室全体の推奨照度を 20 **ルクス**としているが、高齢者の移動のしやすさを考慮すると、少なくとも居間と同程度の 50 **ルクス**は必要と考えられる。（公式テキスト p.325）

図表で覚えよう！

住宅における JIS 推奨照度の例　　単位：ルクス

場所	作業等と照度
居間	全般 50 団らん 200 読書 500
食堂	全般 50 食卓 300
台所	全般 100 調理台，流し台 300
寝室	全般 20 読書，化粧 500

場所	作業等と照度
浴室・脱衣室	全般 100 洗面 300
トイレ	全般 75
階段・廊下	全般 50
玄関（内側）	全般 100 靴脱ぎ 200 鏡 500

第163問 解説 建築図面に用いられる線　正解 ②

建築図面に用いられる線は、線種が 3 種類（実線・破線・一点鎖線）、線の太さが 2 種類または 3 種類あり、適宜使い分けられる。見えるものの外形線一般を表すときに用いられるのは**実線の中間の線**で、建築図面で最もよく使われる線である。（公式テキスト p.333, 334）

難易度：★★

段差の解消に関する (a) ～ (d) の記述について、その内容が適切なものを○、不適切なものを×としたとき、正しい組み合わせを①～④の中から 1 つ選びなさい。

(a) 建築基準法により、1 階居室の木造床面は、原則として直下の地面から 400mm 以上高くするよう定められている。そのため、多くの住宅では、屋外から屋内に入るまでの経路に 400mm 以上の段差が生じている。

(b) 道路から玄関までの段差をスロープによって解消する場合は、スロープの水平距離をできる限り長くして勾配を緩やかにするために、道路境界線からすぐにスロープの傾斜面を設けるようにする。

(c) 道路から玄関までのアプローチに階段を設置する場合は、階段の寸法を、蹴上げ 110 ～ 160mm 程度、踏面 300 ～ 330mm 程度とすることが望ましい。階段の段差部分には、必ず手すりを取り付ける。

(d) 1 階から 2 階などの異なる階への移動を容易にするために、階段昇降機やホームエレベーターを設置する方法がある。これらの機器は、介護保険制度における住宅改修項目や福祉用具貸与の対象に該当する。

① (a) ○　(b) ×　(c) ○　(d) ×
② (a) ○　(b) ○　(c) ×　(d) ○
③ (a) ×　(b) ×　(c) ○　(d) ×
④ (a) ×　(b) ○　(c) ×　(d) ○

第164問 解説 段差の解消

正解 ③

(a) ×　建築基準法により、1階居室の木造床面は、原則として直下の地面から **450**mm 以上高くするよう定められている。これは、床下の通気を図り、地面からの湿気を防ぐためである。もし、床下部分に防湿土間コンクリートを敷設した場合などは、この規定は適用されない。（公式テキスト p.249, 250）

(b) ×　道路境界線からすぐにスロープの傾斜面を設けると、車椅子が傾斜面で停止できずに道路に飛び出してしまうおそれがある。そのため、スロープの上端と下端に 1,500mm × 1,500mm 以上の**平坦面**を設けるようにする。上端側の平坦面は、玄関ポーチに車椅子を止めて、ドアの開閉動作や出入りができるようにするために設けるものである。（公式テキスト p.250, 280）

(c) ○　道路から玄関までのアプローチに階段を設置する場合、無理のない動作で昇降できるようにするには、階段の寸法を、蹴上げ **110** ～ **160**mm 程度、踏面 **300** ～ **330**mm 程度とすることが望ましい。（公式テキスト p.250）

キーワード

蹴上げ：階段の1段分の高さ。
踏面　：階段の足を載せる平らな面。またはその奥行きの寸法。

(d) ×　階段昇降機やホームエレベーターの設置は、介護保険制度における住宅改修項目や福祉用具貸与の対象に**該当しない**。（公式テキスト p.253）

難易度：★

手すりの取り付けに関する①〜④の記述の中で、その内容が最も適切なものを１つ選びなさい。

① 手すりの形状は円形を基本とするが、関節リウマチ等で手指に拘縮があるときは、手すりを握らずに、手すりに手や前腕を乗せて移動することが多いので、手すりの形状は、上面が平たいものが適している。その場合、手すりの高さは肘を直角に曲げた高さよりも若干低い程度にするとよい。

② 屋外で使用する手すりは、耐候性のある材質でなければならない。また、手すりを選択するうえでは、使用時の感触も重要である。これらの条件をうまく満たすものとして、屋外では金属製の手すりを設置することが望ましい。

③ 手すりをせっこうボードに取り付ける場合、手すりの受け材としてあらかじめ合板で下地を補強しておき、ネジをしっかり受けられるようにする。その場合、使用する木ネジは、ネジ山が途中から始まるものがよい。

④ 横手すりを壁面に取り付けるときは、手すりを横から受けるタイプの金具を使用する。手すりの端部は、衣服の袖口などを引っかけたり、身体をぶつけてけがをしたりするのを防ぐために壁側に曲げ込む。

第165問 解説 手すりの取り付け

正解 ①

①○ 関節リウマチ等で手指に拘縮があるときは、手すりに手や前腕を乗せて移動することが多いので、手すりの形状は、上面が**平たい**ものが適している。その場合、手すりの高さは**肘を直角に曲げた高さよりも若干低い**程度にすると使用しやすい。（公式テキスト p.255, 256）

②× 金属製の手すりは気温に影響されやすく、冬季には冷たく、夏季には熱く感じられるので、屋外では**樹脂被覆製**の手すりなどを使用することが望ましい。（公式テキスト p.255）

③× ネジ山が途中から始まる木ネジを使用した場合、肝心の下地部分でネジがかまずに、木ネジの利きが甘くなることがあるので、**全ネジ**タイプの木ネジを用いる。（公式テキスト p.256）

④× 横手すりは、手すり**下部**から受け金具で受けるようにして取り付ける。手すりを横から受ける金具を使用すると、手すりを握った手をすべらせていくときに手すり受け金具に手が当たって握り替える必要がある。横手すりの端部の処理については、選択肢の記述のとおりである。（公式テキスト p.256）

図表で覚えよう！

手すりの端部の処理

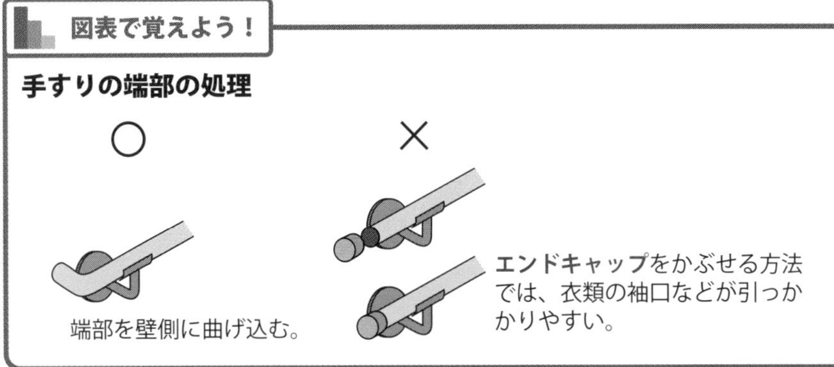

難易度：★★★

外出に関する (a) ～ (d) の記述について、その内容が適切なものの数を①～④の中から 1 つ選びなさい。

(a) 道路から玄関までのアプローチに高低差がある場合、その高低差を解消するには、スロープを設置する方法と、緩やかな階段を設置する方法がある。敷地に余裕がある場合は、スロープと階段を併設するのが理想的であるが、どちらか一方しか設置できないときは必ずスロープを採用する。

(b) 道路から玄関までのアプローチは、雨にぬれると滑りやすくなるので、通路面、通路に面した壁面ともに、表面を粗い仕上げにして滑りにくくすることが望ましい。

(c) 道路から玄関までのアプローチにコンクリート平板を敷く場合は、目地幅を大きくして、飛び石状にするとよい。平板を飛び石状に敷くことにより、歩行時に歩幅の目安になるので歩きやすく、材料費も節約できるためである。

(d) JIS（日本産業規格）では、住宅の門、玄関や庭の通路については照明の推奨照度を 5 ルクスとし、表札、門標、押しボタン（インターホン）などの付近は 30 ルクスとしている。高齢者への対応としては、アプローチの階段部分の照度も、これと同等の 30 ルクスまたはそれ以上にすることが望ましい。

① 1 個　② 2 個　③ 3 個　④ 4 個

第166問　解説　外出に関する住環境整備　　正解 ①

(a) ×　道路から玄関までのアプローチの高低差を解消する方法として、スロープの設置、緩やかな階段の設置のどちらを採用するかは、対象者の**将来の身体状況**を含めて慎重に判断する必要がある。車椅子を使用し、もしくは将来車椅子を使用することが予想される場合はスロープを設置すべきであるが、パーキンソン病などではスロープが適さない場合もある。（公式テキスト p.280）

(b) ×　道路から玄関までのアプローチは、雨にぬれると滑りやすくなるので、安全性を考慮して、通路面は表面を粗い仕上げにして滑りにくくする。一方、アプローチに面した壁は、歩行時にバランスを保つために手をついたり、身体をもたれかけたりすることがあるので、触れてもケガをしないように、**粗面仕上げ**にしないようにする。（公式テキスト p.281）

(c) ×　道路から玄関までのアプローチにコンクリート平板を敷く場合は、目地幅を**小さく**して、つまずきによる事故を防ぐ。また、平板を置き敷きにすると、雨が降って地盤が緩んだときに平板ががたつき、転倒するおそれがあるので、平板はコンクリートなどで堅固に固定する。（公式テキスト p.281, 282）

(d) ○　アプローチ部分の照明の照度不足によって、つまずいたり、段差に気づかず転倒したりする事故が生じている。高齢者への対応としては、アプローチの階段部分の照度を、表札、門標などの付近と同等の **30** ルクス、またはそれ以上にすることが望ましい。（公式テキスト p.282）

難易度：★★★

入浴に関する①～④の記述の中で、その内容が最も適切なものを１つ選びなさい。

① 洗い場の床面をかさ上げして洗面・脱衣室の床面との段差を解消する場合、出入り口付近に排水溝を設け、その上にグレーチングを敷設する。その場合、浴室内の水勾配は、出入り口側に湯水が流れるように設ける。

② 高齢者や障害者に適した浴槽は、外形寸法で長さ 1,600 ～ 1,800mm、横幅 700 ～ 800mm、深さ 500mm 程度のものが使いやすい。浴槽の長さは、浴槽内でゆったりと全身を伸ばせるように、対象者の身長と同じ程度の長さを確保する。

③ 浴室を入り口に段差のないユニットバスに交換することにより、同時に浴槽の設置高さや水栓金具の高さを変更することができる。入り口に段差のないユニットバスは、浴室開口部の排水性能が高く、洗面・脱衣室側に水が流れ出る心配がない。

④ 浴室では、身体に直接湯をかけるので、誤って熱湯や冷水をかけてしまうことがないように、シャワー水栓は、確実に温度調節ができるシングルレバー混合水栓にする。

第167問 解説 入浴に関する住環境整備

正解 ③

①× 洗い場の床面をかさ上げして洗面・脱衣室の床面との段差を解消する場合、出入り口の洗い場側または開口部下枠の下部に排水溝を設け、その上にグレーチングを敷設する。その場合、開口部周りの排水溝は**補助的**な排水溝とし、浴室内の水勾配は、浴室内の**主排水溝**側に湯水が流れるように設ける。(公式テキスト p.308)

②× 高齢者や障害者に適した浴槽は、外形寸法で長さ**1,100～1,300**mm、横幅**700～800**mm、深さ**500**mm程度のものが使いやすい。浴槽の長さは、浴槽に入ったときに**足底**が浴槽壁に届く長さにすることが重要である。前方の浴槽壁に足が届かないと、身体が湯に沈み込んで溺れるおそれがある。(公式テキスト p.313)

③○ 入り口に段差のない**ユニットバス**は、浴室開口部の排水性能が高く、洗面・脱衣室側に水が流れ出る心配がない。ただし、浴室全体を改装することになるので、大がかりな工事が必要である。(公式テキスト p.308)

④× 浴室では、身体に直接湯をかけるので、誤って熱湯や冷水をかけてしまわないように、シャワー水栓は、確実に温度調節ができる**サーモスタット付き**水栓にする。(公式テキスト p.313)

 キーワード

サーモスタット付き水栓

温度調節ハンドルの目盛りを希望する湯温に合わせることにより、内部で湯水の混合量が自動的に調節され、吐水の温度が一定に保たれる水栓金具。浴室の水栓によく採用される。

■■第168問

難易度：★★

A さんは、交通事故による脊髄損傷で両下肢が麻痺している。屋内、屋外ともに自走式車椅子を使用して移動することになるが、玄関側にはスロープを設置するスペースがないため、外出時は居室の掃き出し窓から車椅子で出入りできるように、庭側にスロープを設置することにした。次ページの①〜④図のうち、スロープの設置方法として最も適切なものを 1 つ選びなさい。ただし、A さんが自走式車椅子を使用してスロープを昇降するためには、スロープの勾配は 1/12 以下でなければならない。

参考図（改修前の 1 階平面図）

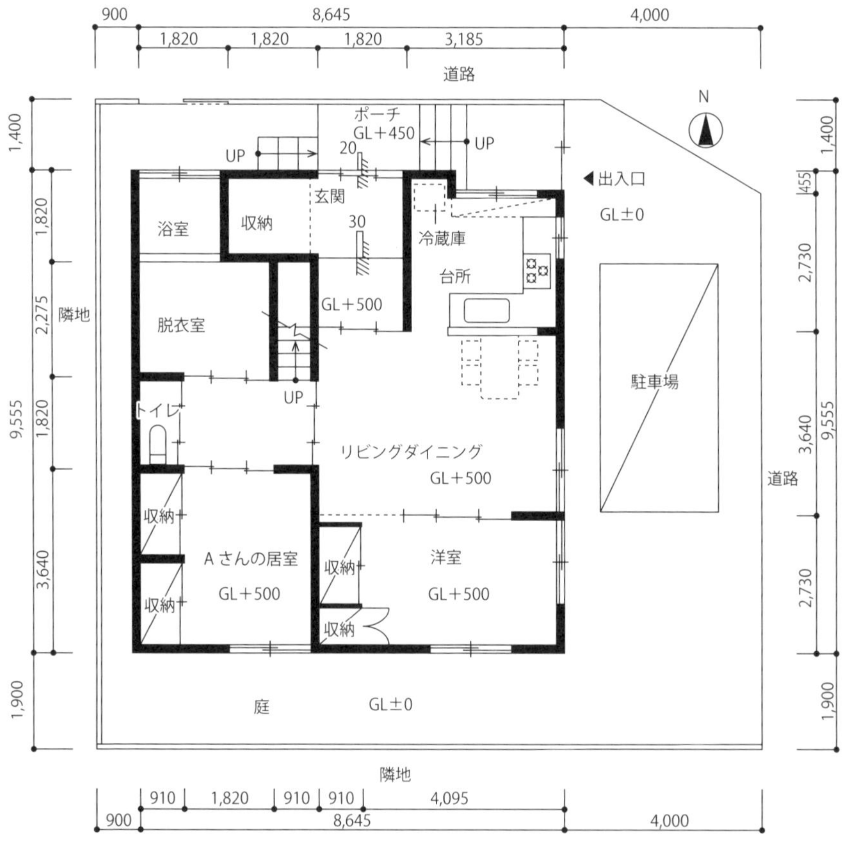

①

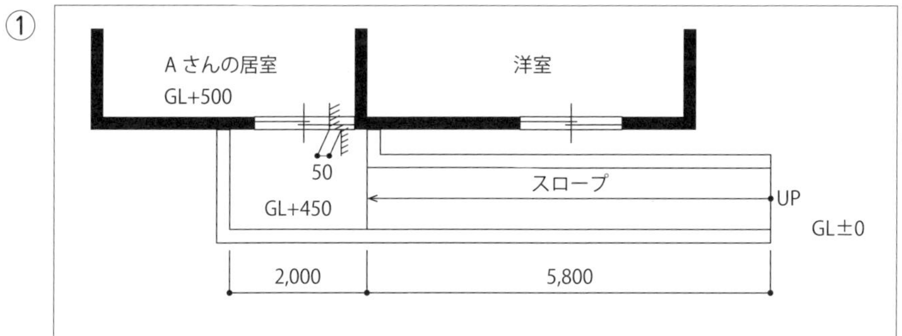
Aさんの居室
GL+500
洋室
50
スロープ
UP
GL+450
GL±0
2,000
5,800

②

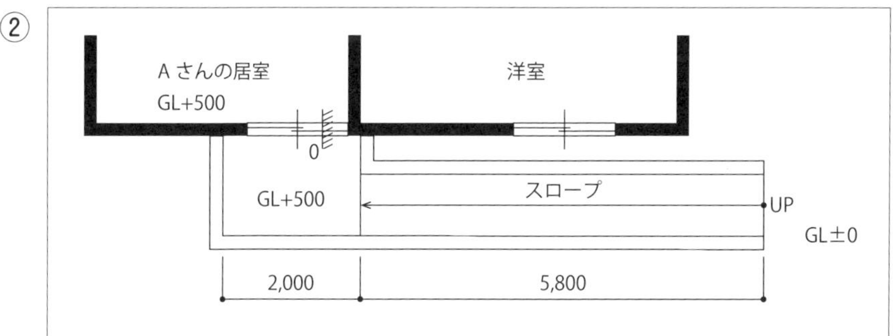
Aさんの居室
GL+500
洋室
0
スロープ
GL+500
UP
GL±0
2,000
5,800

③

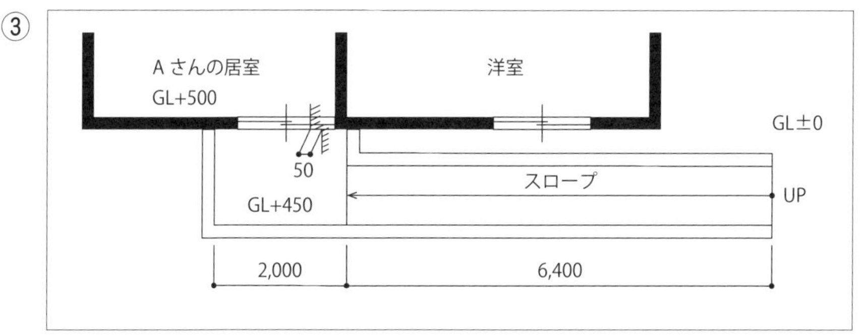
Aさんの居室
GL+500
洋室
GL±0
50
スロープ
GL+450
UP
2,000
6,400

④

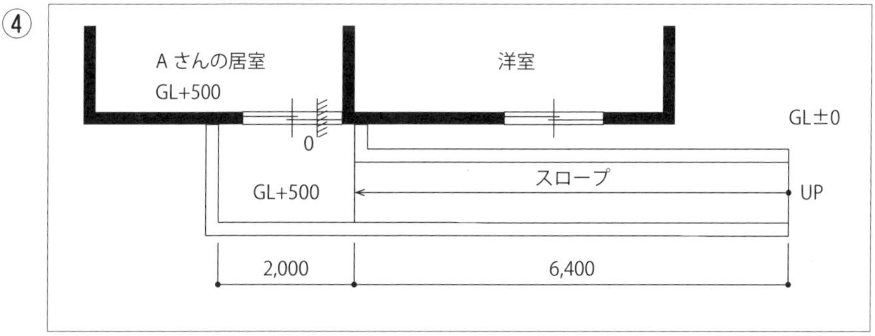
Aさんの居室
GL+500
洋室
GL±0
0
スロープ
GL+500
UP
2,000
6,400

第168問 解説 スロープの設置　正解 ④

①× スロープの勾配は、450 / 5,800 ≒ 1/12.9 なので、勾配 1/12 以下という問題文の条件を満たしているが、スロープ上部の平坦面と居室との間に 50mm の**段差**が生じているので、自走式車椅子を使用して出入りする際に支障をきたすおそれがある。（公式テキスト p.280）

②× スロープ上部の平坦面と居室との段差は解消されているが、スロープの勾配が、500 / 5,800 ＝ 1/11.6 なので、**勾配 1/12 以下**という問題文の条件を満たしていない。（公式テキスト p.280）

③× スロープの勾配は、450 / 6,400 ≒ 1/14.2 なので、勾配 1/12 以下という問題文の条件を満たしているが、スロープ上部の平坦面と居室との間に 50mm の**段差**が生じているので、自走式車椅子を使用して出入りする際に支障をきたすおそれがある。（公式テキスト p.280）

④○ スロープの勾配は、500 / 6,400 ＝ 1/12.8 なので、**勾配 1/12 以下**という問題文の条件を満たしている。また、スロープ上部の平坦面と居室との**床段差**も解消されているので、スロープの設置方法として最も適切である。（公式テキスト p.280）

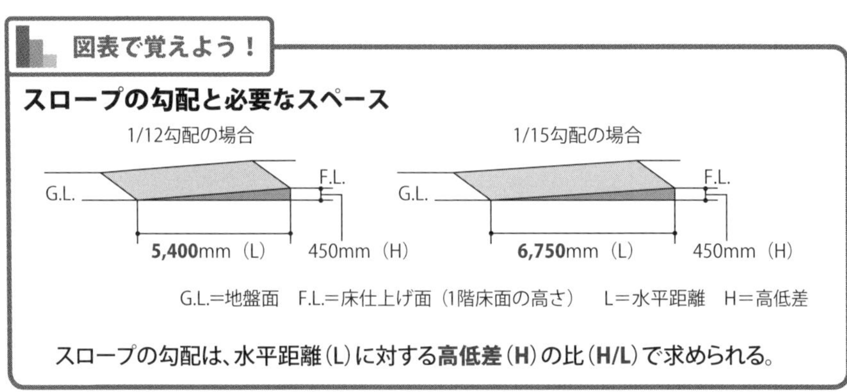

難易度：★★

Bさんは脳性麻痺による四肢体幹機能障害があり、日常生活全般に介助が必要である。入浴時はシャワー用車椅子を介助者が操作して浴室に出入りし、洗体や浴槽への出入りにも介助を要する。この場合、脱衣室と浴室の改修例として、①～④のうち最も適切なものを1つ選びなさい。

参考図（改修前の1階平面図）

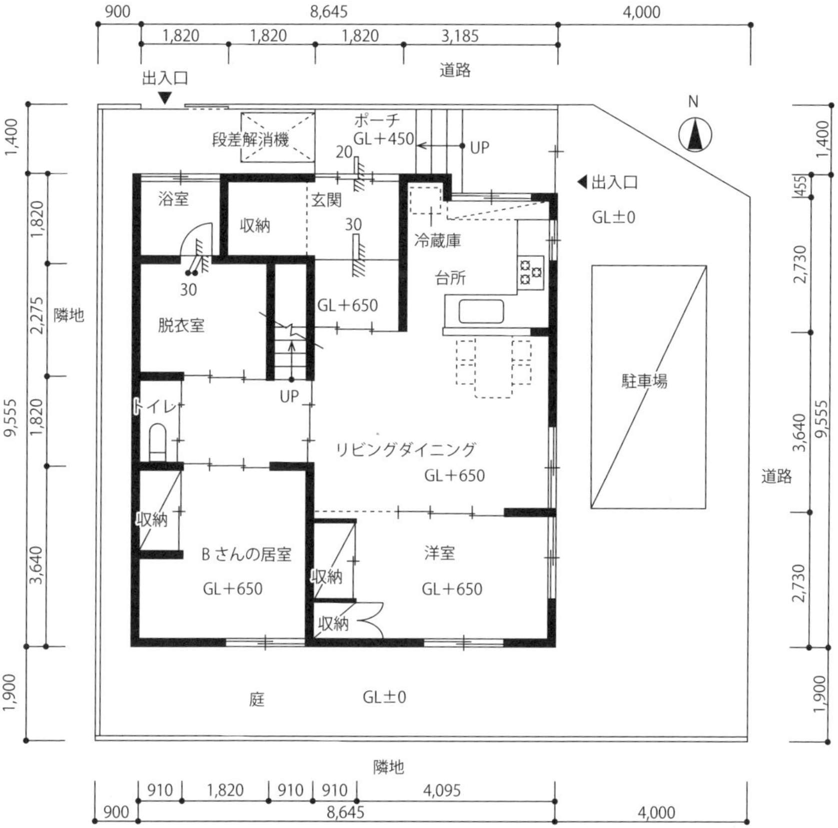

900 8,645 4,000
1,820 1,820 1,820 3,185
道路
出入口
段差解消機
ポーチ GL＋450
UP
20
N
◀出入口
GL±0
浴室
収納
玄関
30
冷蔵庫
台所
30
GL＋650
脱衣室
隣地
駐車場
UP
トイレ
リビングダイニング GL＋650
道路
収納
Bさんの居室 GL＋650
収納
洋室 GL＋650
収納
庭 GL±0
隣地
1,400 1,820 2,275 1,820 3,640 1,900 9,555
1,400 455 2,730 3,640 2,730 1,900 9,555
910 1,820 910 910 4,095
900 8,645 4,000

①

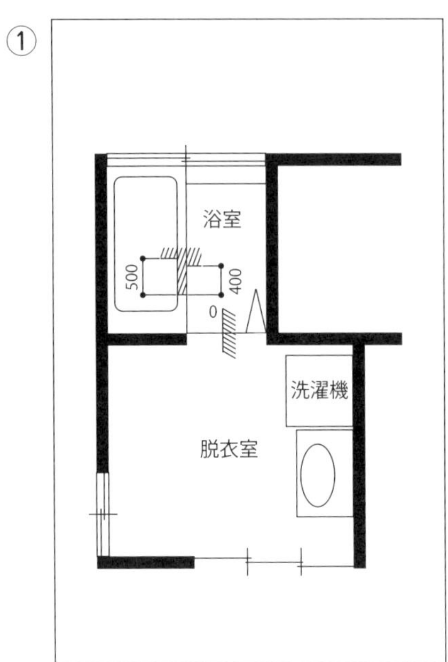
浴室
500
400
0
洗濯機
脱衣室

②

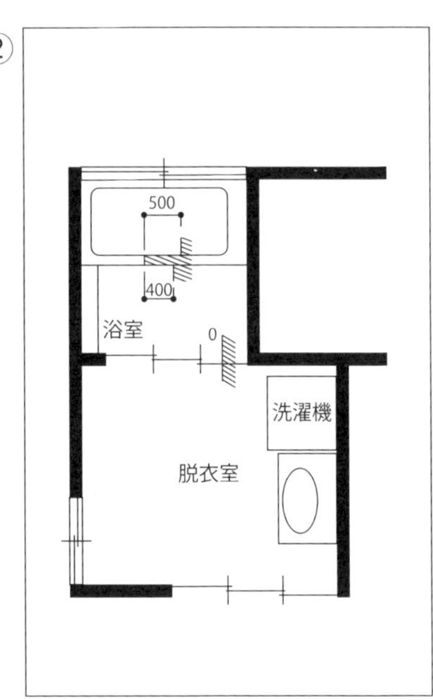
500
400
浴室
0
洗濯機
脱衣室

③

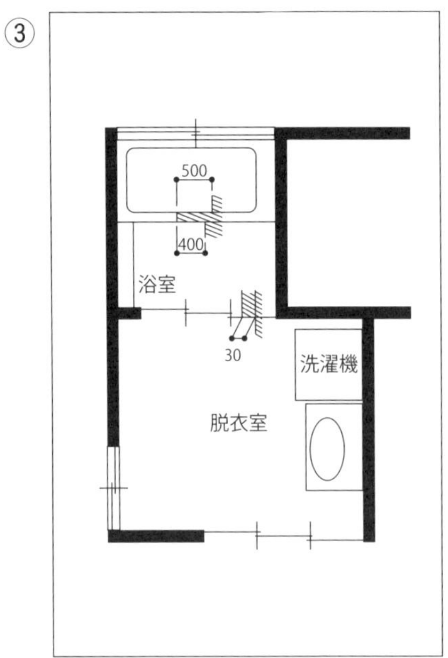
500
400
浴室
30
洗濯機
脱衣室

④

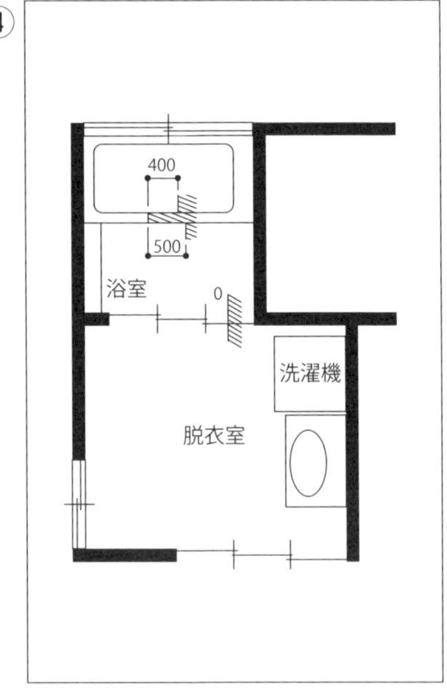
400
500
浴室
0
洗濯機
脱衣室

第169問 解説 脱衣室と浴室の改修例　　正解 ②

①× 脱衣室と浴室の床段差が解消されている点はよいが、浴室出入り口の**開口有効寸法**が狭く、シャワー用車椅子での出入りや介助スペースの確保に支障をきたすおそれがある。（公式テキスト p.307）

②○ 脱衣室と浴室の段差が解消されており、また浴室出入り口に 3 枚引き戸を使用しているので**開口有効寸法**を広くとれることなどから、浴室のレイアウトとして最も適切である。（公式テキスト p.309）

③× 浴室出入り口に 3 枚引き戸を使用しており、**開口有効寸法**を広くとれる点はよいが、脱衣室と浴室の床面に 30mm の**段差**が生じている。シャワー用車椅子はキャスタ径が小さく、小回りが利くように 4 輪とも自在に動くようになっているので、この程度の小さな段差であっても乗り越えるのは困難である。高齢者等配慮対策等級 5 では、浴室出入り口の段差を **5**mm 以下にすることとしている。（公式テキスト p.307）

④× 浴室出入り口に 3 枚引き戸を使用しており、**開口有効寸法**を広くとれる点はよいが、洗い場の床面から浴槽縁までの高さは **400** ～ **450**mm 程度、浴槽の深さは **500**mm 程度とするのがよい。この図では、その寸法が逆になっている。（公式テキスト p.312）

図表で覚えよう！

高齢者等への配慮に関する評価基準の例（住宅性能表示基準による）

等級	浴室出入り口の段差に関する基準
等級 5	段差なし（**5**mm 以下）
等級 4	**20**mm 以下の単純段差
等級 3 等級 2	①**20**mm 以下の単純段差　または ②浴室内外の高低差 **120**mm 以下、またぎ段差 **180**mm 以下で手すりを設置
等級 1	建築基準法に準ずる

頻出テーマを攻略しよう！

●●● Part5 ●●●

第５章の内容は、福祉住環境整備の具体的な技術や手法に関することがらです。公式テキストの中で最もボリュームのある章で、本試験の問題数も、毎回、第５章からの出題が最も多くなっています。なかでも、出題例が最も多いのは、**段差の解消**に関する問題です。

第５章では**建築図面**の基礎知識も扱われていますが、本試験でも、図面を用いた問題が毎回出題されるので、図面の見方に慣れておきましょう。

段差の解消に関する問題はココ！

＜本試験型問題＞

第５章⇒第 113 問／第 116 問〜第 117 問／第 128 問〜第 130 問／第 133 問／第 142 問／第 150 問／第 164 問／第 166 問・例文（a）／第 167 問・選択肢①／第 168 問〜第 169 問

＜別冊・予想模試＞

第１回⇒第 18 問〜第 19 問／第 39 問／第 41 問／第 56 問・選択肢①②

第２回⇒第 18 問／第 22 問／第 52 問

第３回⇒第 18 問／第 30 問／第 41 問／第 57 問〜第 58 問

建築図面に関する問題はココ！

＜本試験型問題＞

第５章⇒第 149 問〜第 151 問／第 163 問／第 168 問〜第 169 問

＜別冊・予想模試＞

第１回⇒第 30 問／第 57 問〜第 58 問

第２回⇒第 30 問／第 57 問〜第 58 問

第３回⇒第 30 問／第 54 問／第 57 問〜第 58 問

第6章

在宅生活における福祉用具の活用

第 170 問～第 200 問

公式テキスト p.357 ～ p.413

各問共通　次の文章の内容が、適切であれば○を、不適切であれば×を選びなさい。

□□ 第170問　　難易度：★

介護保険制度では、福祉用具は他人が使用したものを再利用することに心理的抵抗感があるという考え方から、福祉用具の利用については「販売（購入費支給）」を原則としている。

□□ 第171問　　難易度：★★★

介護保険制度では、介護支援専門員に対して、「福祉用具サービス計画」の作成と利用者への交付を義務づけている。福祉用具サービス計画には、利用者の希望、心身の状況、置かれている環境を踏まえて、福祉用具の利用目標、福祉用具の機種とその機種を選定した理由などを記載する。

□□ 第172問　　難易度：★

サイドレールは格子状のレールで、特殊寝台のフレーム（ホルダー）に差し込んで使用するものが多い。ベッドからの転落防止や寝具のずれ落ち防止を目的として使用するもので、強く引きつけたり体重を支えたりするのには適していない。

第170問 解説 介護保険制度における福祉用具

正解 ×

介護保険制度では、利用者の身体状況や要介護度の変化、福祉用具の機能向上等に応じて適切な福祉用具を提供し、また、資源を有効活用するという考え方から、福祉用具は「**貸与**」を原則とし、入浴、排泄に供するもののように他人が使用したものを再利用することに心理的抵抗感があるものなどは販売の対象としている。（公式テキスト p.358）

ポイント

・介護保険制度では、福祉用具は「**貸与**」が原則。
・例外として、以下のようなものは「**販売**」の対象とされている。
　①他人が使用したものを再利用することに心理的抵抗感があるもの
　②使用により元の形態や品質が変化し、再利用が困難なもの

第171問 解説 福祉用具サービス計画

正解 ×

介護保険制度では、**福祉用具貸与・販売事業者**に対して、「福祉用具サービス計画」の作成と、**利用者**および**介護支援専門員**への交付を義務づけている。ただし、福祉用具の販売のみを行う場合は、介護支援専門員への交付は義務づけられていない。（公式テキスト p.365）

第172問 解説 サイドレール

正解 ○

サイドレールは、ベッドからの転落防止や寝具のずれ落ち防止を目的として使用するもので、強く引きつけたり体重を支えたりするのには適していない。寝返り、起き上がり、立ち上がり、車椅子への移乗動作等の補助としては、**ベッド用手すり**（**グリップ**）を使用する。（公式テキスト p.374）

各問共通　次の文章の内容が、適切であれば○を、不適切であれば×を選びなさい。

□□ 第173問　難易度：★★★

介護保険制度で福祉用具貸与の対象となる特殊寝台は、サイドレールが取り付けてあるもの、または取り付け可能なものであって、「背部または脚部の傾斜角度が調整できる機能」と「床板の高さが無段階に調整できる機能」の両方の機能をもつものをいう。

□□ 第174問　難易度：★★★

つえの高さは、床から大腿骨大転子までの距離、または、つえを把持したときの肘の角度が約 30 度屈曲する程度の長さがよい。つえは、一般的に障害のある下肢と同じ側の上肢で使用する。

□□ 第175問　難易度：★

自走用（自操用）標準形車椅子は後輪が 20 〜 24 インチ程度で、ハンドリムを操作することにより自力で駆動できる。介助用標準形車椅子は、介助による操作と狭い場所での取り回しに配慮しているため、駆動用のハンドリムがなく、一般的に後輪が 14 〜 16 インチと小さいコンパクトな車椅子である。

第173問 解説 特殊寝台　正解 ×

介護保険制度で福祉用具貸与の対象となる特殊寝台は、サイドレールが取り付けてあるもの、または取り付け可能なものであって、「背部または脚部の傾斜角度が調整できる機能」と「床板の高さが無段階に調整できる機能」の**いずれか**の機能をもつものをいう（両方の機能をもつものもある）。（公式テキスト p.359）

第174問 解説 歩行補助つえ　正解 ×

つえは、一般的に患側下肢の**反対側**の上肢で使用する。つえの高さについては問題文のとおりである。長さの調整は、つえ先の滑り止めを外して支柱を切り揃えることにより行うが、長さを段階的に調整できるものもある。（公式テキスト p.377）

第175問 解説 自走用標準形車椅子・介助用標準形車椅子　正解 ○

介助用標準形車椅子は、介助者が操作することを前提に作られているので、駆動用の**ハンドリム**がなく、一般的に後輪が 14 ～ 16 インチと小さい、コンパクトな車椅子である。（公式テキスト p.384）

各問共通　次の文章の内容が、適切であれば○を、不適切であれば×を選びなさい。

□□ 第176問

難易度：★★

右図のA、Bは、ともに歩行補助つえの一種である。Bは多脚つえ（または多点つえ）と呼ばれるもので、脚部が複数に分岐することで支持面が広くなっているため、AのT字型つえよりも免荷機能や支持性にすぐれている。

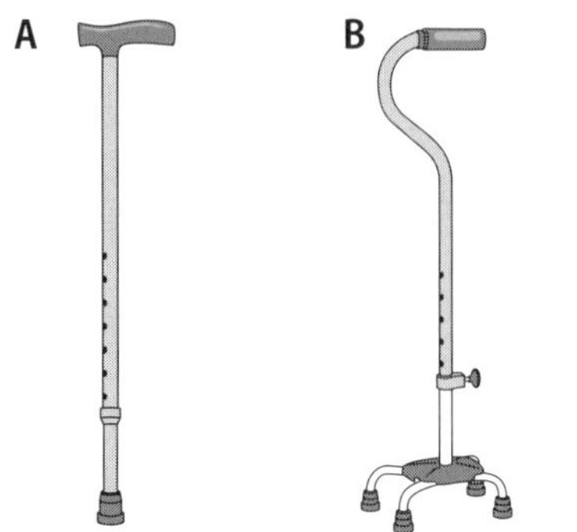

□□ 第177問

難易度：★

右図の福祉用具はシルバーカーといい、主に高齢者が屋外での物品の運搬や歩行の補助のために使用する。歩行器・歩行車と同様に、からだを十分に支える機能があるので、手すり等につかまらなければ歩行できない高齢者も使用でき、歩行を安定させることができる。

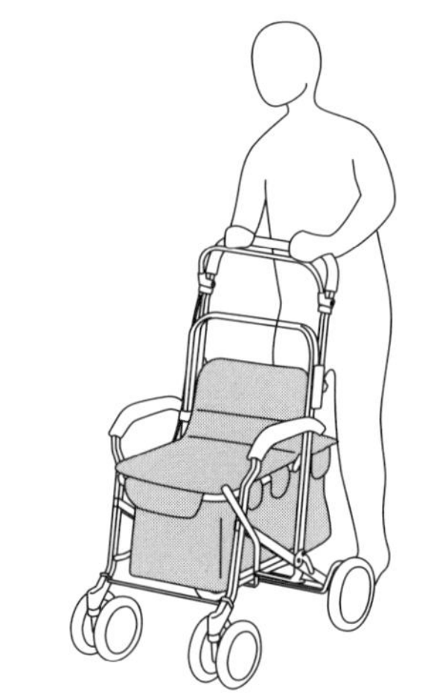

第176問 解説 歩行補助つえの種類

正解 ○

図**B**の**多脚つえ**（**多点つえ**）は、脚部が複数（3～5本）に分岐することで支持面が広くなっている。図**A**の**T字型つえ**よりも免荷機能や支持性にすぐれ、歩行障害が重度の場合に適応される。構造上、床面の凹凸に影響を受けやすく、やや重いので、**屋外**での使用は制限されることが多い。（公式テキストp.378, 379）

図表で覚えよう！

歩行補助つえの種類

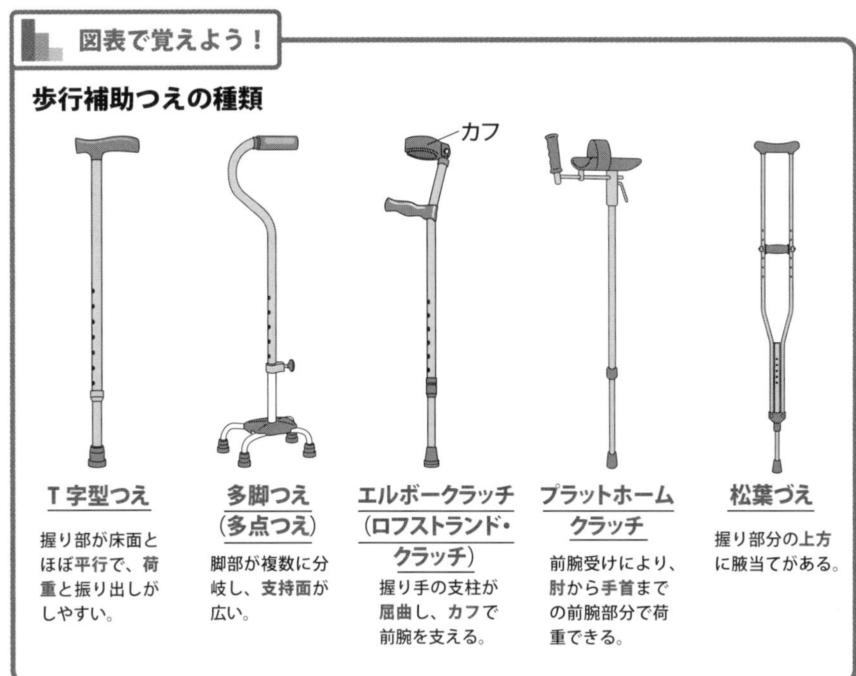

第177問 解説 シルバーカー

正解 ×

シルバーカーは、主に高齢者が屋外での物品の運搬や歩行の補助のために使用する。歩行器・歩行車のようにからだを十分に支える機能はなく、**自立歩行**ができる高齢者が、歩行を安定させるために補助的に使用するものである。（公式テキストp.382）

各問共通　次の文章の内容が、適切であれば○を、不適切であれば×を選びなさい。

□□ 第178問

難易度：★★★

座位変換形車椅子の一種であるティルト＆リクライニング式車椅子は、ティルト機構を有する。ティルト機構とは、シートの位置はそのままで、バックサポートが後方へ45度または90度傾斜し、レッグサポートが挙上するなどの機能である。

□□ 第179問

難易度：★★

段差解消機は、人や車椅子が乗るテーブルが垂直方向に昇降する機器で、据置式、設置式、移動式の3種類に大別される。設置式、移動式の場合は、構造上どうしても数センチメートルの段差が残るので、わずかな段差もなくしたい場合は据置式のものを使用する。

□□ 第180問

難易度：★★

可搬型（自走式）階段昇降機は、階段などに固定されない階段昇降機で、人が乗った車椅子に装着して使用するものと、昇降機の椅子に乗り換えて使用するものがある。いずれも介助者による持ち運びが可能なので、屋内でも屋外でも使用できる。

第178問 解説 ティルト&リクライニング式車椅子

正解 ×

座位変換形車椅子のティルト機構は、**シート**と**バックサポート**の角度を一定に保ったまま後方に傾斜するもので、異常な筋緊張や筋弛緩により座位保持が困難な人の座位姿勢を保持しやすくなる。選択肢の文は、リクライニング機構の説明になっている。（公式テキスト p.384）

第179問 解説 段差解消機の種類

正解 ×

据置式、**移動**式の段差解消機では、テーブルが下がりきっても数センチメートルの段差が残る。**設置**式は、床面にピット（溝）などを作り固定するもので、費用は高いが使い勝手はすぐれている。（公式テキスト p.388）

第180問 解説 可搬型階段昇降機

正解 ×

可搬型（自走式）階段昇降機は、取扱いにスペースを必要とするので、**屋内**の階段で使用することは困難である。集合住宅の共用階段や、庭から公道までの屋外階段などで使用されることが多い。（公式テキスト p.389, 391）

図表で覚えよう！

固定型階段昇降機

階段の踏面に取り付けたレールを椅子が移動する。

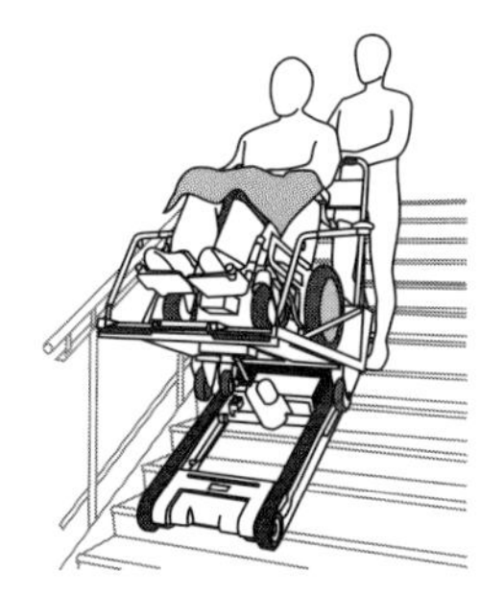

可搬型（自走式）階段昇降機

車椅子に装着するものと昇降機の椅子に乗って移動するものがある。

各問共通 次の文章の内容が、適切であれば○を、不適切であれば×を選びなさい。

□□ 第181問

難易度：★★

立ち上がり補助便座は、洋式便器からの立ち座りを補助する据置式の機器である。スイッチを操作して便座を垂直方向または斜め前上方向に移動させることにより、立ち座り動作を補助する。

□□ 第182問

難易度：★★★

自動排泄処理装置は、センサーで尿や便を感知し、真空方式で自動的に尿や便を吸引する装置である。介護保険制度では、本体は福祉用具貸与の対象に、尿や便の経路となるレシーバー、チューブ、タンク等の交換可能部品と、専用パッド、洗浄液等の消耗品は販売の対象になっている。

□□ 第183問

難易度：★★

認知症老人徘徊感知機器は、認知症の高齢者が屋外へ出ようとしたときや、ベッドや布団から離れようとしたときなどに、その動きをセンサーにより感知して、家族や隣人などに通報する装置である。介護保険による福祉用具貸与の対象となっている。

第181問 解説 立ち上がり補助便座

正解 ○

立ち上がり補助便座は、下肢の麻痺、筋力の低下、痛みなどにより通常の**洋式便器**からの立ち座りが困難な人に有効である。導入にあたっては、トイレの配管が設置の妨げにならないか確認し、電動式の場合は電源も確保する必要がある。（公式テキスト p.394）

第182問 解説 自動排泄処理装置

正解 ×

介護保険制度では、自動排泄処理装置の本体は福祉用具貸与の対象に、尿や便の経路となるレシーバー、チューブ、タンク等の交換可能部品は販売の対象になっている。専用パッド、洗浄液等の消耗品は保険給付の**対象外**である。（公式テキスト p.361, 396）

第183問 解説 認知症老人徘徊感知機器

正解 ○

認知症老人徘徊感知機器は、介護保険による福祉用具**貸与**の対象となっている。ただし、軽度者（要支援 1、2 および要介護 1）は原則として給付の対象にならない。（公式テキスト p.360, 404）

ポイント

介護保険による福祉用具貸与の対象となる種目のうち、以下のものについては、原則として**軽度者**（要支援 1、2 および要介護 1）は給付の対象にならない。

・車いす　・車いす付属品　・特殊寝台　・特殊寝台付属品
・床ずれ防止用具　・体位変換器　・**認知症老人徘徊感知機器**
・移動用リフト（吊り具の部分を除く）

下記のものについては、さらに、要介護 2、3 の人も原則として給付の対象外となる。

・自動排泄処理装置（本体）

各問共通　次の文章の内容が、適切であれば○を、不適切であれば×を選びなさい。

□□ 第184問

難易度：★★

右図の福祉用具は浴槽用手すりで、浴槽に立ちまたぎで出入りする際に上部のグリップを握って、からだを安定させるために使用する。浴槽縁をはさんで締め付けることにより強固に固定されているので、強く体重をかけてもずれるおそれがなく安全である。

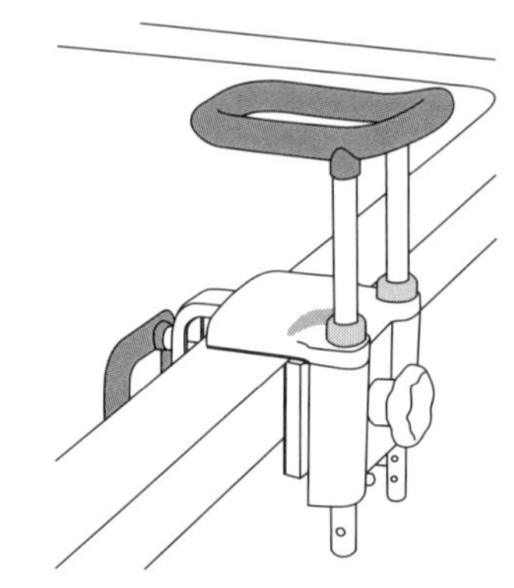

□□ 第185問

難易度：★★

入浴台は、浴槽を座位でまたいで出入りする際に用いる福祉用具で、バスボード、移乗台（ベンチ型シャワー椅子）などがある。右図はバスボードで、両側の縁を浴槽縁に掛け渡して使用する。この場合、座位位置は浴槽上になる。

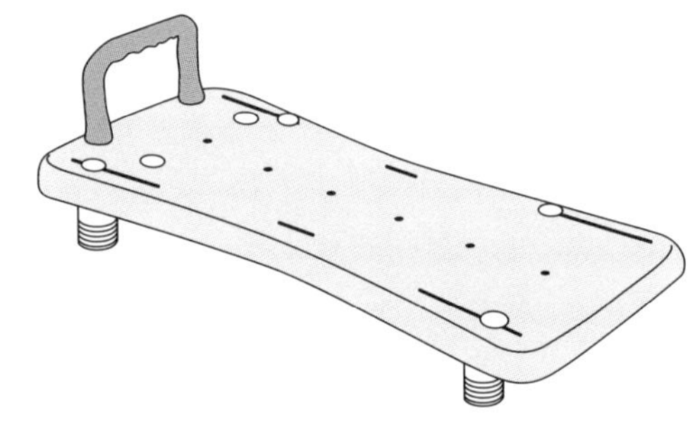

第184問 解説 浴槽用手すり

正解 ×

福祉用具の浴槽用手すりは、浴槽縁をはさんで固定するもので、強固な固定性は得られないので、大きく体重をかけると手すりが**ずれたり、外れたり**するおそれがある。（公式テキスト p.397, 398）

第185問 解説 入浴台

正解 ○

問題図のバスボードは、両側の縁を浴槽縁に掛け渡して使用するタイプの入浴台で、座位位置が**浴槽上**になる。移乗台（ベンチ型シャワー椅子）は、一方の縁を浴槽縁に掛け、もう一方を脚で支えるタイプの入浴台で、座位位置は**洗い場**側になる。（公式テキスト p.398, 399）

図表で覚えよう！

入浴台の種類

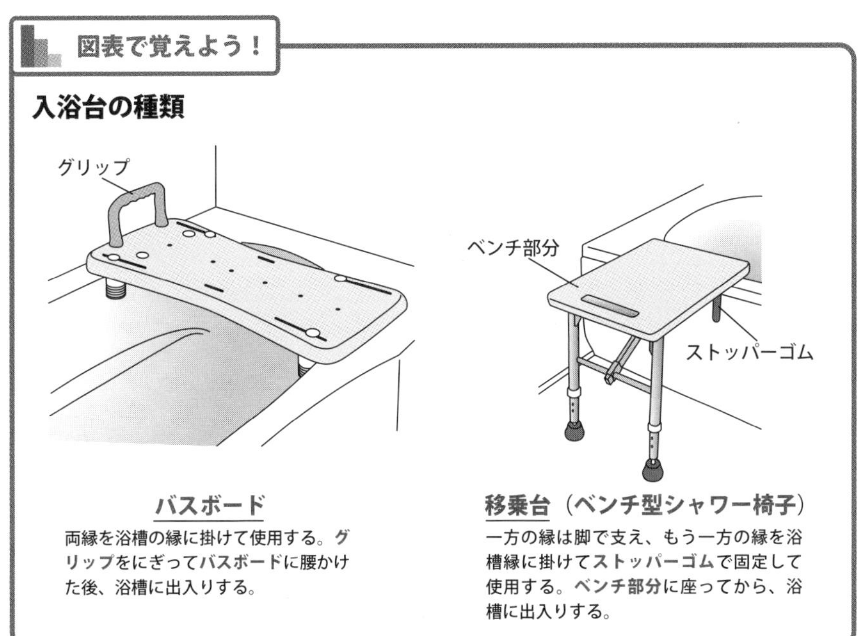

バスボード

両縁を浴槽の縁に掛けて使用する。**グリップ**をにぎって**バスボード**に腰かけた後、浴槽に出入りする。

移乗台（ベンチ型シャワー椅子）

一方の縁は脚で支え、もう一方の縁を浴槽縁に掛けて**ストッパーゴム**で固定して使用する。**ベンチ部分**に座ってから、浴槽に出入りする。

各問共通　次の文章の内容が、適切であれば○を、不適切であれば×を選びなさい。

□□ 第186問　難易度：★★

補聴器では､人が聞き取れる範囲の音すべてを大きくすることはできない。また、音のゆがみや言葉の聞き分け能力の低下を補う効果は少ないので、補聴器を装用しても健常な人と同じように聞こえるわけではない。

□□ 第187問　難易度：★

盲人用安全杖（白杖）は、視覚障害者が歩行時に一歩先の路面の状態を知るために用いるほか、周囲の人に使用者が視覚障害者であることを知らせる役割がある。

□□ 第188問　難易度：★★★

義足は下肢切断の場合に使用される器具である。切断部位によって装着する義足が異なり、股義足、大腿義足、下腿義足、サイム義足などの種類がある。装着の可否は全身状態、断端状況によって決定されるが、原則として、患側上肢の機能に障害がないことが義足装着の可否の目安となる。

第186問 解説 補聴器

正解 ○

正常な聞こえでは、人が聞き取れる音の高さの範囲は 20 ～ 20,000Hz といわれるが、そのうち、一般的な補聴器が大きくできる音の範囲は **200 ～ 5,000Hz** 程度である。また、補聴器では音の**ゆがみ**や言葉の**聞き分け**能力の低下を補う効果は少なく、補聴器を装用しても健常な人と同じように聞こえるわけではない。（公式テキスト p.405）

第187問 解説 盲人用安全杖（白杖）

正解 ○

盲人用安全杖（白杖）は、**視覚障害者**が歩行時に一歩先の路面の状態を知るために用い、障害物の有無などを確認して安全性を確保する。そのほかに、白杖には、周囲の人に使用者が視覚障害者であることを知らせる目的もある。（公式テキスト p.410）

第188問 解説 義足

正解 ×

義足の装着の可否は全身状態、断端状況によって決定されるが、原則として、**健側下肢で片足立ちができる**ことが装着の可否の目安となる。また、切断上部の関節拘縮による断端の可動域制限や筋力低下があるときは、義足歩行が困難になる。（公式テキスト p.411, 412）

ポイント

切断部位と適応する義足

股関節での切断――**股義足**

大腿部での切断――**大腿義足**

下腿部での切断――**下腿義足**

距腿関節（足首の関節）での切断――**サイム義足**

各問共通　次の文章の【A】の部分にあてはまる最も適切な語句を、①～④の中から１つ選びなさい。

□□ 第189問　難易度：★★

障害者総合支援法では、障害者・障害児に対して、失われた身体機能を補完または代替する機能をもつ福祉用具として【A】が給付される。対象種目は、身体障害者では13種目、身体障害児は17種目である。

①特定福祉用具　②日常生活用具　③補装具　④自助具

□□ 第190問　難易度：★★

【A】は、床上に置いて使用する機器で、スイッチを操作すると電動で背部が昇降する。筋疾患や脳性麻痺などで、室内の移動を座位移動や手足移動で行う場合や、居室が狭いなどの理由で特殊寝台（介護用ベッド）を設置できない場合などに使用する。

①スライディングマット
②スライディングボード
③体位変換用クッション
④起き上がり補助装置

□□ 第191問　難易度：★★

【A】は、自立歩行に不安がある人の歩行を補助する福祉用具で、ロボット技術を用いた機能により、登坂では推進力を補助し、降坂では進みすぎないように自動的に制御する。

①シルバーカー　②電動アシスト歩行車　③六輪歩行車　④移動用リフト

第189問 解説 障害者総合支援法における福祉用具　　正解 ③

障害者総合支援法では、障害者・障害児に対して、失われた身体機能を補完または代替する機能をもつ福祉用具として**補装具**が給付される。利用者の申請に基づいて、補装具の購入、借受けまたは修理が必要と認められたときに、市町村がその費用を補装具費として支給するものである。（公式テキスト p.362）

ポイント

障害者総合支援法により支給される補装具には、介護保険により貸与される福祉用具の種目と共通する、**車椅子**、**歩行器**、**歩行補助つえ**が含まれている。障害者が介護保険の受給者である場合、これらの福祉用具は、原則として**介護保険**の保険給付として給付される。

第190問 解説 起き上がり補助装置　　正解 ④

起き上がり補助装置は、床上に置いて起き上がりを補助する機器で、スイッチを操作すると電動で背部が昇降するものである。介護保険制度では、「体位変換器」として福祉用具貸与の対象になっている。（公式テキスト p.376）

第191問 解説 電動アシスト歩行車　　正解 ②

電動アシスト歩行車は、ロボット技術を用いた電動アシスト機能を備えた歩行車で、登坂では推進力を補助し、降坂では進みすぎないように自動的に制御する。比較的新しい福祉用具であるが、介護保険による福祉用具貸与の対象になっている（種目としては「歩行器」に含まれる）。（公式テキスト p.360, 380）

各問共通　次の文章の【A】の部分にあてはまる最も適切な語句を、①～④の中から１つ選びなさい。

□□ 第192問

難易度：★

標準形電動車椅子は、コントロールボックスに備え付けられた【A】を進みたい方向に傾けることにより操作する。コントロールボックスは、通常は車椅子のアームサポートの前方に装備される。

①レバーハンドル
②ジョイスティックレバー
③ティッピングレバー
④レバー式ブレーキ

□□ 第193問

難易度：★★

自走用（自操用）標準形車椅子を片麻痺者が健側の片手と片足で駆動する場合や、関節リウマチや進行性の筋疾患などでハンドリムを操作できない場合などは、足で床を蹴って車椅子を駆動する。この場合、足がしっかり地面に着くようにシートを低く設定し、下腿後面にある【A】を外すなどの配慮が必要である。

①フットサポート　②レッグサポート　③バックサポート　④ハンドリム

□□ 第194問

難易度：★★★

可搬型（自走式）階段昇降機は、機器の取り扱いの習得に十分な練習が必要なので、介助者が安全に操作できるよう指導を受けることが重要である。介護保険制度では、講習を受けた【A】が指導しなければならないことになっている。

①介護支援専門員　②理学療法士　③作業療法士　④福祉用具専門相談員

第192問 解説 標準形電動車椅子の操作　正解 ②

標準形電動車椅子は、コントロールボックスに備え付けられた**ジョイスティックレバー**で操作する。コントロールボックスは、通常は車椅子のアームサポートの前方に装備されるが、顎や足部などで操作できるように設置することもできるので、歩行が困難なうえに上肢機能に障害がある場合にも使用できる。（公式テキスト p.386）

第193問 解説 自走用（自操用）標準形車椅子の操作　正解 ②

片麻痺者や関節リウマチ、進行性の筋疾患などの患者が自走用（自操用）標準形車椅子を足で床を蹴って駆動する場合は、足がしっかり地面に着くようにシートを低く設定し、下腿後面にある**レッグサポート**を外すなどの配慮が必要である。（公式テキスト p.383, 384）

ポイント

車椅子の**レッグサポート**は、フットサポートに乗せた足が**後ろ**に落ちるのを防ぐための帯状の部品であるが、車椅子の乗り降りの際や、車椅子を**足**で操作する場合にはじゃまになることがあるので、**着脱**できるものがよい。

第194問 解説 可搬型（自走式）階段昇降機の操作　正解 ④

可搬型（自走式）階段昇降機は、機器の取り扱いの習得に十分な練習が必要で、取り扱いを誤ると転落事故につながるおそれがある。介助者が安全に操作できるよう指導を受けることが重要で、介護保険制度では、講習を受けた**福祉用具専門相談員**が指導しなければならないことになっている。（公式テキスト p.391）

各問共通　次の文章の【A】の部分にあてはまる最も適切な語句を、①～④の中から１つ選びなさい。

□□第195問

難易度：★★★

入浴用介助ベルトは、入浴時に介助を行う人が対象者の身体を保持するために使用するベルトである。介護保険制度では、【A】。

①福祉用具貸与の対象になっている
②特定福祉用具として販売の対象になっている
③数量を限定して販売の対象になっている
④保険給付の対象外である

□□第196問

難易度：★★

入浴時に使用する自助具である【A】は、上肢の関節の変形や痛み、筋力の低下などにより、頭、首、背中、足部など洗いたいところに手が届かない場合に用いるものである。

①柄付きブラシ　②固定ブラシ　③リーチャー　④ドレッシングエイド

□□第197問

難易度：★★

【A】は、構音障害などのために発声発語が困難な人が使用する福祉用具で、合成音声または録音音声によって言葉や意思を相手に伝える装置である。小型で持ち運びもできる機器で、スマートフォンのアプリとして提供されているものもある。

①補聴器　②拡声器　③人工喉頭　④携帯用会話補助装置

第195問 解説 入浴用介助ベルト

正解 ②

入浴用介助ベルトは、介護保険制度では、特定福祉用具として**販売**の対象になっている。入浴時の介助に用いるものでないその他の介助用ベルトは、特殊寝台付属品として**貸与**の対象とされている。（公式テキスト p.359, 361, 375, 400）

第196問 解説 自助具

正解 ①

問題文の説明にあてはまる自助具は、**柄付きブラシ**である。固定ブラシは、ブラシに付いた吸盤を浴室の側壁などに固定し、手や指、つま先などを動かして洗うもので、流しでの手洗いや食器洗いにも使用できる。リーチャー、ドレッシングエイドは、長柄の先に付いたフックで物を引き寄せたり引っ掛けたりするための自助具である。（公式テキスト p.403）

第197問 解説 携帯用会話補助装置

正解 ④

問題文の説明にあてはまる福祉用具は、**携帯用会話補助装置**である。携帯用会話補助装置は、障害者総合支援法に基づく日常生活用具給付等事業の対象になっている。（公式テキスト p.363, 405）

図表で覚えよう！

聴覚・言語障害関連の用具

携帯用会話補助装置

合成音声や録音音声で、言葉や意思を相手に伝える装置。

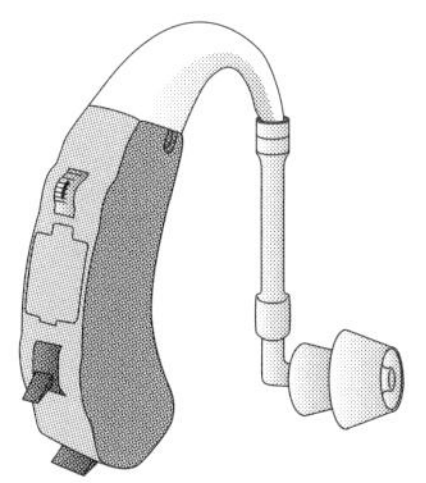

補聴器（耳掛け型）

難聴により低下した**聴力**を補うために、聴覚障害者に用いられる**補装具**・医療機器。

難易度：★★★

福祉用具に関する①～④の記述の中で、その内容が最も適切なものを１つ選びなさい。

① 介護保険法では、福祉用具を「心身の機能が低下し日常生活を営むのに支障のある老人または心身障害者の日常生活上の便宜を図るための用具及びこれらの者の機能訓練のための用具並びに補装具」と定義している。

② 介護保険で給付される福祉用具には、障害者総合支援法で給付される補装具と同様の種目（車椅子、歩行器、歩行補助つえ）が含まれている。介護保険の受給者であって、障害者でもある人に対しては、これらの種目は原則として、障害者総合支援法の補装具として給付されることとなる。

③ 障害者総合支援法に基づく地域生活支援事業の一つとして、日常生活用具が給付される。日常生活用具の対象種目については、要件や用途および形状が定められているが、具体的な品目については、利用者負担とともに都道府県が決定する。

④ 介護保険制度では、利用者の身体状況や要介護度の変化、福祉用具の機能向上等に応じて適切な福祉用具を提供し、また、資源を有効活用するという考え方から、福祉用具は「貸与」を原則としている。

第198問 解説 福祉用具に関する制度

正解 ④

①× 選択肢に挙げられているのは、**福祉用具法**（福祉用具の研究開発及び普及の促進に関する法律）による福祉用具の定義である。介護保険法では、保険給付の対象となる福祉用具の範囲を、「要介護者等の日常生活上の便宜を図るための用具及び要介護者等の機能訓練のための用具であって、要介護者等の日常生活の自立を助けるためのもの」としている。（公式テキスト p.358）

②× 障害者総合支援法に基づく補装具と、介護保険制度で給付される福祉用具に共通する種目については、対象者が介護保険の受給者である場合は、原則として**介護保険**による給付が行われる。ただし、障害者の身体状況に個別に対応する必要があると判断された場合は、補装具として給付することができる。（公式テキスト p.363）

③× 日常生活用具の対象種目については、要件や用途および形状が定められているが、具体的な品目については、利用者負担とともに**市町村**が決定する。（公式テキスト p.363）

④○ 介護保険制度では、利用者の身体状況や要介護度の変化、福祉用具の機能向上等に応じて適切な福祉用具を提供し、また、資源を有効活用するという考え方から、福祉用具は「**貸与**」を原則とし、他人が使用したものを再利用することに心理的抵抗感があるものや、使用により元の形態や品質が変化し、再利用が困難なものなどは「**販売**」の対象としている。（公式テキスト p.358）

■■ 第199問　難易度：★★

福祉用具の活用に関する (a) ～ (d) の記述について、その内容が適切なものを○、不適切なものを×としたとき、正しい組み合わせを①～④の中から１つ選びなさい。

(a) 自走用（自操用）標準形車椅子は、後輪が 20 ～ 24 インチ程度と大きく、ハンドリムが付いている。通常はこのハンドリムを手で操作し、車椅子の使用者が自力で駆動する。介助用標準形車椅子は、後輪が 14 ～ 16 インチと小さく、ハンドリムは付いていない。

(b) パワーアシスト形車椅子は、車椅子を動かす力を電動などの動力によって補助する機能をもつ車椅子で、自走用と介助用がある。長距離の移動や、坂道、悪路には適さないので注意が必要である。

(c) 六輪車椅子は、後輪の取り付け位置を前方にずらすことにより回転半径を小さくし、小回りが利くようにした車椅子である。後方に転倒防止のための後輪キャスタが取り付けられているため６輪になっている。

(d) ハンドル形電動車椅子は、前輪に直結したハンドルを手で操作して方向を定め、アクセルレバーでスピードを調節する電動車椅子である。構造上、標準形電動車椅子にくらべて前輪と後輪の距離が大きく、小回りが利かないので、使用場所は屋外に限定される。

○ ① (a) ○　(b) ○　(c) ○　(d) ○
○ ② (a) ○　(b) ×　(c) ○　(d) ○
○ ③ (a) ×　(b) ×　(c) ○　(d) ×
○ ④ (a) ×　(b) ×　(c) ×　(d) ○

第199問 解説 車椅子の種類 正解 ②

(a) ○ 介助用標準形車椅子は、介助者による操作と狭い場所での取り回しに配慮してつくられているので、後輪は 14 ～ 16 インチと小さく、駆動用の**ハンドリム**は付いていない。（公式テキスト p.384）

(b) × パワーアシスト形車椅子は、車椅子を動かす力を電動などの動力によって補助する機能をもつ車椅子で、自走用ではハンドリムにかかる力を、介助用では手押しハンドル（グリップ）にかかる力を感知して、車椅子を推進・停止させる力を補助するものが代表的である。パワーアシスト形車椅子は、特に、**長距離**の移動や、**坂道**、**悪路**において効果を発揮する。（公式テキスト p.384）

(c) ○ 六輪車椅子は、後輪の取り付け位置を**前方**にずらすことにより回転半径を小さくし、小回りが利くようにしたもので、日本の狭い家屋での使用を前提に開発された車椅子である。後方に転倒防止のための後輪キャスタが取り付けられているため、6 輪になっている。（公式テキスト p.384）

(d) ○ ハンドル形電動車椅子は、前輪に直結したハンドルを手で操作して方向を定め、アクセルレバーでスピードを調節する電動車椅子である。3 輪または 4 輪で、外観や操作方法はスクーターに近い。標準形電動車椅子にくらべて前輪と後輪の距離（ホイールベース）が大きく、小回りが利かないので、使用場所は**屋外**に限定される。（公式テキスト p.386）

□□第200問

難易度：★★

福祉用具の活用に関する (a) ～ (d) の記述について、その内容が適切なものを○、不適切なものを×としたとき、正しい組み合わせを①～④の中から１つ選びなさい。

(a)　据置式便座は、洋式便器の上に置いて座面の高さを補い、立ち座りをしやすくする福祉用具である。

(b)　立ち上がり補助便座は、洋式便器からの立ち座りを補助する据置式の機器で、便座を垂直方向または斜め前上方向に昇降させる機能をもつ。

(c)　福祉用具のトイレ用手すりは、便器をはさんで固定するなどの方法で工事を伴わずに設置できる手すりで、壁や柱に強固に設置する手すりと同じように強く荷重をかけることができる。

(d)　自動排泄処理装置の本体は、介護保険制度による福祉用具貸与の対象であるが、原則として、要介護４・５の人のみが保険給付の対象となる。

①　(a) ×　(b) ○　(c) ○　(d) ×
②　(a) ×　(b) ×　(c) ○　(d) ○
③　(a) ×　(b) ○　(c) ×　(d) ○
④　(a) ○　(b) ×　(c) ×　(d) ○

第200問 解説 排泄に関する福祉用具 正解 ③

(a) × 据置式便座は、**和式便器**や**両用便器**（和式便器と男性の小用便器を兼ねるもの）の上に置いて腰掛け式に変換し、洋式便器のように使用することで便座への立ち座りをしやすくする福祉用具である。(a) の文は、**補高便座**の説明になっている。（公式テキスト p.393）

(b) ○ 立ち上がり補助便座は、**洋式便器**からの立ち座りを補助する据置式の機器で、スイッチの操作により、便座を**垂直**方向または**斜め前上**方向に昇降させる機能をもつ。下肢の麻痺や筋力の低下、痛みなどにより、通常の便器では立ち座りが困難な人に用いられる。（公式テキスト p.394）

(c) × 福祉用具のトイレ用手すりは、借家のため住宅改修による手すりの設置ができない場合などに用いられる。壁や柱に強固に設置する手すりとは異なり、荷重のかけ方によっては手すりが**外れる**こともあるので、安全に使用できるかどうか確認することが重要である。（公式テキスト p.395）

(d) ○ 自動排泄処理装置の本体は、介護保険制度による福祉用具貸与の対象であるが、原則として、保険給付の対象は**要介護 4・5** に認定された人に限られ、要支援 1・2、要介護 1 ～ 3 の人は対象にならない。ただし、排便、移乗のいずれにおいても全介助を必要とする人は給付の対象となる。（公式テキスト p.360, 396）

頻出テーマを攻略しよう！

●●● Part6 ●●●

第６章の内容は、**福祉用具**に関することがらです。起居･就寝、移動、排泄、入浴といった生活行為別に分類した福祉用具の種類とその活用法、聴覚・言語障害、視覚障害関連の用具、義肢、装具、自助具に至るまで、さまざまな福祉用具がこの章で扱われていますが、なかでも最も出題頻度が高いのは**車椅子**です。車椅子にも多くの種類がありますから、それぞれの特徴をよく理解しておくことが重要です。

第５章からも、車椅子で移動するために必要な段差の解消や、廊下や開口部の有効寸法などに関する問題が出るので、そちらも要チェックです。

車椅子に関する問題はココ！

＜本試験型問題＞

第 6 章 ⇒ 第 175 問／第 178 問／第 192 問～第 193 問／第 199 問

第 5 章 ⇒ 第 132 問～第 133 問／第 137 問／第 148 問／第 150 問／第 159 問／第 168 問～第 169 問

＜別冊・予想模試＞

第 1 回 ⇒ 第 26 問／第 41 問／第 52 問・選択肢②④／第 53 問・例文（a）／第 56 問・選択肢①／第 57 問～第 58 問

第 2 回 ⇒ 第 19 問／第 25 問／第 43 問／第 54 問・例文（d）／第 55 問

第 3 回 ⇒ 第 23 問／第 28 問／第 30 問／第 42 問／第 48 問･例文（c）（d）／第 53 問・例文（b）

予想模試

解答・解説

解答一覧（予想模試　第1回）

※ 100 点満点とし 70 点以上をもって合格とします。

大問番号	問題番号	正解
大問1（各1点×14）	第1問	①
	第2問	②
	第3問	②
	第4問	①
	第5問	②
	第6問	①
	第7問	①
	第8問	②
	第9問	②
	第10問	①
	第11問	②
	第12問	①
	第13問	②
	第14問	②

大問番号	問題番号	正解
大問2（各1点×16）	第15問	①
	第16問	②
	第17問	①
	第18問	①
	第19問	②
	第20問	①
	第21問	②
	第22問	①
	第23問	②
	第24問	②
	第25問	②
	第26問	①
	第27問	②
	第28問	①
	第29問	①
	第30問	①
大問2（各2点×7）	第31問	③
	第32問	②
	第33問	①
	第34問	②
	第35問	④
	第36問	③
	第37問	②

大問番号	問題番号	正解
大問4（各2点×7）	第38問	②
	第39問	②
	第40問	④
	第41問	①
	第42問	④
	第43問	②
	第44問	①
大問5（各3点×6）	第45問	②
	第46問	④
	第47問	③
	第48問	④
	第49問	③
	第50問	③
大問6（各3点×8）	第51問	③
	第52問	④
	第53問	②
	第54問	③
	第55問	②
	第56問	①
	第57問	④
	第58問	①

解答一覧（予想模試　第２回）

※ 100 点満点とし 70 点以上をもって合格とします。

大問番号	問題番号	正解
大問1（各1点×14）	第 1 問	②
	第 2 問	②
	第 3 問	①
	第 4 問	①
	第 5 問	②
	第 6 問	②
	第 7 問	①
	第 8 問	①
	第 9 問	①
	第 10 問	②
	第 11 問	①
	第 12 問	①
	第 13 問	②
	第 14 問	①

大問番号	問題番号	正解
大問2（各1点×16）	第 15 問	②
	第 16 問	①
	第 17 問	①
	第 18 問	②
	第 19 問	②
	第 20 問	①
	第 21 問	①
	第 22 問	②
	第 23 問	①
	第 24 問	②
	第 25 問	②
	第 26 問	②
	第 27 問	②
	第 28 問	①
	第 29 問	①
	第 30 問	①
大問3（各2点×7）	第 31 問	④
	第 32 問	③
	第 33 問	④
	第 34 問	③
	第 35 問	③
	第 36 問	④
	第 37 問	②

大問番号	問題番号	正解
大問4（各2点×7）	第 38 問	①
	第 39 問	④
	第 40 問	④
	第 41 問	①
	第 42 問	③
	第 43 問	②
	第 44 問	④
大問5（各3点×6）	第 45 問	①
	第 46 問	③
	第 47 問	③
	第 48 問	③
	第 49 問	①
	第 50 問	④
大問6（各3点×8）	第 51 問	③
	第 52 問	②
	第 53 問	②
	第 54 問	③
	第 55 問	②
	第 56 問	③
	第 57 問	③
	第 58 問	④

解答一覧（予想模試　第3回）

※ 100点満点とし70点以上をもって合格とします。

大問番号	問題番号	正解
大問1（各1点×14）	第1問	②
	第2問	①
	第3問	①
	第4問	②
	第5問	①
	第6問	①
	第7問	②
	第8問	②
	第9問	②
	第10問	①
	第11問	①
	第12問	①
	第13問	②
	第14問	②

大問番号	問題番号	正解
大問2（各1点×16）	第15問	②
	第16問	①
	第17問	①
	第18問	②
	第19問	①
	第20問	②
	第21問	①
	第22問	②
	第23問	①
	第24問	①
	第25問	①
	第26問	②
	第27問	②
	第28問	②
	第29問	①
	第30問	②
大問3（各2点×7）	第31問	③
	第32問	②
	第33問	④
	第34問	③
	第35問	②
	第36問	④
	第37問	①

大問番号	問題番号	正解
大問4（各2点×7）	第38問	②
	第39問	④
	第40問	③
	第41問	②
	第42問	③
	第43問	④
	第44問	④
大問5（各3点×6）	第45問	④
	第46問	②
	第47問	③
	第48問	①
	第49問	④
	第50問	③
大問6（各3点×8）	第51問	④
	第52問	②
	第53問	②
	第54問	②
	第55問	②
	第56問	②
	第57問	④
	第58問	④

● 大問1（各1点×14）●

第1問 **正解 ①**

介護保険によるサービスの利用者は、2000（平成12）年4月の制度施行当初の149万人から、2021（令和3）年4月には581万人まで増加し、**4倍**に近い規模になっている。（公式テキストp.3）

第2問 **正解 ②**

住宅のバリアフリー化は1990年代前半から急速に進んでいるが、国土交通省のデータ（2021年度）では、高度のバリアフリー化（2か所以上の手すり設置、屋内の段差解消、車椅子で通行可能な廊下幅）を実現した住宅は全体の**6.5%**にとどまっている。（公式テキストp.4）

第3問 **正解 ②**

死亡原因のうちの不慮の事故では、65歳以上の高齢者に限れば、家庭内事故が交通事故よりも発生率が**高く**、2020（令和2）年の統計では交通事故の**5**倍以上に達している。（公式テキストp.8）

第4問 **正解 ①**

介護保険の第1号被保険者の保険料は、**所得状況**に応じて**市町村**ごとに設定されている。保険料の納付方法は、問題文のとおりである。（公式テキストp.16）

第5問 **正解 ②**

介護保険の保険料の内訳は、第1号被保険者と第2号被保険者の**人口比**に基づいて設定されている。介護保険事業計画の第8期に当たる2021（令和3）～2023（令和5）年度は、第1号被保険者分相当が**23%**、第2号被保険者分相当が**27%**となっている。（公式テキストp.16）

第6問 **正解 ①**

高齢者住宅改造費助成事業については、問題文のとおりである。なお、市町村によっては、介護保険制度の要介護認定において「非該当」と認定された高齢者に対して、介護保険制度の給付対象と**同等の**住宅改修について一定の費用を助成している例もある。（公式テキストp.43）

第7問 **正解 ①**

医療保険制度では2000（平成12）年度から、ICFの考え方に基づいた「リハビリテーション総合実施計画書」「リハビリテーション実施計画書」の作成が診療報酬の算定要件とされ、**介護保険制度**のリハビリテーション給付においても2003（平成15）年度から算定要件とされている。（公式テキストp.94）

第8問 **正解 ②**

医療・福祉・リハビリテーションなどのサービスを継続的に提供できる体制として、**地域包括支援センター**を中心に実施する「地域包括ケアシステム」を、市区町村のほぼ**中学校区**ごとに整えることと

している。（公式テキスト p.100）

第 9 問 正解 ②

流動性知能は 20 歳代にピークを示し、それ以降は、個人差はあるものの徐々に低下する。これに対し、**結晶性知能**は 60 歳ごろまで上昇し、それを生涯維持できる人もいる。（公式テキスト p.110）

第 10 問 正解 ①

脳梗塞は、血栓（血の塊）が血管内に詰まることにより、その先の脳細胞に血液が送られなくなり、壊死を生じる疾患である。脳梗塞は、脳血管障害の中で最も多く、全体の **70 ～ 80**％を占める。（公式テキスト p.125）

第 11 問 正解 ②

疲労骨折とは、同じ動作を繰り返すことにより、骨の同じ部位に繰り返し力が加わり、少しずつ骨にひびが入ることをいい、スポーツ選手などによくみられる。問題文の説明にあてはまるのは、**病的骨折**である。（公式テキスト p.131）

第 12 問 正解 ①

アルツハイマー型認知症に次いで多いのは**脳血管性**認知症で全体の約 20%、続いて**レビー小体型**認知症の順である。脳血管性認知症は、脳出血、脳梗塞などの脳血管疾患に伴い発症する認知症で、レビー小体型認知症は、パーキンソン病の病変にみられるレビー小体という物質が脳組織に現れるものである。（公式テキスト p.134）

第 13 問 正解 ②

関節リウマチでは、多くの症状が身体の**左右対称**の関節に現れる。また、関節症状だけでなく、疲労感、微熱、食欲不振、貧血などの全身症状が現れることもあり、肘や後頭部などの皮下にリウマトイド結節と呼ばれる硬いしこりを生じることもある。（公式テキスト p.143, 144）

第 14 問 正解 ②

伝音難聴は、外耳の耳介から内耳の蝸牛に至るまでの経路のどこかの機構に障害があり、音が十分に蝸牛に伝わらないことにより起こる難聴である。問題文は**感音難聴**の説明になっている。（公式テキスト p.186）

● 大問 2（各 1 点× 16）●

第 15 問 正解 ①

ケアプランは、在宅の要介護者については居宅介護支援事業所の**介護支援専門員**が、要支援者については**地域包括支援センター**が作成するのが一般的だが、**利用者本人**が自らケアプランを作成し、市町村に届け出ることもできる。（公式テキスト p.213）

第 16 問 正解 ②

地域リハビリテーション支援体制整備推進事業では、**二次医療圏域**（市町村単位の一次医療圏域よりもう少し広い圏域）ごとに地域リハビリテーション広域支援センターが設置される。（公式テキスト p.212）

第 17 問　正解 ①

作業療法士は、日常生活の基盤となる、食事、入浴、排泄などの生活動作の**動作訓練**や、仕事、遊びなどさまざまな活動にかかわる**作業訓練**などを行う。理学療法士、言語聴覚士とともに、リハビリテーションの中心的役割を担っている。（公式テキスト p.225）

第 18 問　正解 ①

ミニスロープを設置する場合、ミニスロープの両側の端部につまずかないように配慮する。また、ミニスロープの使用時には歩行が不安定になりやすいので、**手すり**の設置もあわせて検討する。（公式テキスト p.251）

第 19 問　正解 ②

勾配 1/12 のスロープとは高低差の 12 倍の**水平距離**を、勾配 1/15 のスロープとは高低差の 15 倍の**水平距離**を有するスロープである。高低差が同じであれば、水平距離が長いほど勾配は緩やかなので、勾配 1/12 ～ 1/15 の範囲で勾配が最も緩やかなのは、勾配 **1/15** のスロープである。（公式テキスト p.250）

第 20 問　正解 ①

開き戸を手前に引いて開ける場合、開いた扉に身体をあおられるような格好になるので、身体を大きく動かさなければならない。開き戸の**把手**側に 300mm 以上の**袖壁**を設けると、開閉時に身体をよけるスペースができ、開閉動作がしやすくなる。車椅子使用の場合は、450mm 以上の袖壁を設けると開閉が容易になる。（公式テキスト p.259）

第 21 問　正解 ②

枠組壁構法の住宅では、壁自体が構造体となっている場合がほとんどなので、原則として壁の取り外しはできない。**軸組構法**の住宅では、壁や柱を取り外せる場合もあるが、**筋かい**などが入っていて、壁や柱を取り外せない部分もある。（公式テキスト p.262）

第 22 問　正解 ①

収納の奥行きが深い場合は、内部に足を踏み入れて物の出し入れを行うことになるので、つまずき防止のために戸の**下枠**を設けないようにする。また、収納の底面は部屋の床と同じ仕上げにして、床面に**段差**が生じないようにする。（公式テキスト p.266）

第 23 問　正解 ②

蹴込み板は、階段の踏板の下に足先が入り込んでつまずいたり、転倒したりすることを防ぐために設置するものである。蹴込み寸法が深すぎると足先が引っかかりやすく危険なので、蹴込み寸法はなるべく小さいほうがよい。高齢者等配慮対策等級 5、4 では、蹴込み寸法を **30mm 以下**としている。（公式テキスト p.295）

第 24 問　正解 ②

浴槽縁の幅が厚いと、またぎ越すときの動作が**不安定になりやすい**ので、厚みはできるだけ小さくする。浴槽縁に腰かけ

て使用する場合は、腰かける部分だけを厚くし、それ以外の部分はできるだけ薄くする。(公式テキスト p.312)

第 25 問 **正解 ②**

問題図の福祉用具は、**エルボークラッチ(ロフストランド・クラッチ)**である。また、問題文の説明は、エルボークラッチ(ロフストランド・クラッチ)の説明になっている。プラットホームクラッチは、肘から手首までの前腕部分で体重を荷重できるように**前腕受け**が付いたつえで、関節リウマチで手指や手関節の変形、痛みなどがある場合に用いられる。(公式テキスト p.379)

第 26 問 **正解 ①**

ハンドル形電動車椅子は、重量が重く、回転半径も大きいことから、**屋内**での使用は困難で、もっぱら**屋外**で使用される。(公式テキスト p.386)

第 27 問 **正解 ②**

補高便座は、**洋式便器**の上に置いて高さを補い、立ち座りを容易にする福祉用具で、下肢の麻痺、筋力の低下、痛みなどにより通常の洋式便器からの立ち座りが困難な人に有効である。問題文は**据置式便座**の説明になっている。(公式テキスト p.394)

第 28 問 **正解 ①**

福祉用具の入浴用椅子は、一般的に使用されている入浴用の椅子よりも座面が**高く**、立ち座りや座位姿勢の保持がしやすくなっている。脚部に高さ調整の機能が付いているものが多い。(公式テキスト p.397)

第 29 問 **正解 ①**

羞明とは、普通の明るさの光でもまぶしく感じることをいい、目への入射光量の増加、波長の短い**青い**光を多く含んだ光を受けることで引き起こされる。(公式テキスト p.409)

第 30 問 **正解 ①**

平面図に記された▽の記号は、その部分の壁に**筋かい**が入っていることを示している。図の点線で囲まれた部分の壁には▽の記号が付いていないので、この壁には筋かいは入っていない。(公式テキスト p.344)

● 大問 3(各 2 点×7)●

第 31 問 **正解 ③**

介護保険制度の導入に際して掲げられた基本的な考え方の一つに、「**在宅ケア**の重視と**社会的入院**の解消」がある。社会的入院とは、医学的には入院の必要がなく、在宅での療養が可能な状態であるにもかかわらず、介護の担い手がいないなどの理由で入院を続けていることをいう。(公式テキスト p.15)

第 32 問 **正解 ②**

介護保険による居宅介護住宅改修費(または介護予防住宅改修費)の支給額は、**支給限度基準額**の 9 割(65 歳以上の一定以上所得者は８割または７割）が上限である。支給限度基準額は、要支援・要介護認定の区分にかかわらず**20万円**である。（公式テキスト p.43, 352）

第33問　　正解 ①

バリアフリー改修工事などにおける高齢者向け返済特例制度を利用した場合、生存中は利息のみを毎月返済し、借入金の元金は、高齢者本人の死亡後に相続人が融資住宅および敷地を売却するか、自己資金等により一括返済する。この制度は、**リバースモーゲージ**という仕組みを用いたものである。（公式テキスト p.44）

第34問　　正解 ②

「高齢者リハビリテーション３つのモデル」のうち、問題文の記述にあてはまるのは、**廃用症候群**モデルである。脳卒中モデルは生活機能が急性に低下するタイプ、認知症高齢者モデルは、環境の変化への対応が困難で、生活の継続性やなじみのある人間関係が維持される環境での介護を必要とするタイプである。（公式テキスト p.97, 98）

第35問　　正解 ④

認知症の中核症状には、記憶障害、見当識障害、判断力の障害、実行機能障害などがある。時間や日付、場所、人物などがわからなくなるのは**見当識障害**、計画を立て、手順を考えて、状況を把握しながら行動することができなくなるのは**実行機能障害**である。（公式テキスト p.134）

第36問　　正解 ③

パーキンソン病の「四徴」と呼ばれる代表的な症状は、振戦（震え）、**筋固縮**、**無動・寡動**、姿勢反射障害・歩行障害である。（公式テキスト p.147）

第37問　　正解 ②

前かがみの姿勢での洗面や、和式便器での排便は、腹圧の圧迫といきみにより経皮的酸素飽和度（SpO_2）の低下をきたしやすい。SpO_2 は、血液にどれくらいの酸素が含まれているかを示す値である。（公式テキスト p.175）

大問４（各２点×７）

第38問　　正解 ②

介護保険制度では、福祉用具貸与事業所および福祉用具販売事業所に**福祉用具専門相談員**を２名以上置くことが義務づけられている。（公式テキスト p.229）

第39問　　正解 ②

和室と洋室の床段差を解消する方法の一つとして、既存の床仕上げの上に高さ調整のための**合板**などを張り、その上に新しく床を仕上げる方法がある。さらに簡便なのはミニスロープを設置する方法であるが、使用時に歩行が不安定になるので、手すりの設置もあわせて検討する必要がある。（公式テキスト p.251）

第40問　　正解 ④

建築設計の基準になる寸法を**モジュール**という。軸組構法による木造住宅では、尺貫法の影響により**910**mm（3尺）を基準とするモジュールが用いられているが、新築や大規模な増改築を行う場合は、居室と寝室などを結ぶ動線上でモジュールをずらすことにより必要なスペースを確保することができ、車椅子での通行も可能になる。（公式テキスト p.262, 263）

第41問　　正解①

道路から敷地内に入る際には、道路と敷地の境界線の道路側に設けられた**L字溝**の立ち上がり部分に段差があるために、車椅子での通行が妨げられやすい。将来にわたって安定した車椅子移動の自立を図る場合や、屋外アプローチを全面的に整備する場合は、道路管理者である役所にL字溝の**切り下げ**の申請を行い、立ち上がり部分が低いL字溝に変更することを検討する。（公式テキスト p.279）

第42問　　正解④

介護保険制度による住宅改修費の給付を受けるには、原則として、住宅改修を行う前に介護支援専門員等が記載した**理由書**（住宅改修が必要な理由書）、費用の見積もり等が記載された書類により、市町村に申請する必要がある。（公式テキスト p.352, 353）

第43問　　正解②

スライディングボードを使用して介助が必要な人をベッドから車椅子に移乗させるときは、ベッドで端座位をとらせ、ボードを臀部の下に差し込む。ボードのもう一方の端は車椅子の座面に掛け渡し、介助者が対象者の**腋の下と骨盤の上**を支えて、ボード上を滑らせるように移乗させる。（公式テキスト p.376）

第44問　　正解①

問題文の説明に当てはまる福祉用具は、**環境制御装置**である。環境制御装置の操作スイッチには、呼気・吸気スイッチ、まばたきを感知する光ファイバースイッチ、軽く押すだけで操作できる押しボタンスイッチなどがある。（公式テキスト p.404）

● 大問5（各3点×6）●

第45問　　正解②

①× 年少人口（14歳以下）と生産年齢人口（15～64歳）が**減少**する一方で、65歳以上の高齢者人口は今も増加している。（公式テキスト p.3）

②○ 世帯主が65歳以上の高齢者世帯が増加しており、その中でも、高齢者の**単独**世帯と**夫婦のみの**世帯が大部分を占める。今後は、特に単独世帯が増加していくと予測される。（公式テキスト p.3）

③× 認知症高齢者に対して小規模な居住空間で家庭的な環境の下でケアを提供する**認知症高齢者グループホーム**が増加している。（公式テキスト p.4）

④× 介護保険制度のサービス利用者数は、制度がスタートした当初の**4**倍近い規模になっており、国民の老後を支える制度として定着しているといえる。（公式テキスト p.3）

第46問　正解 ④

(a) ○　地域密着型サービスの目玉として創設された「小規模多機能型居宅介護」は、「**通い**」を中心として、要介護者の状態や希望に応じて「**訪問**」や「**泊まり**」を随時組み合わせることで、切れ目のないケアを提供できる新しい形態のサービスである。（公式テキスト p.22）

(b) ○　**医療**と**介護**の連携の強化の具体例として、がん末期の人が在宅で人工呼吸器や痰吸引機などの医療ケアを受けること、看護師が常駐するデイサービス施設や老人保健施設などに通うことで家族の介護負担を軽減することなども介護保険給付の対象とされた。（公式テキスト p.23）

(c) ○　悪質事業者に対する規制を強化するために、欠格事由として5年以内の**指定取消履歴**を加えるとともに、事業者を6年ごとに指定する**指定更新制**が導入された。（公式テキスト p.23）

(d) ×　介護支援専門員の資質の向上を図るため、介護支援専門員の登録、介護支援専門員証の交付、秘密保持義務、名義貸しの禁止、**5**年ごとの「資格更新制」、更新時の研修の受講義務などの規定が設けられ、一定年数以上の実務経験を有する介護支援専門員を対象とする主任介護支援専門員制度も新設された。（公式テキスト p.23）

第47問　正解 ③

①×　サービス付き高齢者向け住宅は、**高齢者住まい法**の改正に伴い、従来の高齢者円滑入居賃貸住宅（高円賃）、高齢者専用賃貸住宅（高専賃）、高齢者向け優良賃貸住宅（高優賃）を廃止し、2011（平成23）年10月に新たに創設された制度である。（公式テキスト p.49）

②×　サービス付き高齢者向け住宅は、厚生労働省・**国土交通省**の共管により創設された。（公式テキスト p.49）

③○　サービス付き高齢者向け住宅については、所定の登録を行えば、有料老人ホームの**届出**等に関する規定は適用されない。ただし、有料老人ホームの定義に該当するサービス付き高齢者向け住宅は、届出等の一部の規定を除き、有料老人ホームと同等の指導を受けることになっている。（公式テキスト p.49）

④×　サービス付き高齢者向け住宅に入居できるのは、高齢者（**60**歳以上、または介護保険制度の要介護・要支援認定を受けている人）で、単身または夫婦などの世帯である。**元気な高齢者**も入居することができ、要介護・要支援状態であっても、訪問介護や訪問看護、通所介護、福祉用具貸与などの介護保険サービスを利用して生活を続けることが可能である。（公式テキスト p.50）

第48問　正解 ④

(a) ×　一次予防とは、早世の減少、健康寿命の延伸、QOLの向上を目的として、がん、心臓病、脳血管障害の対策と、これらの**生活習慣病**の原因になる悪しき生活習慣の改善に努めることをいう。(a)の記述は、**二次予防**の説明になっている。（公式テキスト p.95）

(b) ×　二次予防とは、定期的な健康診断等により疾患を早期発見・早期治療し、重度化を予防することをいう。(b)の記述は、**三次予防**の説明になっている。(公式テキスト p.95)

(c) ×　廃用症候群モデルとは、生活機能が**徐々に**低下するものをさす。生活機能が急激に低下するのは**脳卒中**モデルである。(公式テキスト p.97, 98)

(d) ×　WHOは1973（昭和48）年に、高齢者リハビリテーションの目標として、①活動性の回復、②**人との交流の回復**、③社会への再統合の3つを挙げている。(公式テキスト p.98)

第49問　　正解 ③

高齢者の死亡原因は、上位から「**悪性新生物**」「**心疾患**（高血圧性を除く）」「老衰」「**脳血管疾患**」の順である(厚生労働省「人口動態統計」（2020年）による)。かつて長らく死因別死亡率の第1位を占めていた脳血管疾患は、救命処置と治療薬の進歩により死亡率が低下し、発症数も低下している。しかし、死亡率の低下が発症数の低下を上回っているために、脳血管疾患により要介護となる高齢者は現在も多く、要介護の原因では第2位である。(公式テキスト p.124,125)

第50問　　正解 ③

(a) ○　高齢になるにしたがって骨の**カルシウム**量が減少し、骨がもろくなる傾向がある。また、高齢者は全身の運動機能も低下するため**転倒**しやすくなり、容易に骨折する。高齢者に多い骨折は、脊椎椎体圧迫骨折、大腿骨近位部骨折、橈骨・尺骨遠位端骨折、上腕骨外科頸骨折などである。(公式テキスト p.132)

(b) ○　大腿骨近位部骨折では、人工骨頭置換術や骨折部固定術が実施されるが、術後の安静臥床のため、筋萎縮により**歩行能力**が低下しやすい。(公式テキスト p.133)

(c) ○　開放骨折では、骨折端が皮膚を破って空気に触れているため**感染症**の危険性が高く、**骨髄炎**などを合併しやすい。また、骨髄から脂肪の塊が血管内に入り込んで脳や肺の血管を詰まらせる**脂肪塞栓**のような重篤な合併症を生じることもある。(公式テキスト p.131)

(d) ×　橈骨・尺骨遠位端骨折は、転倒時に**手**をついたときに生じる手首の骨折で、骨片を整復した後にギプス固定が行われることが多い。選択肢の文は、**上腕骨外科頸骨折**の説明になっている。(公式テキスト p.132, 133)

● 大問6（各3点×8）●

第51問　　正解 ③

①○　主に医療分野で重視されてきた「**説明と同意**」（インフォームド・コンセント）は、福祉住環境整備における相談援助にも深く関係している。(公式テキスト p.218)

②○　**ニーズ**とは、本人が意識していないものを含めた「客観的に見て本人にとって必要なこと」である。これに対し、**デマンド**（要求）とは、本人が意識している「やってほしいこと」である。相談援助においては、本人のニー

ズへの**気づき**を促し、本人からニーズを**引き出す**ことが重要である。（公式テキスト p.218, 219）

③× 相談面接においては、相談者の個人的空間（personal space）を尊重して、**適切な距離**を保つことが重要である。また、互いに**真正面**から視線を合わせる位置関係は圧迫感を与えることがあるので、左右どちらかに椅子をずらして座るなどの配慮も必要となる。（公式テキスト p.219）

④○ 相談援助の場面では、言葉を用いた「バーバル（言語）コミュニケーション」だけでなく、言葉を用いない「**ノンバーバル**（非言語）コミュニケーション」も重要な要素になる。（公式テキスト p.220）

第52問　　正解 ④

①○ 廊下などの幅員を柱（壁）芯―芯910mm（3尺）として設計した場合、幅員の有効寸法は最大で**780mm**となるが、自立歩行で住宅内を移動する場合は、この寸法でも特に問題は生じない。しかし、廊下の移動時に介助を必要とする場合は、この廊下幅では十分とはいえない。（公式テキスト p.261）

②○ 使用する車椅子の車輪の色と床材の色を比較して、**ゴム跡**が目立ちにくい色の床材を選択する。車輪がグレーの場合は、明度の高いライトオーク調の床材にするとよい。（公式テキスト p.253）

③○ 住宅改修において、既存住宅の壁や柱を取り外してスペースを確保する方法があるが、壁や柱には取り外せるものと、住宅の構造上取り外せないものがある。撤去できるかどうかは、設計者や施工者に**住宅図面**を見せて確認してもらう。（公式テキスト p.262, 263）

④× 円形のテーブルは、身体の左右に空きができ、物を落としやすいので、高齢者や障害者には基本的に**不向き**である。（公式テキスト p.266）

第53問　　正解 ②

(a) ○ 自走式車椅子を使用して廊下を直角に曲がるためには、廊下の幅員は最低でも有効寸法で**850～900**mm程度必要である。これだけの幅員を確保するには、新築や増築の際に対応することが必要で、既存住宅の改修では、廊下に面した各室の**開口部**の幅員を拡張することにより車椅子で通行できるようにすることが現実的な解決方法となる。（公式テキスト p.290）

(b) ○ やむを得ず手すりが途切れる場合も、手すりの端部間の空き距離を最小限にとどめて、身体の向きを変えずに自然に握り替えられるように配慮する。出入り口の部分ではどうしても手すりが途切れてしまうが、その場合でも、手すりの端部間の空き距離を**900**mm以内にする。（公式テキスト p.291）

(c) × 高齢者や障害者が階段を安全に昇降するためには、建築基準法の規定を満たしているだけでは不十分どころか、危険きわまりない。高齢者等配慮対策等級の等級5、4では、勾配**6/7**以下、蹴上げの寸法の2倍と踏面の寸法の和が**550**mm以上**650**mm以下と規定している。（公式テキスト p.295）

(d) ×　住宅の階段に設置する手すりは、壁からの突出が **100**mm 以内の場合は、階段幅の算定時に手すりがないものとみなすことができる。手すりの突出が **100**mm を超える場合は、突出部の先端から **100**mm までを階段の算定幅に加えられる。（公式テキスト p.296）

第 54 問　正解 ③

(a) ○　内開き戸は開閉に広いスペースを必要とするほか、使用者が洗い場で倒れた時に外部からの救助が困難になりやすいので、開閉動作のしやすい **3 枚引き戸**にすることが望ましい。（公式テキスト p.307）

(b) ×　高齢者や障害者に適した浴槽は、外形寸法で長さ **1,100 ～ 1,300**mm、横幅 700 ～ 800mm、深さ 500mm 程度のものである。特に浴槽の長さは、**足底**が浴槽壁に届く長さにすることが重要である。（公式テキスト p.313）

(c) ×　床暖房は、居間などには適しているが、早く暖めて**短時間**使用することが目的である浴室の暖房には適さない。（公式テキスト p.314）

(d) ○　立位でのまたぎ越しや座位で浴槽へ出入りする場合、浴槽縁の高さが **400 ～ 450**mm 程度になるように浴槽を埋め込む。浴槽の深さは 500mm 程度とし、洗い場の床面と浴槽の底面の高低差を大きくしすぎないようにする。（公式テキスト p.312）

第 55 問　正解 ②

(a) ○　特殊寝台（介護用ベッド）で背上げの操作を行う場合は、あらかじめベッドが曲がる部分に**臀部**が位置するように身体を移動しておき、膝部を上げた後に背上げを行うなどして、身体が下方にずれないよう配慮する。（公式テキスト p.373）

(b) ×　床ずれ防止用具は、体圧を分散するために柔らかく、柔らかすぎるマットレスを使用したときと同様に、寝返りや起き上がりの動作が**しにくく**なることがある。利用者の自立的な動作の妨げにならないよう配慮して使用することが重要である。（公式テキスト p.374）

(c) ×　サイドレールは、特殊寝台のフレーム（ホルダー）に差し込んで使用するものが多く、強く引きつけたり、体重を支えたりするのに適して**いない**。寝返り、起き上がり、立ち上がり、車椅子への移乗動作等の補助として使用する場合は、**ベッド用手すり**（**グリップ**）を用いる。（公式テキスト p.374）

(d) ○　ベッド用テーブルには、**サイドレール**に掛け渡すものや、**キャスタ**が付いた脚部をもち、ベッド上を囲うものがある。両側のサイドレールに掛け渡して使用するものは、設置にスペースを取らず収納も容易である。脚部をもつものは、移動しやすく使い勝手がよいが、使用しないときの収納場所が必要である。（公式テキスト p.375）

第 56 問　正解 ①

①○　スロープの勾配が急すぎると車椅子の使用が困難になるので、段差の高さに対するスロープの長さは、車椅子

を自力で駆動する場合は高さの**10**倍程度、介助者が駆動する場合でも**6**倍程度は必要である。（公式テキスト p.387）

②× 据置式や移動式の段差解消機は、設置後も数cmの段差が残る。**設置式**は、床面にピット（溝）等を作って固定するもので、設置工事が必要なので費用は高額になるが、使い勝手の面では最もすぐれている。（公式テキスト p.388）

③× 固定型階段昇降機は、直線階段にも**曲り階段**にも設置できる。ただし、階段の幅や角度、踏面から天井までの高さによっては設置できないこともある。なお、固定型階段昇降機には、車椅子が乗るテーブルがレールに沿って階段を移動し、車椅子ごと昇降させるものもある。このタイプは、主に屋外に設置される。（公式テキスト p.389）

④× 固定式（設置式）リフトは、居室、玄関、浴室などの床や壁に固定して設置し、機器の可動範囲内で使用するリフトである。選択肢の文は、**天井走行式**リフトの説明になっている。（公式テキスト p.392）

第57問　正解 ④

①× スロープの折り返しよりも下の部分は、高低差 350mm、傾斜面の水平距離が 3,480mm で、勾配が約**1/10**になっており、勾配**1/12**よりも急なので問題文の条件に合わない。

②× スロープの折り返し部分には、車椅子の方向転換を行うために**1,500**mm × **1,500**mm 程度の平坦面を確保する必要がある。この図では、折り返し部分の一方の幅が 1,200mm しかない。（公式テキスト p.250）

③× スロープの**向き**が不適切である。スロープを下りたときにスムーズに駐車場に出られるように設置する必要がある。

④○ スロープの勾配、向き、折り返し部分の平坦面の広さともに問題なく、最も適切である。（公式テキスト p.250）

第58問　正解 ①

①○ **健側**である便器の右側に手すりが設置されている。また、出入り口から車椅子を直進させていったときに便器と車椅子が**直角**に近い配置になるので、便器の側方方向からのアプローチがしやすい。（公式テキスト p.299）

②× **患側**である便器の左側に手すりが設置されているので、手すりを使用して立ち座りや座位姿勢の保持を行うことが困難である。（公式テキスト p.302）

③× **健側**である便器の右側に手すりが設置されている点はよいが、出入り口から車椅子で入って便器にアプローチするまでに大きく方向転換しなければならない。

④× 便器の両側に手すりが設置されているものの、いずれも便器から遠く、使用しにくい。片麻痺者の場合は、**健側**（T さんの場合は右）の手で手すりを使用しやすいように、便器と手すりの配置を考慮する必要がある。

予想模試 第2回 解答・解説

大問1（各1点×14）

第1問 **正解 ②**

厚生労働省によると、介護保険制度により要介護・要支援の認定を受けている人のおおよそ**2**人に**1**人は、何らかの介護、支援を必要とする認知症高齢者であるという。（公式テキスト p.3）

第2問 **正解 ②**

高齢者には、和式の床座の生活を好む人も少なくないが、床からの**立ち座り**動作は身体への負担が大きく、高齢者には不向きである。和式トイレでの立ち座りや、深い和式浴槽をまたいで入る動作も、高齢者にとっては負担の大きい動作となる。（公式テキスト p.7）

第3問 **正解 ①**

日本の人口における高齢化率は、2007（平成19）年に21%を超えており、すでに**超高齢社会**に移行している。（公式テキスト p.11）

第4問 **正解 ①**

第2号被保険者の受給要件に係る**特定疾病**には、がん末期、関節リウマチ、筋萎縮性側索硬化症（ALS）、骨折を伴う骨粗鬆症、初老期における認知症、パーキンソン病、ウェルナー症候群、糖尿病性神経障害、糖尿病性腎症、糖尿病性網膜症、脳血管疾患、閉塞性動脈硬化症などが含まれる。（公式テキスト p.16）

第5問 **正解 ②**

要介護・要支援の認定の結果に対して異議がある場合は、**3か月以内**に、**都道府県**に設置された介護保険審査会に不服申し立てを行うことができる。（公式テキスト p.17）

第6問 **正解 ②**

介護療養型医療施設の機能（日常的な医学管理や看取り・ターミナル等）を引き継ぎつつ、生活施設としての機能を兼ね備えた新しい介護保険施設として、**介護医療院**が創設された。（公式テキスト p.29）

第7問 **正解 ①**

加齢に伴う生理機能の低下に関する約50年前の研究によると、30歳代の生理機能を100%とした場合、腎臓内で血液を濾過する働きは80歳代で約**60%**に低下し、肺で酸素を交換する働きは**50%**以下となる。（公式テキスト p.103）

第8問 **正解 ①**

健常な高齢者にもみられる一時的な健忘状態と認知症は、新しい記憶を忘れてしまう点では似ているが、認知症は**人格の崩れ**としてとらえられる。（公式テキスト p.110）

第9問 **正解 ①**

たとえば、肢体不自由により立位動作が

困難な場合、福祉用具を用いて立位動作が可能になるように調整しても、本人が立った状態で作業を行う必要性を**感じない**ために、実際には福祉用具を使用しない場合がある。（公式テキスト p.114）

第 10 問 **正解 ②**

大腿骨近位部骨折の治療では、骨頭を取りさって人工の骨頭に置き換える人工骨頭置換術や、金属プレートやガンマネイルなどの内固定材での骨折部固定術が行われるが、術後の安静臥床のために筋萎縮が生じ、**歩行能力**が低下しやすい。（公式テキスト p.132, 133）

第 11 問 **正解 ①**

手段的日常生活動作（**IADL**）の障害が目立つようになると、一人暮らしの場合は生活に支障をきたすことになる。病状が進行して **ADL** のレベルにも支障が生じ、精神症状や行動症状も伴うようになると、生活上の不自由さはさらに深刻なものとなる。（公式テキスト p.137）

第 12 問 **正解 ①**

頸髄の上部が損傷されると、上肢・下肢ともに障害される**四肢麻痺**、呼吸障害が生じ、ADL は**全介助**となる。下部頸髄の損傷でも四肢麻痺が生じ、上肢、特に手指の筋肉に麻痺が残るため、自助具の使用とともに、介助も必要になる場合がある。胸髄損傷では体幹と両側下肢に、腰髄損傷では両側下肢に麻痺が生じる。（公式テキスト p.160）

第 13 問 **正解 ②**

脳性麻痺とは、**胎生期**から**新生児期**に生じた脳の障害が原因となり、運動機能に異常が生じる疾患である。1968（昭和43）年に当時の厚生省が行った定義では、脳障害の発生時期は「受胎から新生児期（生後 4 週間）までの間」で、「症状は 2 歳までに発現する」とされている。（公式テキスト p.167）

第 14 問 **正解 ①**

呼吸器機能障害を引き起こす基礎疾患としては、従来、日本では**肺結核後遺症**が多かったが、今後は、肺結核後遺症が減少し、**COPD** が主体になるとみられている。（公式テキスト p.175）

● 大問 2（各 1 点× 16）●

第 15 問 **正解 ②**

介護予防とは、**要介護状態**になることをできる限り防ぎ、要介護状態であってもそれ以上**悪化しない**よう努めることをいう。（公式テキスト p.208）

第 16 問 **正解 ①**

保健師の主な職場は、保健所、保健センター、学校、施設、市町村役場等である。**地域包括支援センター**には、社会福祉士、主任介護支援専門員とともに、保健師が配置される。（公式テキスト p.225）

第 17 問 **正解 ①**

身体機能は、疾患により著しく低下することもある。特に**進行性疾患**の場合は、症状の進行に伴い身体機能が低下するが、これに加齢による影響が重なることで予測がつかない状況になることもある。（公式テキスト p.233）

第 18 問 **正解 ②**

フラットレールは、床板の施工後に板状のレールを固定するので、工事が容易で**誤差**も生じにくい。ただし、床板の表面からレール厚さ分（5mm 弱）の緩やかな凸部が生じるので、支障がないか確認する必要がある。（公式テキスト p.252）

第 19 問 **正解 ②**

屋外で使用する車椅子を屋内でも使用する場合、フローリング材は、合板の上に張られた仕上げ板の厚さが **1mm** 以上のものにする。仕上げ板の厚さが 0.3mm 前後のものでは、砂ぼこりなどで下地の合板まで傷つけてしまい、補修が必要になる。（公式テキスト p.254）

第 20 問 **正解 ①**

ノブ（握り玉）は、開閉時に、①ノブを握る、②ノブを回す、③戸を押し引きする、の３動作が必要であるが、**レバーハンドル型**は、①レバーを下げる、②戸を押し引きする、の２動作ですむので、開閉が容易である。（公式テキスト p.260）

第 21 問 **正解 ①**

壁や柱を取り外して必要なスペースを確保する方法は、**部分的な増改築**に適している。モジュールとは、住宅の設計の基本になる寸法のことで、モジュールをずらす方法は、**新築**や**大規模な増改築**に適している。（公式テキスト p.262, 263）

第 22 問 **正解 ②**

高低差のあるアプローチにスロープを設置するか、緩やかな階段を設置するかは、対象者の将来の身体状況も考慮して慎重に判断する必要がある。たとえば、**パーキンソン病**ではスロープが適さない場合もある。（公式テキスト p.280）

第 23 問 **正解 ①**

トイレで介助を行う場合、介助者が前傾姿勢をとるときに臀部が突出するので、便器側方や前方に有効で幅 **500**mm 以上の介助スペースを確保する。（公式テキスト p.298）

第 24 問 **正解 ②**

電気調理器は、天板の加熱部分が熱せられ、天板に載せられた鍋に熱を伝える。鍋を下ろした後も天板に**余熱**が残っているので、火傷に注意する必要がある。問題文は**電磁調理器**の説明になっている。（公式テキスト p.321, 322）

第 25 問 **正解 ②**

六輪車椅子は、小回りが利くのでクランク状になった狭い廊下などを通行する場合は便利であるが、段差の乗り越えは、敷居などの **2 ～ 3cm** 程度の段差に限定される。（公式テキスト p.384, 385）

第 26 問 **正解 ②**

障害者総合支援法に基づく補装具と介護

保険制度で貸与される福祉用具に共通する種目（車椅子・歩行器・歩行補助つえ）については、介護保険の受給者である場合は、原則として**介護保険**による給付が行われる。ただし、障害者の身体状況に個別に対応する必要があると判断された場合は、障害者総合支援法に基づく補装具として給付することができる。（公式テキスト p.363）

第 27 問　　**正解 ②**

床走行式リフトは、キャスタが小さく敷居などの段差を乗り越えるときに転倒するおそれがあることなどから、**寝室**の中だけで使用されることが多い。（公式テキスト p.390, 391）

第 28 問　　**正解 ①**

歩行器・歩行車は、握り部（支持部）、支柱フレーム、脚部からなり、脚部に車輪のないものが歩行器、車輪を有するものが歩行車である。段差や路面の傾きがある場所では操作が困難で、つえ歩行に比べて**方向転換**にスペースを要することなどから、特に在宅においては使用環境を確認して導入する必要がある。（公式テキスト p.379）

第 29 問　　**正解 ①**

浴槽内椅子を使用する場合、**座面**の高さだけ浴槽が浅くなるので、肩まで湯につかれないことが多い。その場合は、シャワーなどでかけ湯をしたり、湯につけたタオルを肩に掛けたりするとよい。（公式テキスト p.399）

第 30 問　　**正解 ①**

廊下幅の**有効寸法**とは、問題図の**イ**の長さのことである。問題図の**ア**の長さは、**芯―芯寸法**という。芯―芯寸法は柱の中心から柱の中心までの距離を、有効寸法は人が実際に通れる部分の幅を表す。（公式テキスト p.264）

大問 3（各 2 点×7）

第 31 問　　**正解 ④**

介護保険の第 2 号被保険者は、**40** 歳以上 65 歳未満の**医療保険加入者**である。第 2 号被保険者は、要介護・要支援となった原因が加齢に起因する 16 種類の特定疾病である場合に限り保険給付を受けられる。（公式テキスト p.16）

第 32 問　　**正解 ③**

生活福祉資金貸付制度は、1955（昭和 30）年に厚生省（当時）により創設された制度で、各都道府県の社会福祉協議会を実施主体とし、各都道府県の**市町村社会福祉協議会**が窓口となって実施している。（公式テキスト p.44）

第 33 問　　**正解 ④**

シルバーハウジングの入居対象者は、60 歳以上の高齢者単身世帯、高齢者夫婦世帯（夫婦のいずれか一方が 60 歳以上であれば可）、高齢者（60 歳以上）のみからなる世帯だが、事業主体の長が必要と認めた場合は、障害者単身世帯か障害者とその配偶者からなる世帯の入居も可能になっている。（公式テキスト p.50, 79）

第34問　正解③

世界保健機関（WHO）は1973（昭和48）年に、高齢者リハビリテーションの目標として、**活動性**の回復、**人との交流**の回復、社会への再統合の3つを挙げた。その究極の目標とするところは、QOLの向上である。（公式テキストp.98）

第35問　正解③

2型糖尿病は、**膵臓**から**インスリン**が分泌されるものの必要量より少なかったり、分泌のタイミングが遅れたり、あるいはその作用が不十分なことにより生じる。日本人の場合、2型糖尿病がすべての糖尿病の約95%を占めている。（公式テキストp.151）

第36問　正解④

糸球体濾過値が正常値の30%以下になると**慢性腎不全**と診断される。さらに10%以下まで低下した状態が**尿毒症**で、透析療法や腎移植が必要になる。（公式テキストp.177）

第37問　正解②

精神障害者のリハビリテーションでは、作業療法、レクリエーション療法、ソーシャルスキルズ・トレーニング（SST）などが行われる。問題文の説明に当てはまるのは、**ソーシャルスキルズ・トレーニング**である。（公式テキストp.200）

大問4（各2点×7）

第38問　正解①

インテリアコーディネーターは、インテリア関連資格の一つで、公益社団法人インテリア産業協会が資格試験を実施している。受験資格については特に制限はない。（公式テキストp.230）

第39問　正解④

軸組構法の住宅で、手すり受け金具を**間柱**に取り付けるときは注意を要する。手すり受け金具は3本の木ネジで留めることが多いが、間柱の幅は35～40mm程度しかなく、受け金具の形状によっては2本の木ネジしか有効に利かないために、十分な支持力が得られないことがあるからである。（公式テキストp.257）

第40問　正解④

熱中症は、屋外での運動や就労中に発生すると思われがちであるが、実際は、65歳以上の高齢者に限ると半数以上が**住宅内**で発生している。高齢者は知覚機能が低下しているために暑さを感じにくく、しかも汗をかきにくいために自覚症状がないことなどが原因と考えられる。（公式テキストp.269）

第41問　正解①

廊下に設置する手すりは、主に、手を滑らせながら移動する**ハンドレール**として使用するので、直径**32～36**mm程度と、やや太めのものが適している。（公式テキストp.254, 255, 291）

第42問　　　　正解 ③

吹き寄せ階段は、180度回り部分を60度＋30度＋30度＋60度の4ツ割にした形状の階段である。60度の段の広い平坦部分で方向転換ができ、30度部分ではまっすぐに移動できるので、従来の180度均等6ツ割階段（回り階段）にくらべてより安全である。（公式テキストp.294）

第43問　　　　正解 ②

ティルト機構とは、**シート**と**バックサポート**の角度を一定に保ったまま**後方**に傾斜し、傾斜角度を調節できる機能である。異常な筋緊張や筋弛緩により座位保持が困難な人に適応され、座位姿勢の保持をしやすくするためのものである。（公式テキストp.384）

第44問　　　　正解 ④

中心暗点や視野狭窄がある視覚障害者は、文章を読んでいるときに自分が読んでいる位置を把握することが難しい。タイポスコープを置いて文章の読みたい部分以外を黒い紙でマスキングすることにより、**光の反射**が軽減され、読みやすくなる。（公式テキストp.410）

● 大問5（各3点×6）●

第45問　　　　正解 ①

①○　介護保険の財源は、公費（税金）と保険料で賄われており、その割合はそれぞれ**50%**である。公費の内訳は選択肢の文のとおりで、介護保険3施設とは、介護老人福祉施設（特別養護老人ホーム）、介護老人保健施設、介護療養型医療施設（介護医療院への転換が進められ、2023年度末に廃止予定）をさす。（公式テキストp.16）

②×　介護保険の**第2号被保険者**は、加齢に起因する16種類の特定疾病が原因である場合に限り保険給付を受けられる。要支援者については、そのような制限はない。（公式テキストp.16）

③×　介護保険制度では、保険者である市町村が**3**年を1期とする介護保険事業計画を策定し、**3**年ごとに見直しを行う。（公式テキストp.18）

④×　要介護・要支援認定の認定結果に対して異議がある場合は、3か月以内に**都道府県**が設置する介護保険審査会に不服申し立てを行うことができる。（公式テキストp.17）

第46問　　　　正解 ③

(a) ○　2011（平成23）年の「**高齢者住まい法**（高齢者の居住の安定確保に関する法律）」の改正に伴い、同年10月からサービス付き高齢者向け住宅の登録制度が始まった。（公式テキストp.49）

(b) ○　サービス付き高齢者向け住宅の制度開始に伴い、従来制度化されていた高齢者円滑入居賃貸住宅（高円賃）、高齢者専用賃貸住宅（高専賃）、高齢者向け優良賃貸住宅（高優賃）は**廃止**された。（公式テキストp.49）

(c) ×　サービス付き高齢者向け住宅は、厚生労働省・**国土交通省**の共管により創設された。（公式テキストp.49）

(d) ○　サービス付き高齢者向け住宅に

入居できるのは、**60歳**以上の高齢者または介護保険制度により**要介護・要支援認定**を受けている人で、**単身**または**夫婦など**の世帯である。元気な高齢者も入居でき、要支援・要介護状態になっても、訪問介護や訪問看護、通所介護、福祉用具貸与などの介護保険によるサービスを利用して生活を続けられる。（公式テキスト p.50）

第47問　　正解 ③

①○　グループホームの建物は、住宅地または住宅地と同程度に入居者の家族や地域住民との交流の機会が確保される地域にあることが求められるが、集合住宅や戸建住宅などの既存の建物も利用できる。1共同生活住居当たりの定員は、新築の場合**2～10**人、既存の建物を活用する場合は**2～20**人（都道府県知事が認めた場合は30人以下）である。（公式テキスト p.79）

②○　グループホームには、介護サービス包括型、日中サービス支援型、外部サービス利用型の3つの類型がある。そのうち、**日中サービス支援型**は、グループホーム事業者が自ら常時介護サービスを提供し、24時間の支援体制を確保するものである。（公式テキスト p.78）

③×　グループホームは、**障害支援区分**にかかわらず利用可能である。（公式テキスト p.78）

④○　グループホームは、**ユニット**ごとに、日常生活を営むために必要な居間、食堂、トイレ、浴室、洗面設備、台所などの設備を備えなければならない。1ユニットの定員は**2～10**人である。（公式テキスト p.79）

第48問　　正解 ③

(a) ○　紫外線や放射線、大気汚染などの有害物質の曝露、偏った栄養摂取、ストレス、喫煙、過度の飲酒、睡眠不足などの生活習慣のひずみや、重い病気の後などの老化促進因子が加わることにより、老化現象が急速に進行する状態を**病的老化**という。（公式テキスト p.104）

(b) ○　褥瘡は、身体の骨ばった部分に持続して圧迫力が加わり、血流の循環障害を起こして皮膚が**壊死**することにより生じる。（公式テキスト p.105）

(c) ×　認知症の人は、選択肢に挙げられている諸要因により、口腔内の細菌が気管などに入って**誤嚥性肺炎**が生じやすくなる。（公式テキスト p.106）

(d) ○　50～64歳の人は子どもとの**別居**を「よいライフイベント」としている一方、65～74歳の人は子どもとの**同居**を「よいライフイベント」として挙げている。この結果は、加齢に伴う身体機能の衰えと関係していると考えられる。（公式テキスト p.107）

第49問　　正解 ①

(a) ○　記憶障害があっても社会生活に支障が生じていない状態を、**軽度認知障害**（MCI：Mild Cognitive Impairment）という。（公式テキスト p.134）

(b) ×　認知症で最も多いのは**アルツハイマー型**認知症で、約2/3を占める。（公式テキスト p.134）

(c) ×　認知症の中核症状は、記憶障害、見当識障害、判断力の障害、実行機能障害などである。妄想、幻覚、抑うつ、せん妄、徘徊、多動・興奮、暴言・暴力などは認知症の**周辺症状**（BPSD）で、中核症状を背景にして現れる二次的な症状である。（公式テキスト p.134）

(d) ×　認知症高齢者は、**新しい**ことを覚えるのは苦手だが、昔習い覚えたことや**古い**できごとは記憶にとどめていることが多い。回想法は、その特徴を活用したリハビリテーションの手法である。（公式テキスト p.135）

第 50 問　　正解 ④

(a) ×　関節リウマチは、全身の関節を覆っている**滑膜**が、免疫システムの異常により攻撃を受け、関節に腫れや痛みなどの炎症を生じる病気である。病状が進むと、軟骨や骨が少しずつ**侵食**され、さらに進むと、軟骨が完全になくなって骨と骨が**癒合**し、関節の変形を生じる。（公式テキスト p.143, 144）

(b) ×　関節リウマチはどの年代でも発症するが、最も多いのは **30 ～ 50** 歳代である。男女比は **1 対 2.5 ～ 4** と、**女性**に圧倒的に多い。（公式テキスト p.143）

(c) ×　関節リウマチでは、多くの症状が身体の**左右対称**の関節に現れることが特徴である。（公式テキスト p.143）

(d) ×　関節リウマチでは、適度な**運動**が上肢や手指の機能改善に有効である。関節の痛みが生じない程度に、こわばりかけている関節をほぐすように動かすとよい。（公式テキスト p.145）

大問 6（各 3 点× 8）

第 51 問　　正解 ③

①○　本人にとって満足できる住環境整備であっても、生活を共にする**家族**にとって不便が生じてはいけないので、家族の要望も十分に把握する必要がある。介護の負担軽減につながることなど、住環境整備により家族にどのような**メリット**があるかを説明することも重要である。（公式テキスト p.233）

②○　加齢に伴う身体機能の低下は避けられず、疾患によって身体機能が著しく低下することもある。さまざまな状況を考慮して、本人の**将来**の身体機能の低下を見据えた福祉住環境整備を検討する必要がある。（公式テキスト p.233）

③×　必要書類の作成や工事の準備などでは、高齢者や障害者本人が速やかな対応がとれないことも多いので、相談者側のキーパーソンを確認しておくことは重要であるが、相談の中心はあくまで**本人**であり、できる限り本人から直接意見や要望を聞くことが基本である。（公式テキスト p.232, 233）

④○　いくつかの改善案を示し、それぞれの長所、短所を説明することにより、本人や**家族**が検討する際の**判断材料**をなるべく多く提示するべきである。（公式テキスト p.233）

第 52 問　　正解 ②

(a) ×　ミニスロープの設置は、介護保険制度による**住宅改修**項目に該当する。（公式テキスト p.251）

(b) ×　住宅品確法に基づく「日本住宅性能表示基準」では、**5mm**以下の段差は許容している。工事にあたっては、**5mm**以下は「段差なし」の意味合いであることを事前に説明し、了解を得ておくことが望ましい。（公式テキスト p.252）

(c) ○　建具敷居と床仕上げの厚さの違いによる段差を解消するには、敷居を床面レベルまで埋め込むか、敷居を用いず、異なる床仕上げの境目に**への字プレート**をかぶせて仕上げる方法がある。（公式テキスト p.252）

(d) ○　フラットレールの設置は、平坦な床面に板状のレールを固定するだけなので工事が容易で、**誤差**が生じにくい。ただし、床板表面からレールの厚さ分（5mm弱）の緩やかな凸部が生じる。（公式テキスト p.252）

第53問　正解②

①×　同じ部屋の中で床面の色彩や仕上げを不用意に変えることは避ける。視機能の低下した高齢者は、床面の色や仕上げが変わる部分を**床段差**と見間違えてしまうおそれがあるためである。（公式テキスト p.267）

②○　トイレや洗面・脱衣室のような狭い場所で**対流暖房**を用いると、身体に近い一方向から温風が集中的に吹き付けられるので、感覚障害がある場合は皮膚への過剰な加熱や火傷に気づきにくい。（公式テキスト p.270）

③×　LPガスは空気よりも**重く**、都市ガスは空気よりも**軽い**ので、ガス漏れ検知器の設置場所は、選択肢の文の説明とは逆になる。（公式テキスト p.272）

④×　イニシャルコストとは、機器を設置するために必要な工事費用などの**初期費用**をいう。機器を設置した後に、月ごとに、もしくは年ごとに支払わなければならない保守点検のための費用や、月々の電気代などの経費は、**ランニングコスト**という。（公式テキスト p.277）

第54問　正解③

(a) ○　トイレと寝室を隣接させ、寝室から直接トイレに行けるように扉を設けるなど、寝室とトイレの距離をできるだけ**短く**する。（公式テキスト p.298）

(b) ○　自立歩行ができ、**排泄動作**が自立している場合は、通常のトイレスペースでも問題なく使用できる。さらに、奥行きが内法寸法で1,650mm程度あると、立ち座りの動作をゆったりと行うことができる。（公式テキスト p.298）

(c) ×　関節リウマチや骨折などにより股関節の関節可動域に制限がある場合や、膝関節・股関節等の下肢関節に痛みを伴う場合は、下肢を屈曲させにくいので、便器の座面を**高く**設定したほうがよい場合がある。（公式テキスト p.303）

(d) ×　自走用車椅子を使用して、便器の側方または斜め前方から便器にアプローチする場合、出入り口から車椅子を直進させていったときに便器と**直角**に近い配置になるようにしておくと、狭いトイレスペースでもアプローチがしやすくなる。（公式テキスト p.299）

第55問　正解 ②

①○　図中の**ア**は、**アームサポート**（肘当て）といい、車椅子使用時の座位姿勢を安定させ、移乗や立ち上がりの際の支えにもなる。着脱式、跳ね上げ式のものもある。（公式テキスト p.383）

②×　図中の**イ**は、**レッグサポート**といい、車椅子使用中に足が後方に落ちるのを防ぐ。フットサポートは図中の**オ**で、車椅子使用中に足を乗せる台である。（公式テキスト p.383）

③○　図中の**ウ**は、**ハンドリム**という。車椅子の後輪（駆動輪）に固定されている輪のような部品で、使用者が手で握って回し、車椅子を操作するために用いる。（公式テキスト p.383）

④○　図中の**エ**は、**ティッピングレバー**という。段差などを乗り越えるときに、介助者が足で踏んでキャスタ（前輪）を持ち上げるために用いる。ティッピングバーともいう。（公式テキスト p.383）

第56問　正解 ③

①×　能動義手とは、つかむ、握るなどの日常生活に必要な動作ができる義手である。選択肢の文は、**作業用義手**の説明になっている。（公式テキスト p.411）

②×　サイム義足は**くるぶし切断**に適応される。下腿部での切断には**下腿義足**が適応される。（公式テキスト p.412）

③○　下肢装具は、脳血管障害や脊髄損傷などで足関節や膝関節がうまく動かせない人や、関節が変形している人などが用いる。よく使用されるものに、**プラスチック短下肢装具**、**金属支柱付き長下肢装具**がある。（公式テキスト p.413）

④×　病院で立位や歩行の訓練を行う際に必要な治療用装具は、**医師の処方**に基づいて義肢装具士が製作する。（公式テキスト p.413）

第57問　正解 ③

①×　入浴用椅子の**向き**が不適切である。

②×　浴槽の位置が**患側**である右側になってしまうので不適切である。

③○　**健側**の左手でバスボードのグリップを握って移乗してから、左足で浴槽縁をまたぐことができるので、適切である。（公式テキスト p.311）

④×　入浴用椅子とバスボードの**位置がずれている**ので不適切である。

第58問　正解 ④

①×　特殊寝台が寝室の中央を占めているために、室内のスペースが分断されている。また、**横手すり**が寝室からの出入りに役立たない位置にある。

②×　本来**横手すり**を設置したい北側の壁面を特殊寝台がふさいでいるために、手すりを使用して寝室から出入りすることが困難になっている。

③×　特殊寝台が**ベランダ**に面した窓の前に置かれているので、ベランダへの出入りが困難になっている。また、ベッドから立ち上がった後に、横手すりのある位置まで数歩歩かなければならない。

④○　特殊寝台から**横手すり**を使ってスムーズに移動できるので、最も適切な配置である。（公式テキスト p.417）

予想模試 第3回 解答・解説

大問1（各1点×14）

第1問 **正解②**

全世帯の持家率が61.2%であるのに対して、高齢者がいる世帯の持家率は**82.1%**とかなり高い（総務省「住宅・土地統計調査」による2018年の調査結果）。ただし、過去の調査結果によると、それらの住宅は建築後かなり年数が経っているものが多く、修理を要する個所が多いことがわかっている。（公式テキストp.4）

第2問 **正解①**

従来の日本の木造住宅は、床面に**段差**が生じやすく、高齢者や障害者が段差につまずいて**転倒**する事故が頻繁に発生している。（公式テキストp.6）

第3問 **正解①**

老人福祉法により、新たな老人福祉施設として、養護老人ホーム、特別養護老人ホーム、軽費老人ホーム、老人福祉センター等が創設された。民間事業者が運営する**有料老人ホーム**も規定され、老人家庭奉仕員（ホームヘルパー）も制度上に位置づけられた。（公式テキストp.11）

第4問 **正解②**

介護保険制度では、多様な民間事業者の参入が促進された。そのねらいは、福祉サービスに**競争原理**を導入し、効率的で良質なサービスの提供を促すことである。（公式テキストp.15）

第5問 **正解①**

介護保険によるサービス費用の自己負担割合は、問題文のとおりである。なお、規定による利用限度額を超えた場合や、保険給付外のサービスを利用した場合は、その分の費用は全額、利用者の**自己負担**となる。（公式テキストp.17）

第6問 **正解①**

従来の予防給付のうち、介護予防訪問介護と介護予防通所介護は「**新しい総合事業**（介護予防・日常生活支援総合事業）」に移行した。（公式テキストp.27）

第7問 **正解②**

大動脈内の血流の速さは、加齢とともに直線的に**速く**なり、70歳の高齢者では、10歳の子どもに比べて約2倍の速さになる。（公式テキストp.103）

第8問 **正解②**

後天的障害とは、生まれた時点では何の障害も、障害の原因となる疾患ももたなかった人が、**人生の途上**で障害をもつことをいう。事故による受傷や疾患などが後天的障害の原因となる。問題文のような経緯により生じた障害は、先天的障害に含まれる。（公式テキストp.113）

第9問 **正解②**

その人らしいADLを実現するためには、単に、本人がADLの各動作を一人で行えるかどうかにこだわる必要はない。うまく**人の手を借りて**、または**道具**を用いるなどして一連の生活行為を成立させる能力と、それを自立して維持する能力が重要である。（公式テキスト p.118）

第 10 問　正解 ①

慢性硬膜下血腫や正常圧水頭症、甲状腺機能低下症などに伴う認知症では、それぞれの原因疾患を治療することにより認知症が治ることが多いが、認知症の多くには効果的な**根治療法**がない。（公式テキスト p.135）

第 11 問　正解 ①

階段には手すりを設置するなど、階段昇降動作の負担を軽減するよう配慮する。また、**脱衣所**、**浴室**、**トイレ**などを含めて、屋内全体で著しい温度差が生じないよう、冷暖房に配慮する。（公式テキスト p.154）

第 12 問　正解 ①

脊髄小脳変性症では、問題文のような症状のほかに、話し方が遅くなる、言葉が不明瞭になるなどの**失調性構音障害**や、細かい動作ができなくなるなどの**上肢**の運動失調も現れる。また、発症後 2 ～ 5 年の間に、固縮・無動などのパーキンソン病のような症状も加わることが多い。（公式テキスト p.165）

第 13 問　正解 ②

近視の場合は、網膜よりも**手前**で焦点が合ってしまうので、遠くの物が見えにくくなる。遠視では、逆に網膜よりも**奥**で焦点が合うので、物がぼけて見える。（公式テキスト p.183）

第 14 問　正解 ②

失語症の症状は、脳の損傷部位や重症度によりさまざまであるが、「言葉を話す」「聞いて理解する」「**文字を書く**」「**文字を読む**」ことの一部、またはすべてに障害が生じる。（公式テキスト p.191）

大問 2（各 1 点× 16）

第 15 問　正解 ②

パターナリズムの関係性に強く拘束されると、援助される側が援助する側に依存してしまいがちである。援助者はそのことを意識し、一方的な関係に陥るのを避けて、対象者の**自己決定**を尊重することが重要である。（公式テキスト p.215）

第 16 問　正解 ①

傾聴とは、単に対象者の話を受け身の形で聞き入れることではなく、**積極的に聞く**ことを意味する。援助者は、対象者の話の内容を理解するために重要な点を**引き出し**ながら、対象者が自ら課題を整理し、解決方法を発見できるように、強制的でなく自然な形で導いていくことが必要である。（公式テキスト p.220, 221）

第 17 問　正解 ①

言語聴覚士は、医療機関、保健・福祉機関、教育機関など幅広い領域で活動し、理学療法士、作業療法士とともに、リハ

ビリテーションの中心的役割を担っている。（公式テキスト p.226）

第 18 問 **正解 ②**

住宅品確法に基づく「日本住宅性能表示基準」では、**5**mm 以下の段差は許容している。実際の工事では、**5**mm 以下は段差なしの意味合いであることを事前に説明し、了解を得ておくことが望ましい。（公式テキスト p.251, 252）

第 19 問 **正解 ①**

冷暖房用エアコンは、冬季の寒冷地で用いると**ランニングコスト**が大きくなりやすい。冬季の寒冷地では、熱源装置（ボイラー）から各室に熱を送り全室暖房を行う**中央式**の暖房が適している。（公式テキスト p.269）

第 20 問 **正解 ②**

問題図**ア**のようにネジ山が途中から始まるタイプの木ネジを使用すると、下地部分でネジがかまず、ネジの利きが甘くなることがある。問題図**イ**のような**全ネジ**タイプの木ネジを使用し、下地部分でネジをしっかり受けられるようにする。（公式テキスト p.256）

第 21 問 **正解 ①**

玄関の土間部分が玄関ポーチより一段高くなっているのは、室内の**温度**を保ち、すきま風やほこり、**雨水**の浸入を防ぐためである。したがって、玄関戸の下枠に最小限の段差が生じることはやむを得ない。（公式テキスト p.284）

第 22 問 **正解 ②**

問題図**イ**のようにエンドキャップを取り付けるだけの方法では、手すりの端部にからだをぶつけたり、衣服の袖口が引っかかったりするおそれがあるので、問題図**ア**のように端部を**壁側**に曲げ込むようにする。（公式テキスト p.255, 256）

第 23 問 **正解 ①**

車椅子の使用者は、机の脚の位置により、アプローチ方向が限定されることもある。また、車椅子のアームサポートが机の天板に当たったり、前輪や**フットサポート**が机の脚に当たったりする問題も生じやすいので注意する。（公式テキスト p.266）

第 24 問 **正解 ①**

問題図**ア**の**彫り込み**型は、引き戸や襖、障子などに広く使用されているが、指先に力が入らない人には使いにくい。問題図**イ**の**棒**型は、引き戸の操作性を向上させるもので、棒状でつかみやすく、力のない人でも開閉しやすい。ただし、引き残しができる分、開口有効寸法は少し狭くなる。（公式テキスト p.260）

第 25 問 **正解 ①**

介護保険制度による福祉用具の貸与については、国が**全国平均貸与価格**を公表し、貸与価格の**上限設定**を行っている。福祉用具専門相談員に対しては、貸与する際に貸与価格と全国平均貸与価格を利用者に説明し、機能や価格帯の異なる複数の商品を提示することが義務づけられている。（公式テキスト p.370）

第 26 問　　正解 ②

介護保険制度では、入浴時に用いる入浴用介助ベルトが**販売**の対象とされており、その他の介助用ベルトは、特殊寝台付属品として**貸与**の対象とされている。（公式テキスト p.375）

第 27 問　　正解 ②

起き上がり補助装置は、**床上**に置いて使用し、床面からの起き上がりを補助する機器である。筋疾患や脳性麻痺などで室内の移動を座位移動や手足移動などで行う場合や、居室が狭いなどの理由で特殊寝台を使用しない場合などに用いる。（公式テキスト p.376）

第 28 問　　正解 ②

標準形電動車椅子は、コントロールボックスに取り付けられたジョイスティックレバーで操作する。コントロールボックスは、通常は手で操作するので肘当ての前方に装備されるが、上肢機能に障害がある場合は、**顎**や**足部**などで操作できる位置にコントロールボックスを設置すれば使用できる。（公式テキスト p.386）

第 29 問　　正解 ①

認知症老人徘徊感知機器は、介護保険制度による**福祉用具貸与**の対象になっている。（公式テキスト p.360,404）

第 30 問　　正解 ②

問題図の段差解消機は**据置式**である。問題図では、段差解消機が最小高さまで下りたときも地盤面との間に 50mm の**段差**が残っており、その段差をスロープで解消している。据置式や移動式の段差解消機では、設置後もこのように小さな段差が残るが、床面にピット等を作って固定する**設置式**の場合は、このような段差は生じない。（公式テキスト p.388）

大問 3（各 2 点× 7）

第 31 問　　正解 ③

介護保険制度の保険者である市町村は、3 年を 1 期とする**介護保険事業計画**を策定し、3 年ごとに見直しを行う。保険料についても、3 年ごとに介護保険事業計画に定めるサービス費用見込額等に基づき、3 年間を通じて財政の均衡を保つよう設定される。（公式テキスト p.18）

第 32 問　　正解 ②

有料老人ホームは、「介護付（一般型特定施設入居者生活介護）」「介護付（外部サービス利用型特定施設入居者生活介護）」「**住宅型**」「**健康型**」の 4 つの類型に分けられる。現在は、「介護付（一般型特定施設入居者生活介護）」と「住宅型」が主流になっている。（公式テキスト p.51）

第 33 問　　正解 ④

サテライト型住居は、共同生活を営む**グループホーム**の趣旨を踏まえつつ、地域のなかで障害者向けの多様な居住の場を増やしていくという観点から新設された住居形態で、グループホームとの密接な連携を条件としている。（公式テキスト p.79）

第 34 問 **正解 ③**

褥瘡は、身体の骨ばった部分に持続して圧迫力が加わり、血流の循環障害を起こして**皮膚が壊死する**ことにより生じる。高齢者は、皮膚が薄くなり、傷つきやすくなっていること、皮脂の分泌量が減少していることなどから、褥瘡を生じやすい。（公式テキスト p.105）

第 35 問 **正解 ②**

記憶障害が存在しても、社会生活に支障を生じず、認知症の定義に当てはまる段階でない状態を**軽度認知障害**という。（公式テキスト p.134）

第 36 問 **正解 ④**

脳や脊髄などの**中枢神経**の障害により肢体不自由となる場合が多い。中枢神経は身体の各部の機能すべてにかかわっているため、その障害は運動機能だけでなく、感覚、高次脳機能、自律神経機能、膀胱・直腸機能などの複数の障害をあわせ持つことになる。（公式テキスト p.159）

第 37 問 **正解 ①**

在宅酸素療法（**HOT**）が医療保険適用となったことにより、多くの慢性呼吸不全の患者が在宅で生活できるようになり、生命予後の延長や **QOL** の向上がもたらされた。（公式テキスト p.175）

● 大問 4（各 2 点×7）●

第 38 問 **正解 ②**

問題文の説明に当てはまる専門職は、**マンションリフォームマネジャー**である。1992（平成 4）年度に建設省（現・国土交通省）の指導の下に創設された資格で、公益財団法人住宅リフォーム・紛争処理支援センターが、年 1 回の資格試験を実施している。（公式テキスト p.230）

第 39 問 **正解 ④**

丁番とは、開き戸を支持し、自由に開閉できるようにするために取り付ける金具で、蝶番、ヒンジともいう。生活動作に必要な幅員を確保するために建具を取り外す場合は、丁番もあわせて取り外すよう配慮する。（公式テキスト p.260）

第 40 問 **正解 ③**

居室の暖房方法の一つである**輻射暖房**は、熱源からの輻射熱で室内を暖める方式で、床暖房やパネルヒーターが代表的である。輻射暖房は、適切な室温になるまで時間がかかるが、ほこりもたたず静かである。（公式テキスト p.269）

第 41 問 **正解 ②**

踏台は、上がりがまちの段差を小さな段差に分割して昇降しやすくするものである。踏台の高さは、上がりがまちの段差を**等分**するようにし、奥行きは、昇降しやすいように余裕をもたせて **400**mm 以上とする。（公式テキスト p.286, 287）

第 42 問 **正解 ③**

自走用車椅子を用いて自立して便器にアプローチする場合、最も多いのは、便器の**側方**または**斜め前方**から車椅子を近づける方法である。この場合、出入り口から車椅子を直進させていったときに便器と**直角**に近い配置になるように、出入り口の位置と便器の配置を考慮する。（公式テキスト p.299）

第 43 問　　正解 ④

介護保険制度では、自動排泄処理装置の本体は**貸与**の対象に、尿や便の経路になるレシーバー、チューブ、タンク等の交換可能部品は特定福祉用具として**販売**の対象になっている。専用パッド、洗浄液等の消耗品は、**保険給付の対象外**である。（公式テキスト p.396）

第 44 問　　正解 ④

装具は、装着部位によって、上肢装具、体幹装具、下肢装具に分類される。軟性体幹装具（ダーメンコルセット）は代表的な体幹装具で、**腰痛を軽減する**ために用いられるほか、腰椎の圧迫骨折やその手術後の固定などにも用いられる。（公式テキスト p.413）

● 大問 5（各 3 点× 6）●

第 45 問　　正解 ④

高齢者の家庭内事故死の原因は、上位から「**溺死・溺水**」「**その他の不慮の窒息**」「**転倒・転落**」「火災等」の順である。「その他の不慮の窒息」には、食事中の誤嚥による窒息などが含まれる。（公式テキスト p.8）

第 46 問　　正解 ②

①○　ケアプランは、要介護者は居宅介護支援事業所の**介護支援専門員**に、要支援者は地域包括支援センターに依頼して作成するのが一般的だが、利用者が自ら作成することもできる。（公式テキスト p.17）

②×　介護サービスは、都道府県・政令指定都市・中核市が指定・監督を行う居宅・施設サービスと、市町村が指定・監督を行う**地域密着型サービス**に分かれている。（公式テキスト p.17）

③○　介護保険の保険料の内訳は、第 1 号被保険者と第 2 号被保険者の**人口比**に基づいて設定されている。（公式テキスト p.16）

④○　介護保険の第 1 号被保険者の保険料は、保険料基準額の **0.3** 倍から **1.7** 倍の範囲で、課税状況に応じて **9** 段階で設定することが標準とされている。市町村により、さらに設定の弾力化が可能である。（公式テキスト p.16）

第 47 問　　正解 ③

(a) ○　公営住宅の入居者の募集・選考において、障害者世帯については、入居者の**収入基準**を緩和し一定額まで引き上げるとともに、**当選倍率**の優遇や**別枠選考**などの措置がとられている。（公式テキスト p.75）

(b) ○　UR 賃貸住宅に入居している人が、高齢、障害、疾病、要介護等の理由で階段の昇降に支障をきたすようになり、階下の住宅への住み替えを希望する場合に、同一団地内の **1 階**または**エレベーター停止階**の住宅をあっせんしている。（公式テキスト p.76）

(c) ×　日常生活用具給付等事業は、障害者総合支援法に基づいて市町村が行う地域生活支援事業の**必須事業**に位置づけられている。（公式テキスト p.77）

(d) ○　グループホームの1住居あたりの定員は、新築の場合**2～10人**、既存の建物を利用する場合は2～20人（都道府県知事が認めた場合は30人以下）である。（公式テキスト p.78, 79）

第48問　正解 ①

(a) ×　移動能力は、同一人物であってもさまざまな要因で変化しやすい。季節や一日の時間帯などによって自立度が変化する場合もあるので、福祉住環境整備を行う場合は、**不調のとき**を基本に自立に向けた住環境整備を検討することが望ましい。（公式テキスト p.120, 121）

(b) ×　便器での立ち座りをしやすくするため、便座の高さはやや**高め**にし、姿勢保持のための手すりを設置する。（公式テキスト p.121）

(c) ×　通路が狭く、車椅子の方向転換が難しい場合は、車椅子の**レッグサポート**部分の横幅を狭くしたり、よりコンパクトな車椅子に換えたりすることを検討する。（公式テキスト p.121）

(d) ○　車椅子使用者に対応した福祉住環境整備では、トイレや浴室、寝室などの基本的な生活空間は**玄関と同一階**に配置するのが基本である。（公式テキスト p.121）

第49問　正解 ④

①×　脳血管障害による死亡率は低下し、発症者数も低下しているが、死亡率の低下が発症者数の低下を上回っているために、脳血管障害により要介護となる人は現在も多く、要介護の原因では**第2位**である。（公式テキスト p.125）

②×　脳血管障害のうち、発症者数が最も多いのは**脳梗塞**である。（公式テキスト p.125）

③×　脳血管障害の急性期には、以前は絶対安静を保って病状を改善させる治療法が優先されていたが、現在は、**廃用症候群**の予防や早期の**ADL**自立を目標に、急性期からリハビリテーション医療が開始される。（公式テキスト p.126）

④○　脳血管障害があっても、つえや下肢装具などの使用の有無にかかわらず、一人で屋外歩行が可能な場合は、一般的には**洋式**の生活様式のほうが生活しやすいことが多いが、下肢の麻痺レベルによっては**畳**での生活も可能であり、必ずしもベッドを導入する必要はない。（公式テキスト p.127）

第50問　正解 ③

(a) ○　近年、住宅が**高気密**化していることから、さまざまな空気汚染化学物質が室内に充満しやすく、シックハウス症候群が大きな問題となっている。（公式テキスト p.156, 157）

(b) ×　中毒はその場を離れることで早期に改善するが、**アレルギー**、**化学物質過敏症**は、その場を離れてからも長期にわたり、微量な化学物質により症状が出現するため、日常生活に著しい障害が生じる。（公式テキスト p.156）

(c) × 建築基準法では、厚生労働省が室内濃度指針値を定めている13の空気汚染化学物質のうち、**ホルムアルデヒド**および**クロルピリホス**について規制を設けている。(公式テキスト p.156)

(d) ○ 厚生労働省が定める**指針値**は理想値ではなく、個人の体質にまで配慮していないため、室内の空気汚染化学物質の濃度が**指針値**以下でもシックハウス症候群の症状が現れることがある。たとえば、ホルムアルデヒドの濃度が指針値の0.08ppmでも、ぜん息患者は多くなる。(公式テキスト p.157)

● 大問6 (各3点×8) ●

第51問 正解 ④

①× 介護保険制度では、**介護支援専門員**が、要介護者・要支援者や家族の相談に応じ、ケアプランの作成やサービス提供機関との連絡調整を行うなど、ケアマネジメントにおける中心的な役割を担う。(公式テキスト p.204, 213)

②× ケアマネジメントにおけるアセスメントとは、利用者の状態を把握し、要望を阻害している問題点を探すことであり、住宅改修のプロセスに当てはめると、利用者の**ADL**を把握し、住宅改修の必要性について検討する段階である。選択肢の文は、ケアマネジメントの援助過程における**モニタリング**の説明になっている。(公式テキスト p.205)

③× 福祉住環境コーディネーターも、介護支援専門員が開催する**サービス担当者会議**に積極的に参加し、住宅改修だけでなく、福祉用具の活用も含めた全体的な福祉住環境整備のプランを提案するべきである。(公式テキスト p.211)

④○ 介護保険制度では「**介護予防**」の考え方が重視されるようになり、ケアマネジメントにおけるアセスメントにも取り入れられている。特に、**転倒**による骨折や心身機能の低下を予防するための対策が重要視されている。(公式テキスト p.208)

第52問 正解 ②

(a) ○ 高齢者や障害者には、開き戸より引き戸のほうが開閉しやすい。ただし、引き戸は開き戸にくらべて気密性が**低い**ので、使用場所に配慮する必要がある。(公式テキスト p.259)

(b) ○ 開き戸の把手側に300mm以上の**袖壁**を設けると、開閉する際にからだをよけるスペースができ、開閉動作がしやすくなる。車椅子を使用する場合は、450mm以上の袖壁を設けると開閉が容易になる。(公式テキスト p.259)

(c) × 最近では、浴室の出入り口に、開口有効寸法が大きい**3枚引き戸**がよく使用されている。(公式テキスト p.259)

(d) × 引き戸等の**新設**は、扉位置の変更等に比べて費用が低廉に抑えられる場合は、介護保険制度による住宅改修項目に含まれる。(公式テキスト p.258)

第53問 正解 ②

(a) ○ 階段を上るときよりも下るときのほうが転倒する危険性が高いので、階段に設置する手すりは、通常、**下り**

のときに利き手側に手すりがくるように取り付ける。（公式テキスト p.281）

(b) ×　玄関土間の奥行きは、標準的な車椅子の全長に 100mm 程度の余裕を見込んで有効寸法 **1,200**mm 以上確保する。間口は、車椅子の全幅に **1,000**mm 程度加えた幅が必要で、最低でも有効寸法 **1,650**mm 程度、できれば **2,100**mm 程度確保する。（公式テキスト p.285）

(c) ×　玄関の上がりがまちを安全に昇降するためには、基本的には、上がりがまちぎわの壁面の鉛直線上に**縦手すり**を取り付ける。**踏台**を置く場合や、握力が弱く、手すりがしっかりと握れない場合は、勾配に合わせて**横手すり**を取り付ける。（公式テキスト p.287）

(d) ○　玄関ホールにベンチを置いて、腰かけた状態で上がりがまちの昇降や靴の脱ぎ履きを行う場合は、ベンチ座面端部から **250 ～ 300**mm 程度離れた位置に縦手すりを設置する。ベンチの座面高さは玄関ホール側と玄関土間側で異なるので、手すりの設置高さに注意する。（公式テキスト p.288）

第 54 問　　正解 ②

(a) ○　建築図面に用いられる線は、実線、破線、一点鎖線の 3 種類、線の太さが 2 種類または 3 種類である。最もよく使われる**実線の中間**の線は、見えるものの外形線一般を表す。（公式テキスト p.333, 334）

(b) ×　設計者が建築主の要望を具体化するために、計画方針や改修方針に基づいて建築的な内容を取りまとめて図面化したものを、**基本設計図**という。基本設計図にしたがって、各部の寸法や形状、仕上げ材料や使用機材などの必要な事項を細部に至るまで決定し、工事用の図面として作図したものが実施設計図である。（公式テキスト p.329, 330）

(c) ×　問題文は、**断面図**の説明である。立面図は、建物の外観を横から見た図である。（公式テキスト p.340, 341）

(d) ×　問題文は、**平面図**の説明である。展開図は、各部屋の内観を横から見た壁面の姿で示す図面である。（公式テキスト p.339, 342）

第 55 問　　正解 ②

①○　T 字型つえは、脳血管障害による片麻痺者、膝関節症により下肢機能が低下した高齢者などに広く用いられているが、**介護保険**制度による給付対象にはなっていない。（公式テキスト p.379）

②×　エルボークラッチ（ロフストランド・クラッチ）は、握り手部分でやや**屈曲**した支柱と、前腕を支える**カフ**を備えた、前腕固定型つえである。選択肢の文は、**プラットホームクラッチ**の説明になっている。（公式テキスト p.379）

③○　歩行器・歩行車は、**段差**や路面の**傾き**があると操作が困難になることや、方向転換にある程度のスペースを要することなどから、特に在宅では使用環境をよく確認してから導入する必要がある。（公式テキスト p.379）

④○　シルバーカーは、**自立歩行**ができる高齢者がより安定して歩行できるように補助的に使用するもので、歩行

器・歩行車のように身体を十分に支えることはできない。主に、高齢者が屋外での物品の運搬や歩行の補助を目的に使用する。（公式テキスト p.382）

第 56 問　　正解 ②

(a) ○　福祉用具の入浴用椅子は、一般的に使用されている入浴用の椅子よりも座面が**高く**、立ち座りや座位姿勢の保持がしやすい。（公式テキスト p.397）

(b) ×　福祉用具の浴槽用手すりは、固定ノブを締め付け、浴槽縁をはさんで固定する。強固な固定性は得られないので、体重を大きくかけると手すりが**ずれる**おそれがある。（公式テキスト p.398）

(c) ○　浴槽内椅子は、浴槽内で姿勢を保持する椅子としても、浴槽に出入りする際の踏台としても使用できる。椅子として使用する場合は、座面の高さだけ浴槽が**浅く**なるので、肩まで湯につかれなくなることが多い。（公式テキスト p.399）

(d) ○　入浴台は、浴槽に**座位**で出入りするための福祉用具で、両側を浴槽縁に掛けて使用する**バスボード**と、片側を浴槽縁に掛け、もう一方の縁を脚で支える**移乗台**（**ベンチ型シャワー椅子**）がある。（公式テキスト p.399）

第 57 問　　正解 ④

①×　玄関に踏台を設置して上がりがまちの段差（180mm）を等分しているところはよいが、踏台の奥行きが 300mm しかない。昇降しやすくするには奥行きを **400**mm 以上にする必要がある。（公式テキスト p.286 ～ 288）

②×　上がりがまちの段差は 120mm になっているので踏台は必要ないが、屋外のアプローチ部分の階段 1 段分の高さ（蹴上げ寸法）が **140**mm になっており、問題文の条件に合わない。

③×　屋外のアプローチ部分の階段に**手すり**が設置されていない。屋外では雨にぬれると滑りやすくなるため、2 ～ 3 段の階段であっても手すりを取り付けることが望ましい。（公式テキスト p.281）

④○　すべての段差が **120**mm 以下に抑えられており、手すりも設置されているので最も適切である。

第 58 問　　正解 ④

①×　浴槽への出入りを立ちまたぎで行う場合、浴槽出入り用の縦手すりは、浴槽縁の**直上**に設置する。（公式テキスト p.310）

②×　立位でのまたぎ越しで浴槽に出入りする場合は、洗い場の床面から浴槽縁までの高さを **400** ～ **450**mm 程度にするとまたぎ越しの動作がしやすい。選択肢の図では、その高さが 300mm になっており、浴槽を深く埋め込みすぎている。（公式テキスト p.312）

③×　浴室の洗い場よりも洗面・脱衣室のほうが**低く**なっているので、洗い場から洗面・脱衣室に湯水が**流れ出る**おそれがある。（公式テキスト p.307）

④○　浴槽を埋め込む深さ、手すりの位置とも問題なく、洗い場と洗面・脱衣室の段差も 20mm に抑えられており、**最も適切**である。

本書の正誤情報等は、下記のアドレスでご確認ください。
http://www.s-henshu.info/fj2hy2312/

上記掲載以外の箇所で正誤についてお気づきの場合は、**書名・発行日・質問事項（該当ページ・行数・問題番号**などと誤りだと思う理由）・**氏名・連絡先**を明記のうえ、お問い合わせください。

・web からのお問い合わせ：上記アドレス内【正誤情報】へ
・郵便または FAX でのお問い合わせ：下記住所または FAX 番号へ
※電話でのお問い合わせはお受けできません。

[宛先] コンデックス情報研究所
「本試験型　福祉住環境コーディネーター検定試験® 2 級問題集」係
住　所：〒 359-0042　所沢市並木 3-1-9
FAX 番号：04-2995-4362（10:00 ～ 17:00　土日祝日を除く）

※**本書の正誤以外に関するご質問にはお答えいたしかねます。**また、受験指導などは行っておりません。
※ご質問の受付期限は、各試験日の 10 日前必着といたします。
※回答日時の指定はできません。また、ご質問の内容によっては回答まで 10 日前後お時間をいただく場合があります。
あらかじめご了承ください。

監修：成田すみれ（なりた すみれ）
『福祉住環境コーディネーター検定試験®公式テキスト』元テキスト作成委員、執筆者。NPO 法人神奈川県介護支援専門員協会元理事長。社会福祉士、精神保健福祉士、介護支援専門員。一般社団法人横浜市南区医師会居宅介護支援センター介護支援専門員。

編著：コンデックス情報研究所
1990 年 6 月設立。法律・福祉・技術・教育分野において、書籍の企画・執筆・編集、大学および通信教育機関との共同教材開発を行っている研究者・実務家・編集者のグループ。

＊福祉住環境コーディネーター検定試験® は、東京商工会議所の登録商標です。

本試験型 福祉住環境コーディネーター検定試験®
2級 問題集

2024年 2 月10日発行

監　修　成田すみれ
編　著　コンデックス情報研究所
発行者　深見公子
発行所　成美堂出版
〒162-8445　東京都新宿区新小川町 1-7
電話(03)5206-8151　FAX(03)5206-8159
印　刷　大盛印刷株式会社

ISBN978-4-415-23571-4
落丁·乱丁などの不良本はお取り替えします
定価はカバーに表示してあります

本試験型
福祉住環境
コーディネーター
検定試験® ２級
問題集

別冊

予想模試
問題編

※矢印の方向に引くと
問題冊子が取り外せます。

成美堂出版

予想模試について

この予想模試は、試験の出題範囲である『福祉住環境コーディネーター 検定試験®2 級公式テキスト〈改訂 6 版〉』に基づいて作問しており、その内容や応用力を問う内容となっています。

また、問題数や問題形式などは、第 49 回 IBT・CBT 方式試験を参考に作成しておりますが、変更になる可能性があるため、実際の試験と異なる場合がございます。

なお、各問題とも、**選択肢の前にある○はチェックボックスです。実際の試験では、選択肢のチェックボックスをクリックして解答します**ので、試験のイメージをつかむために活用していただければと思います。

CONTENTS

解答・解説については、本冊の p.189 ～ 223 をご覧ください。

予想模試　問題　第1回

試験時間：90分
解答一覧：本冊 p.190

〈大問1〉　第1問～第14問

第1問

次の文章の内容が適切であれば○を、不適切であれば×を選びなさい。

2000（平成12）年4月にスタートした介護保険制度は、国民の老後を支えるしくみとして着実に定着し、介護保険によるサービスの利用者は、制度施行当初の4倍近い規模になっている。

- ① ○
- ② ×

第2問

次の文章の内容が適切であれば○を、不適切であれば×を選びなさい。

手すりの取り付けをはじめとする住宅のバリアフリー化は1990年代前半を境に急速に進んでいる。国土交通省のデータ（2021年度）によると、高度のバリアフリー化（2か所以上の手すり設置、屋内の段差解消、車椅子で通行可能な廊下幅）を実現した住宅が3割以上に達している。

- ① ○
- ② ×

第 3 問

次の文章の内容が適切であれば○を、不適切であれば×を選びなさい。

厚生労働省が毎年発表している「人口動態統計」によると、死亡原因の順位では、悪性新生物（がん）、心疾患、老衰、脳血管疾患、肺炎などに続いて、不慮の事故が挙げられている。不慮の事故では、家庭内事故が大きな割合を占めており、特に高齢者では交通事故に次いで発生率が高い。

- ① ○
- ② ×

第 4 問

次の文章の内容が適切であれば○を、不適切であれば×を選びなさい。

介護保険の第 1 号被保険者の保険料は、所得状況に応じて、市町村ごとにきめ細かく設定されている。保険料の納付方法は、年金受給者で年金の月額が 1 万 5,000 円以上の人は老齢（退職）年金・障害年金・遺族年金から天引きされ、それに満たない人は普通徴収として個別に徴収される。

- ① ○
- ② ×

第 5 問

次の文章の内容が適切であれば○を、不適切であれば×を選びなさい。

介護保険の財源は公費と保険料で賄われており、その比率は 50% ずつである。保険料の内訳は、第 1 号被保険者と第 2 号被保険者それぞれの要介護・要支援認定者数の比率に基づいて設定されている。

- ① ○
- ② ×

解答・解説➡本冊 p.193

第 6 問

次の文章の内容が適切であれば○を、不適切であれば×を選びなさい。

高齢者住宅改造費助成事業は、おおむね 65 歳以上の要支援・要介護などの高齢者に対して、浴室、トイレ、洗面所、台所、居室、玄関、廊下、階段などの改修で、介護保険制度の給付対象となる住宅改修以外の工事に対して、市町村が一定の費用を助成するものである。

- ① ○
- ② ×

第 7 問

次の文章の内容が適切であれば○を、不適切であれば×を選びなさい。

医療保険制度では、国際生活機能分類（ICF）の考え方に基づいた「リハビリテーション総合実施計画書」「リハビリテーション実施計画書」の作成が、診療報酬の算定要件とされた。また、介護保険制度のリハビリテーション給付においても算定要件として導入されている。

- ① ○
- ② ×

第 8 問

次の文章の内容が適切であれば○を、不適切であれば×を選びなさい。

高齢社会の進展に備えて、国では、2025（令和 7）年までに、医療・福祉・リハビリテーションなど住民に必要なさまざまなサービスを継続的に提供できる体制として、地域の基幹病院を中心に実施する「地域包括ケアシステム」を、市区町村ごとに整えることとしている。

- ① ○
- ② ×

第9問

次の文章の内容が適切であれば○を、不適切であれば×を選びなさい。

知能は、変化する課題や新しい環境に適応する「流動性知能」と、学習や経験によって蓄積された知識の積み重ねによって育まれる「結晶性知能」とに分かれる。これらは、どちらも20歳代にピークとなり、それ以降は、個人差はあるが徐々に低下する。

- ①○
- ②×

第10問

次の文章の内容が適切であれば○を、不適切であれば×を選びなさい。

脳血管障害は、脳の血管が破れる脳出血とクモ膜下出血、脳の血管が詰まる脳梗塞の3種類に大きく分けられる。このうち、発症者数が最も多いのは脳梗塞である。

- ①○
- ②×

第11問

次の文章の内容が適切であれば○を、不適切であれば×を選びなさい。

骨折を原因に応じて分類すると、外傷性骨折、病的骨折、疲労骨折がある。このうち、疲労骨折とは、骨に骨粗鬆症やがんなどの病変があってもろくなり、小さな外力でも骨折を発生するものをいう。尻もちやつまずきなど、一般的には骨折を生じない程度の外力でも骨折を生じる場合がある。

- ①○
- ②×

解答・解説➡本冊 p.193 ～ 194

第 12 問

次の文章の内容が適切であれば○を、不適切であれば×を選びなさい。

認知症の原因疾患として最も多いのはアルツハイマー型認知症（アルツハイマー病）で、全体の約 2/3 を占める。アルツハイマー型認知症の原因はまだ十分に解明されていないが、脳組織内において、脳の神経細胞の減少と老人斑と呼ばれる変性蛋白の沈着がみられることがわかっている。

◯ ①○

◯ ②×

第 13 問

次の文章の内容が適切であれば○を、不適切であれば×を選びなさい。

関節リウマチの代表的な症状は、関節の腫れや痛み、朝のこわばりである。関節の腫れや痛みは、手足の指などの小さな関節から始まり、肘や肩、股関節などの大きな関節へと広がっていく。多くの症状がからだの左右どちらか片側に現れることも、関節リウマチの特徴である。

◯ ①○

◯ ②×

第 14 問

次の文章の内容が適切であれば○を、不適切であれば×を選びなさい。

伝音難聴は、耳から入った音が大脳で音として知覚されるまでの経路のうち、内耳の蝸牛（音波を電気信号に変換する部分）から大脳に至る経路が障害されて起こる難聴である。

◯ ①○

◯ ②×

〈大問 2〉 第 15 問〜第 30 問

第 15 問

次の文章の内容が適切であれば○を、不適切であれば×を選びなさい。

ケアプランとは、介護を必要とする人に対して、適切なサービスを提供するための計画である。介護保険制度では、基本的に、在宅の要介護者については居宅介護支援事業所の介護支援専門員が居宅サービス計画を、要支援者については地域包括支援センターなどが介護予防サービス計画を作成するが、利用者本人が自らケアプランを作成し、市町村に届け出ることもできる。

○ ①○

○ ②×

第 16 問

次の文章の内容が適切であれば○を、不適切であれば×を選びなさい。

地域リハビリテーション支援体制整備推進事業は、市町村単位の一次医療圏域ごとに、医療機関等に地域リハビリテーション広域支援センターを設置し、理学療法士、作業療法士などの専門職による技術的相談・指導等が受けられるようにする事業である。取り組みの内容は都道府県により異なり、実施されていない都道府県もある。

○ ①○

○ ②×

解答・解説➡本冊 p.194

第 17 問

次の文章の内容が適切であれば〇を、不適切であれば×を選びなさい。

作業療法士は、病院や診療所などの医療機関、高齢者・障害者施設などに勤務し、医師の指示の下に、身体または精神に障害のある人に対して、手芸、工作その他の作業訓練や、食事、入浴、排泄などの生活動作訓練を行い、応用的動作能力や社会適応能力の回復を図る。「理学療法士及び作業療法士法」に規定される医療職で、国家資格である。

- ① 〇
- ② ×

第 18 問

次の文章の内容が適切であれば〇を、不適切であれば×を選びなさい。

一般的に、和室の床面は洋室の床面より 10 ～ 40mm 程度高くなっている。このような居室間の床段差を解消する方法として最も簡便なのは、ミニスロープを設置する方法である。

- ① 〇
- ② ×

第 19 問

次の文章の内容が適切であれば〇を、不適切であれば×を選びなさい。

門扉周辺から玄関までのアプローチ部分の高低差を解消するためにスロープを設置する場合は、スロープの勾配を 1/12 ～ 1/15 程度とする。この範囲の中では、1/12 の勾配が最も緩やかな勾配で、1/15 の勾配が最も急な勾配となる。

- ① 〇
- ② ×

第 20 問

次の文章の内容が適切であれば○を、不適切であれば×を選びなさい。

開き戸は、開閉時に身体を前後に大きく動かさなければならないが、下図のように、建具の把手側に 300mm 以上の袖壁を設けると、開閉する際に身体をよけるスペースができ、開閉動作がしやすくなる。

図

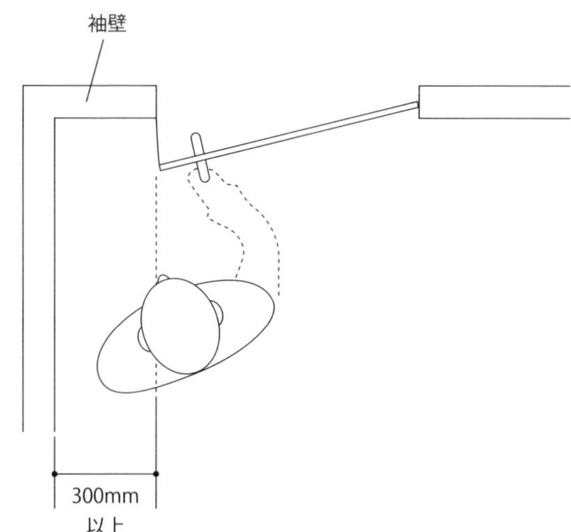

- ① ○
- ② ×

第 21 問

次の文章の内容が適切であれば○を、不適切であれば×を選びなさい。

壁や柱を取り外すことにより必要なスペースを確保する方法は、既存住宅の改修でしばしば行われるもので、部分的な増改築に適している。枠組壁構法の住宅では、壁の取り外しは基本的に可能であるが、軸組構法の住宅では、筋かいなどが入っていて、壁や柱を取り外せない部分がある。

- ① ○
- ② ×

解答・解説➡本冊 p.195

第 22 問

次の文章の内容が適切であれば○を、不適切であれば×を選びなさい。

収納の奥行きが 600mm 程度と深い場合は、内部に足を踏み入れて物の出し入れを行うことになるので、収納の戸には下枠を設けないようにし、底面の仕上げは部屋の床と同じ仕上げにする。

◯ ①○

◯ ②×

第 23 問

次の文章の内容が適切であれば○を、不適切であれば×を選びなさい。

下図は、住宅の階段を横から見た断面を表している。図の **A** の部分に垂直に立てる板を蹴込み板といい、**B** の長さを蹴込み寸法という。蹴込み寸法が深いほど階段の昇降動作が安定するので、高齢者等配慮対策等級 5、4 では、蹴込み寸法を 30mm 以上としている。

図

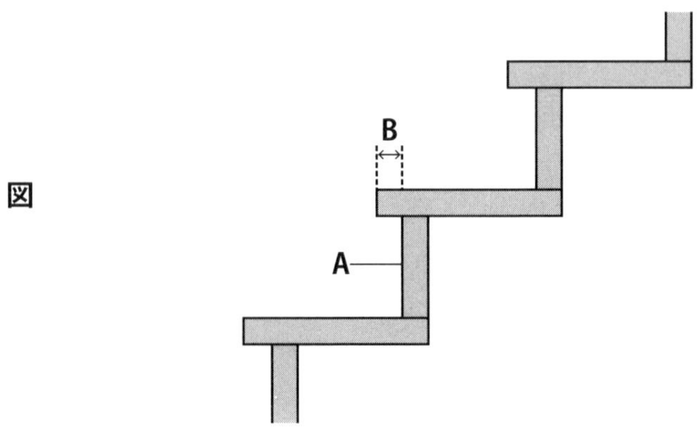

◯ ①○

◯ ②×

第24問

次の文章の内容が適切であれば○を、不適切であれば×を選びなさい。

立位でのまたぎ越しや座位で浴槽へ出入りする場合には、浴槽縁の高さを400～450mm程度にすると動作がしやすい。浴槽縁（エプロン部分）に腰かけて出入りすることもあるので、浴槽縁の洗い場に面する部分の幅を全体的に厚くしておくとよい。

○ ①○

○ ②×

第25問

次の文章の内容が適切であれば○を、不適切であれば×を選びなさい。

下図の福祉用具はプラットホームクラッチといい、握り手部分でやや屈曲した支柱と、前腕を支えるカフを備えた前腕固定型つえである。肘を軽く曲げた状態での荷重と前腕の固定が効率的に得られるのが特徴で、脳性麻痺や脊髄損傷などによりT字型つえでは支持が困難な場合に用いられる。

図

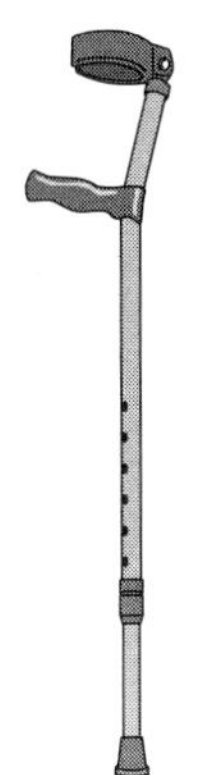

○ ①○

○ ②×

解答・解説➡本冊 p.195～196

第 26 問

次の文章の内容が適切であれば○を、不適切であれば×を選びなさい。

下図の福祉用具は、ハンドル形電動車椅子である。前輪に直結したハンドルを手で操作して方向を定め、アクセルレバーでスピードを調節する。屋内への乗り入れは困難で、もっぱら屋外で使用される。

図

- ① ○
- ② ×

第 27 問

次の文章の内容が適切であれば○を、不適切であれば×を選びなさい。

補高便座は、和式便器や両用便器の上に置いて洋式便器のような腰掛け式に変換し、便座への立ち座りを容易にする福祉用具である。下肢の麻痺、筋力の低下、痛みや平衡機能の低下がみられる場合に有効である。

- ① ○
- ② ×

第 28 問

次の文章の内容が適切であれば○を、不適切であれば×を選びなさい。

福祉用具の入浴用椅子は、一般的に使用されている入浴用の椅子よりも座面が高く、立ち座りや座位姿勢の保持がしやすくなっている。背もたれやアームサポートを有するものもある。

◯ ①○

◯ ②×

第 29 問

次の文章の内容が適切であれば○を、不適切であれば×を選びなさい。

視覚障害者の多くが羞明を訴える。羞明は、目への入射光量の増加や、波長の短い青い光を多く含んだ光を受けることで引き起こされるので、対策として、波長の短い光をカットする黄色や赤系統の遮光眼鏡が処方される。

◯ ①○

◯ ②×

解答・解説➡本冊 p.196

第 30 問

次の文章の内容が適切であれば〇を、不適切であれば×を選びなさい。

下図は、軸組構法で造られた住宅の平面図の一部である。トイレと洗面・脱衣室の間の壁（図の点線で囲まれた部分）を撤去して介助スペースを確保することを検討している。壁の撤去を検討する際は、筋かいや耐力壁の位置を図面で確認する必要があるが、点線で囲まれた部分の壁には、筋かいは入っていない。

図

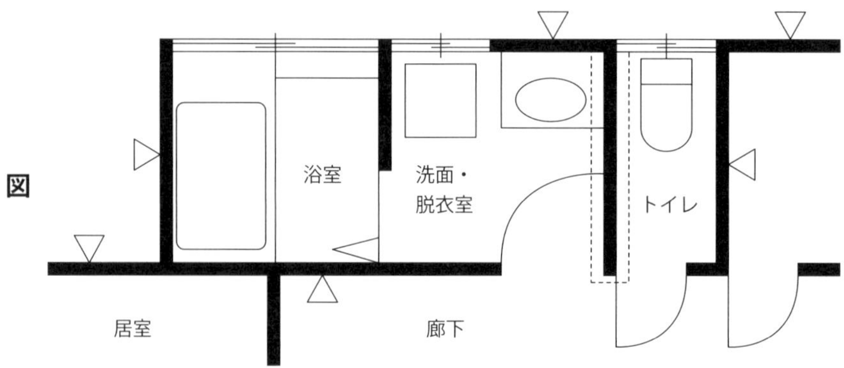

◯ ① ○

◯ ② ×

〈大問 3〉 第 31 問～第 37 問

第 31 問

次の文章の【A】および【B】の部分にあてはまる最も適切な語句を、①～④の中から 1 つ選びなさい。

介護保険制度の導入に際して掲げられた基本的な考え方の一つに、「**【A】**の重視と**【B】**の解消」がある。住み慣れた在宅での生活をできる限り維持、継続できるよう支援し、**【B】**の根絶を図ることで、医療費の適正化にも寄与することを目的としている。

- ○ ① **【A】** 在宅ケア　**【B】** 利用者負担
- ○ ② **【A】** 施設サービス　**【B】** 社会的入院
- ○ ③ **【A】** 在宅ケア　**【B】** 社会的入院
- ○ ④ **【A】** 施設サービス　**【B】** 国庫負担

第 32 問

次の文章の【A】および【B】の部分にあてはまる最も適切な語句を、①～④の中から 1 つ選びなさい。

介護保険による居宅介護住宅改修費（または介護予防住宅改修費）の支給額は、**【A】**の 9 割（65 歳以上の一定以上所得者は 8 割または 7 割）が上限である。**【A】**は、要支援・要介護認定の区分にかかわらず**【B】**である。

- ○ ① **【A】** 支給限度基準額　**【B】** 10 万円
- ○ ② **【A】** 支給限度基準額　**【B】** 20 万円
- ○ ③ **【A】** 区分支給限度基準額　**【B】** 10 万円
- ○ ④ **【A】** 区分支給限度基準額　**【B】** 20 万円

解答・解説➡本冊 p.196

第 33 問

次の文章の【A】の部分にあてはまる最も適切な語句を、①～④の中から1 つ選びなさい。

バリアフリー改修工事などにおける高齢者向け返済特例制度は、高齢者が、本人が居住する住宅をバリアフリー化するために改修工事を行う場合に、特例制度による融資を受けられる制度である。この制度は、**【A】**という仕組みを用いたものである。

- ①リバースモーゲージ
- ②年金担保貸付
- ③生活福祉資金貸付制度
- ④終身定期金

第 34 問

次の文章の【A】の部分にあてはまる最も適切な語句を、①～④の中から1 つ選びなさい。

「高齢者リハビリテーション３つのモデル」（厚生労働省）による区分のうち、**【A】**モデルは、生活機能が徐々に低下するタイプを指す。このタイプでは、生活機能の低下が軽度である早い時期からリハビリテーション治療を開始する必要がある。

- ①脳卒中
- ②廃用症候群
- ③認知症高齢者
- ④糖尿病

第35問

次の文章の【A】および【B】の部分にあてはまる最も適切な語句を、①～④の中から1つ選びなさい。

認知症の中核症状とは、脳の神経細胞が減少することにより生じるもので、さまざまな原因による認知症に共通してみられる症状である。中核症状のうち、時間や日付、場所、人物などがわからなくなることを【A】といい、計画を立て、手順を考えて、状況を把握しながら行動することができなくなることを【B】という。

- ① 【A】実行機能障害　【B】見当識障害
- ② 【A】実行機能障害　【B】判断力の障害
- ③ 【A】見当識障害　【B】判断力の障害
- ④ 【A】見当識障害　【B】実行機能障害

第36問

次の文章の【A】および【B】の部分にあてはまる最も適切な語句を、①～④の中から1つ選びなさい。

パーキンソン病の「四徴」と呼ばれる代表的な症状は、振戦（震え）、【A】、【B】、姿勢反射障害・歩行障害である。歩行障害には、歩き始めの第一歩がなかなか踏み出せないすくみ足、小さな歩幅で歩く小刻み歩行、踵を地面から離さずに歩くすり足歩行、歩き出すと止まらなくなる前方突進歩行などがある。

- ① 【A】筋弛緩　【B】多動
- ② 【A】筋固縮　【B】多動
- ③ 【A】筋固縮　【B】無動・寡動
- ④ 【A】筋弛緩　【B】無動・寡動

解答・解説➡本冊 p.197

第 37 問

次の文章の【A】の部分にあてはまる最も適切な語句を、①～④の中から 1 つ選びなさい。

前かがみの姿勢での洗面や、和式便器での排便は、腹圧の圧迫といきみにより【A】の低下をきたしやすい。【A】とは、血液にどれくらいの酸素が含まれているかを示す値である。

◯ ① METs
◯ ② SpO_2
◯ ③糸球体濾過値
◯ ④血糖値

〈大問 4〉 第 38 問～第 44 問

第 38 問

次の文章の【A】の部分にあてはまる最も適切な語句を、①～④の中から 1 つ選びなさい。

【A】は、介護保険制度で福祉用具サービスを利用する際に、福祉用具の選定、調整、使用方法の指導、モニタリングなどを通じて、福祉用具が適切に使用されるように助言、指導する専門職である。介護保険制度では、福祉用具貸与事業所および福祉用具販売事業所に【A】を 2 名以上置くことが義務づけられている。

◯ ①福祉用具プランナー
◯ ②福祉用具専門相談員
◯ ③リハビリテーション工学技師
◯ ④義肢装具士

第 39 問

次の文章の【A】の部分にあてはまる最も適切な語句を、①〜④の中から1つ選びなさい。

和室と洋室の床段差を解消する方法の一つとして、既存の床仕上げの上に高さ調整のための【A】などを張ってかさ上げし、その上に新しく床を仕上げる方法がある。

- ◯ ①フラットレール
- ◯ ②合板
- ◯ ③床束
- ◯ ④根太

第 40 問

次の文章の【A】および【B】の部分にあてはまる最も適切な語句を、①〜④の中から1つ選びなさい。

建築設計の基準になる寸法を、【A】という。軸組構法による木造住宅では、尺貫法の影響により【B】を基準とする【A】が用いられているが、新築や大規模な増改築を行う場合は、【A】を部分的にずらすことにより必要なスペースを確保することができる。

- ◯ ①【A】スケール　【B】780mm
- ◯ ②【A】スケール　【B】910mm
- ◯ ③【A】モジュール　【B】780mm
- ◯ ④【A】モジュール　【B】910mm

解答・解説➡本冊 p.197

第 41 問

次の文章の【A】の部分にあてはまる最も適切な語句を、①～④の中から1 つ選びなさい。

道路から敷地内に入る際には、道路と敷地の境界線の道路側に設けられた **【A】** の立ち上がり部分に段差があるために、車椅子での通行が妨げられやすい。将来にわたって安定した車椅子移動の自立を図る場合や、屋外アプローチを全面的に整備する場合は、役所へ所定の手続き（**【A】** の切り下げの申請）を行い、立ち上がり部分が低い **【A】** に変更することを検討する。

- ◯ ①L 字溝
- ◯ ②U 字溝
- ◯ ③グレーチング
- ◯ ④地先境界ブロック

第 42 問

次の文章の【A】の部分にあてはまる最も適切な語句を、①～④の中から1 つ選びなさい。

介護保険制度による住宅改修費の給付を受けるには、原則として、住宅改修を行う前に介護支援専門員等が記載した **【A】**、費用の見積もり等が記載された書類により、市町村に申請することが必要である。

- ◯ ①ケアプラン
- ◯ ②工事費内訳書
- ◯ ③基本チェックリスト
- ◯ ④理由書

第 43 問

次の文章の【A】の部分にあてはまる最も適切な語句を、①～④の中から 1 つ選びなさい。

スライディングボードを使用して介助が必要な人をベッドから車椅子に移乗させるときは、ベッドで端座位をとらせ、ボードを臀部の下に差し込む。ボードのもう反対側は車椅子の座面にしっかりと載せ、介助者が対象者の【A】を支えて、ボード上を滑らせるように移乗させる。

- ①両腕の腋の下
- ②腋の下と骨盤の上
- ③腋の下と大腿部
- ④骨盤の上と大腿部

第 44 問

次の文章の【A】の部分にあてはまる最も適切な語句を、①～④の中から 1 つ選びなさい。

【A】は、頸髄損傷や進行性筋疾患などにより四肢麻痺や四肢の筋力低下が生じ、上下肢の運動機能に障害のある人が、残存した機能を活用して簡単なスイッチ操作により電化製品等の操作を行う装置である。

- ①環境制御装置
- ②重度障害者用意思伝達装置
- ③屋内信号装置
- ④コントロールボックス

解答・解説➡本冊 p.198

〈大問 5〉 第 45 問～第 50 問

第 45 問

高齢者をとりまく社会状況に関する①～④の記述の中で、その内容が最も適切なものを 1 つ選びなさい。

○ ① 日本の総人口はすでに減少に転じているが、年少人口（14 歳以下）が減少する一方で、生産年齢人口（15 ～ 64 歳）はわずかに増加し、65 歳以上の高齢者人口は著しく増加している。

○ ② 総人口が減少局面に入ってからも世帯数は増加している。主に世帯主が 65 歳以上の高齢者世帯が増加しており、その中でも、高齢者の単独世帯と夫婦のみの世帯が大部分を占めている。

○ ③ 認知症により要介護となる高齢者が増加していることから、認知症高齢者に対して小規模な居住空間で家庭的な環境の下でケアを提供するケアハウスが増加している。

○ ④ 高齢者の介護を社会全体で支えるしくみとして 2000（平成 12）年にスタートした介護保険制度は、サービス利用者数が低い水準にとどまっており、国民の老後を支える制度として定着しているとはいえない。

第46問

介護保険制度に関する (a) ～ (d) の記述について、その内容が適切なものを○、不適切なものを×としたとき、正しい組み合わせを①～④の中から1つ選びなさい。

(a) 2005（平成17）年の介護保険制度改革により創設された地域密着型サービスのうち、目玉とされた「小規模多機能型居宅介護」は、「通い」を中心として、要介護者の状態や希望に応じて「訪問」や「泊まり」を随時組み合わせることができるサービスである。

(b) 2005（平成17）年の介護保険制度改革では、医療と介護の連携の強化が図られ、自宅での介護が難しい認知症の患者や、自宅での療養を望む難病やがん末期患者が、介護保険による充実したケアを受けられるようになった。

(c) 2005（平成17）年の介護保険制度改革では、悪質事業者に対する規制を強化するために、欠格事由として5年以内の指定取消履歴を加えるとともに、事業者を6年ごとに指定する指定更新制が導入された。

(d) 2005（平成17）年の介護保険制度改革では、介護支援専門員の資質の向上を図るため、介護支援専門員の登録、介護支援専門員証の交付、10年ごとの「資格更新制」、更新時の研修の受講義務などの規定が設けられた。

○ ① (a) ○ (b) × (c) × (d) ×
○ ② (a) × (b) ○ (c) ○ (d) ×
○ ③ (a) ○ (b) ○ (c) × (d) ×
○ ④ (a) ○ (b) ○ (c) ○ (d) ×

解答・解説➡本冊 p.198 ～ 199

第 47 問

サービス付き高齢者向け住宅に関する①～④の記述の中で、その内容が最も適切なものを 1 つ選びなさい。

○ ① サービス付き高齢者向け住宅は、住宅品確法の改正に伴い、従来の高齢者円滑入居賃貸住宅（高円賃）、高齢者専用賃貸住宅（高専賃）、高齢者向け優良賃貸住宅（高優賃）を廃止したうえで、2011（平成 23）年 10 月に新たに創設された制度である。

○ ② サービス付き高齢者向け住宅は、高齢者が安心して住まえる賃貸借方式や利用権方式の住宅のことで、厚生労働省・経済産業省の共管により 2011（平成 23）年 10 月に登録制度が始まった。住宅面ではバリアフリー構造で一定の住戸面積と設備を有し、サービス面では少なくともケアの専門家による状況把握（安否確認）・生活相談サービスが付いている。

○ ③ 高齢者が一人でも入居し、食事、介護、家事、健康管理のいずれかのサービスを提供する高齢者住宅・施設は、すべて老人福祉法上の有料老人ホームに該当し、原則として都道府県知事等への届出が求められるが、サービス付き高齢者向け住宅については、所定の登録を行えば届出等に関する規定は適用されない。

○ ④ サービス付き高齢者向け住宅に入居できるのは、65 歳以上の高齢者の単身世帯または夫婦などの世帯である。入居する高齢者が要介護・要支援認定を受けていることが前提で、入居後は、訪問介護や訪問看護、通所介護、福祉用具貸与などの介護保険サービスを利用しながら生活することができる。

第 48 問

リハビリテーションと自立支援に関する(a)**～**(d)**の記述について、その内容が適切なものを○、不適切なものを×としたとき、正しい組み合わせを①～④の中から 1 つ選びなさい。**

(a) 一次予防とは、定期的な健康診断等により疾患を早期発見・早期治療し、重度化を予防することをいう。

(b) 二次予防とは、障害が残った場合に、早期リハビリテーションにより障害の軽減と廃用症候群の予防に努めることをいう。

(c) 高齢者リハビリテーションの 3 つのモデルのうち、廃用症候群モデルとは、生活機能が急激に低下するものをさす。

(d) WHO は 1973（昭和 48）年に、高齢者リハビリテーションの目標として、①活動性の回復、②生活習慣病の予防、③社会への再統合の 3 つを挙げている。その究極の目標とするところは、「QOL の向上」である。

○ ❶ (a)○ (b)○ (c)○ (d)○
○ ❷ (a)○ (b)○ (c)× (d)×
○ ❸ (a)× (b)× (c)○ (d)○
○ ❹ (a)× (b)× (c)× (d)×

解答・解説➡本冊 p.199

第 49 問

下のグラフは、高齢者の死亡原因の割合を表している。グラフ内のア、イ、ウにあてはまる語句の組合せとして最も適切なものを、下表の①～④から 1 つ選びなさい。

図

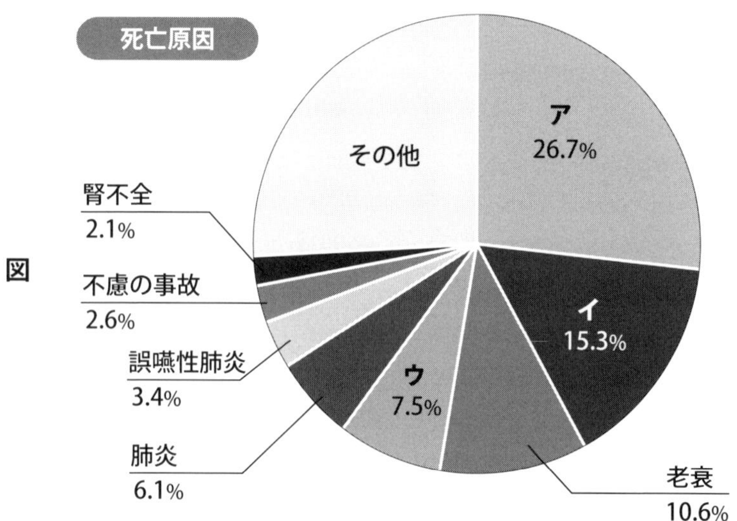

厚生労働省「人口動態統計」（2020 年）による

	ア	イ	ウ
○①	脳血管疾患	心疾患	悪性新生物
○②	脳血管疾患	悪性新生物	心疾患
○③	悪性新生物	心疾患	脳血管疾患
○④	悪性新生物	脳血管疾患	心疾患

※ 心疾患は高血圧性を除く

第 50 問

骨折に関する (a) ～ (d) の記述について、その内容が適切なものの数を①～④の中から 1 つ選びなさい。

(a) 高齢になるにしたがって骨のカルシウム量が減少し、骨がもろくなる傾向がある。また、高齢者は全身の運動機能も低下するため転倒しやすくなり、容易に骨折する。

(b) 大腿骨近位部骨折では、骨頭を取り去り人工の骨頭に置き換える人工骨頭置換術や、金属プレートやガンマネイルなどの内固定材での骨折部固定術が行われるが、術後の安静臥床のために歩行能力が低下しやすい。

(c) 病状による骨折の分類として、皮下骨折と開放骨折がある。開放骨折では、骨折端が皮膚を破って空気に触れているため感染症の危険性が高く、骨髄炎などを合併しやすい。

(d) 高齢者に生じやすい上肢の骨折として、橈骨・尺骨遠位端骨折がある。転んで肘をついたときに生じる二の腕の付け根の骨折で、手術で固定したり、徒手整復してギプス固定したりするが、その期間は、入浴、更衣、両手動作に支障をきたす。

- ○ ① 1 個
- ○ ② 2 個
- ○ ③ 3 個
- ○ ④ 4 個

解答・解説➡本冊 p.200

〈大問 6〉 第 51 問〜第 58 問

第 51 問

相談援助の方法に関する①〜④の記述の中で、その内容が最も不適切なものを 1 つ選びなさい。

◯ ① 住環境整備においては、本人の同意なしに勝手に事を進めてはならないのはもちろんであるが、単に同意を得ることが重要なのではなく、同意に至るまでに本人が自己決定を行うというプロセスが重要である。

◯ ② 相談援助において、本人が主体になった取り組みを進めるためには、本人のニーズへの気づきを促し、本人からニーズを引き出すことが重要である。ニーズには、本人が意識していないものも含まれる。

◯ ③ 相談面接では、相談者がリラックスして面接に臨めるような環境づくりが重要である。初対面の段階から親密な関係を築くためには、相談者との距離をなるべく近づけて、互いに真正面から視線を合わせるように位置関係を調整することが望ましい。

◯ ④ 相談援助の場面では、言葉を用いた「バーバル（言語）コミュニケーション」だけでなく、表情やジェスチャーなどの「ノンバーバル（非言語）コミュニケーション」も重要な要素になる。被援助者の非言語によるメッセージを見逃さないために、援助者には観察者としての力量が求められる。

第 52 問

福祉住環境整備の基本技術に関する①～④の記述の中で、その内容が最も不適切なものを 1 つ選びなさい。

○ ① 軸組構法による木造住宅は、尺貫法の影響により、廊下、階段、トイレなどの幅員を、柱（壁）芯一芯 910mm（3 尺）として設計されることが多い。その場合、廊下などの幅員は有効寸法で最大 780mm となるが、自立歩行で住宅内を移動する場合は、この寸法でも特に問題は生じない。

○ ② 自走用車椅子を使用して室内を活発に移動すると、車輪（後輪）がねじれて、車輪のゴム跡が床面に付くことがある。そのため、使用する車椅子の車輪の色と床材の色を比較して、ゴム跡が目立ちにくい色の床材を選択するようにする。

○ ③ トイレと洗面・脱衣室が隣接している場合、その間の壁を撤去してワンルーム化することにより、介助のためのスペースを確保する方法がある。ただし、壁を撤去できるかどうかは、設計者や施工者に住宅図面を見せて確認してもらう必要がある。

○ ④ 食事や読書などに使用する机を選ぶときは、使用する椅子を含めて検討する必要がある。車椅子を使用する場合は、机の天板が厚く、車椅子のアームサポートなどが当たって近づけないなどの不具合が生じないように配慮する。円形のテーブルは、どの方向からもアプローチしやすいので、車椅子使用者に適している。

解答・解説➡本冊 p.200 ～ 201

第 53 問

屋内移動に関する (a) ～ (d) の記述について、その内容が適切なものの数を①～④の中から 1 つ選びなさい。

(a)　自走式車椅子を使用して廊下を直角に曲がるためには、廊下の幅員は最低でも有効寸法で 850 ～ 900mm 程度必要である。3 尺モジュールで設計された住宅の場合、廊下の幅員は有効寸法で最大 780mm しかなく、既存住宅の改修により 850 ～ 900mm 程度の幅員を確保することは困難である。

(b)　廊下などで使用する横手すりは、できるだけ途切れる部分がなく、連続するように取り付ける。やむを得ず手すりが途切れる場合も、手すりの端部間の空き距離を最小限にとどめて、身体の向きを変えずに自然に握り替えられるように配慮する。

(c)　建築基準法では、住宅に設置する階段の寸法を、蹴上げ 230mm 以下、踏面 150mm 以上と定めている。高齢者や障害者が階段を安全に昇降できるように、高齢者等配慮対策等級の等級 5、4 においても、階段の寸法については同程度の規定を設けている。

(d)　住宅の階段には、両側または片側に手すりを取り付けることが建築基準法により義務づけられている。手すりの壁からの突出が 150mm 以内の場合は、階段幅の算定時に手すりがないものとして算定することができる。

◯ ①　1 個
◯ ②　2 個
◯ ③　3 個
◯ ④　4 個

第 54 問

入浴に関する (a) ～ (d) の記述について、その内容が適切なものを○、不適切なものを×としたとき、正しい組み合わせを①～④の中から 1 つ選びなさい。

(a)　浴室の戸は、洗面・脱衣室側に水滴がたれないようにするために、内開き戸とされることが多い。しかし、内開き戸は開閉に広いスペースを必要とするほか、使用者が洗い場で倒れた時に外部からの救助が困難になりやすいので、開閉動作のしやすい 3 枚引き戸にすることが望ましい。

(b)　一般的に高齢者や障害者が出入りしやすく、浴槽内で安定した姿勢を保つのに適しているのは、和洋折衷式浴槽である。高齢者や障害者には、外形寸法で長さ 1,600 ～ 1,800mm、横幅 700 ～ 800mm、深さ 500mm 程度のものが使いやすい。特に浴槽の長さは、浴槽内で全身を伸ばせるように、身長と同じ程度の長さを確保することが望ましい。

(c)　居室と浴室の室温の急激な変化による身体的負担を軽減するために、浴室や洗面・脱衣室にも暖房設備を設置し、入浴前に浴室を暖めておく。浴室内の暖房だけでなく、洗濯物の乾燥、換気機能を備えた浴室用暖房乾燥機も市販されている。また、床暖房も浴室の暖房に適している。

(d)　立位でのまたぎ越しや座位で浴槽へ出入りする場合、浴槽縁の高さは 400 ～ 450mm 程度がよい。浴槽縁の高さが適切でない場合は、適切な高さになるように浴槽を埋め込むとよい。

○ ①　(a) ○　(b) ○　(c) ×　(d) ○
○ ②　(a) ○　(b) ×　(c) ○　(d) ×
○ ③　(a) ○　(b) ×　(c) ×　(d) ○
○ ④　(a) ×　(b) ○　(c) ×　(d) ○

解答・解説➡本冊 p.201 ～ 202

第 55 問

福祉用具の活用に関する (a) ～ (d) **の記述について、その内容が適切なものを〇、不適切なものを×としたとき、正しい組み合わせを①～④の中から１つ選びなさい。**

(a)　特殊寝台（介護用ベッド）で背上げの操作を行う場合、身体の位置が脚側にずれると腰部や背部が圧迫されるので、あらかじめベッドが曲がる部分に臀部が位置するように身体を移動しておくことが重要である。

(b)　床ずれ防止用具は、ベッド上で横になっているときに身体の下に敷き、体圧を分散することにより褥瘡を予防するものである。体圧が分散されるため、寝返りや起き上がりの動作がしやすくなる効果もある。

(c)　サイドレールは、ベッドからの転落防止や寝具のずれ落ち防止を目的として使用する格子状のレールである。特殊寝台のフレーム（ホルダー）にしっかり固定されているので、起き上がり動作や立ち座り動作の際に、強く引きつけたり、体重を支えたりすることもできる。

(d)　ベッド用テーブルは、特殊寝台の上で食事などの動作やその介助を行いやすくするためのテーブルで、サイドレールに掛け渡すものや、キャスタ（自在輪）が付いた脚部をもち、ベッド上を囲うものがある。

- ◯ ①　(a) ○　(b) ×　(c) ×　(d) ×
- ◯ ②　(a) ○　(b) ×　(c) ×　(d) ○
- ◯ ③　(a) ×　(b) ○　(c) ○　(d) ×
- ◯ ④　(a) ×　(b) ○　(c) ○　(d) ○

第 56 問

福祉用具の活用に関する①〜④の記述の中で、その内容が最も適切なものを 1 つ選びなさい。

◯ ① 福祉用具のスロープには、車椅子の左右の車輪の幅に合わせて 2 本のレールを設置して使用するものと、フラットな板状にして使用する折りたたみ式のものがある。段差の高さに対するスロープの長さは、車椅子を自力で駆動する場合は高さの 10 倍程度、介助による駆動では 6 倍程度必要である。

◯ ② 段差解消機は、庭に面した掃き出し窓や玄関の上がりがまちなどの、おおむね 1m 以内の段差を解消するために用いられる機器で、据置式、移動式、設置式に大別される。据置式は、設置費用は高額になるが、使い勝手の面では最もすぐれている。

◯ ③ 固定型階段昇降機は、設置工事により階段の踏面にレールを取り付け、レールに沿って椅子が移動するものである。椅子の座面に移乗することができ、移動中に座位姿勢を保持できることが適応条件となる。設置場所は、直線状の階段に限られる。

◯ ④ 固定式（設置式）リフトは、天井に敷設したレールを走行するリフトである。レールを延長すれば部屋間の移動も可能になるが、設置するには大がかりな工事が必要である。

解答・解説➡本冊 p.202

第 57 問

S さんは脊髄損傷のため両下肢が麻痺しているが、自走用車椅子での移動が自立しており、自動車も運転できる。そこで、リビングダイニングの掃き出し窓から車椅子で出入りし、ウッドデッキからスロープを通って駐車場に下り、自動車で外出する案を検討している。次ページの図①～④のうち、スロープの設置方法として最も適切なものを 1 つ選びなさい。ただし、S さんが車椅子で安全に通行するためには、スロープの勾配は 1/12、もしくはそれよりも緩やかな勾配でなければならない。

■参考図（改修前の 1 階平面図）

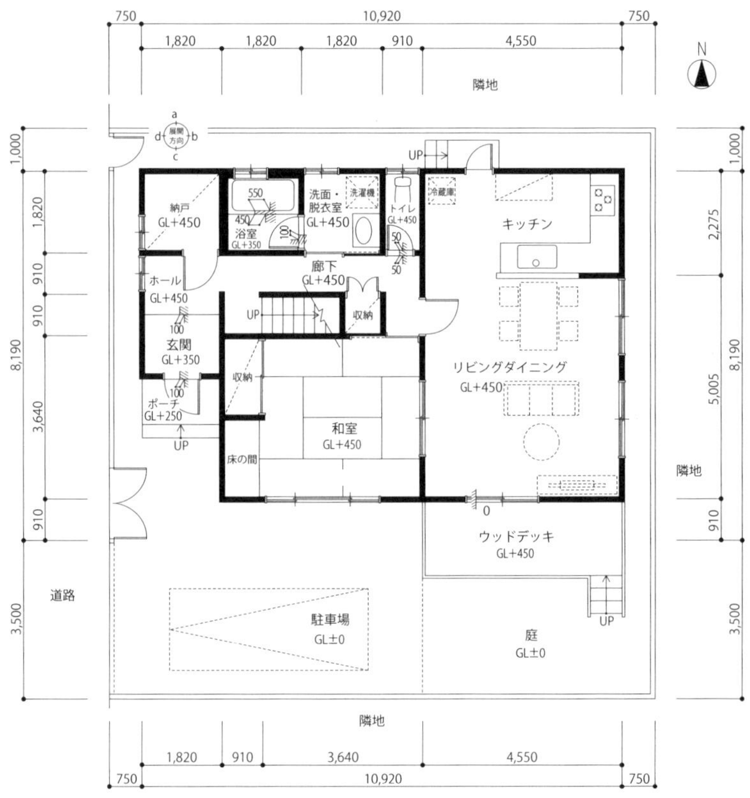

①

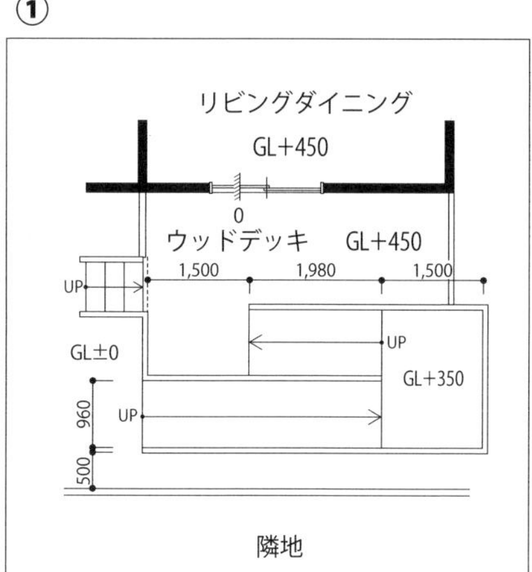

②

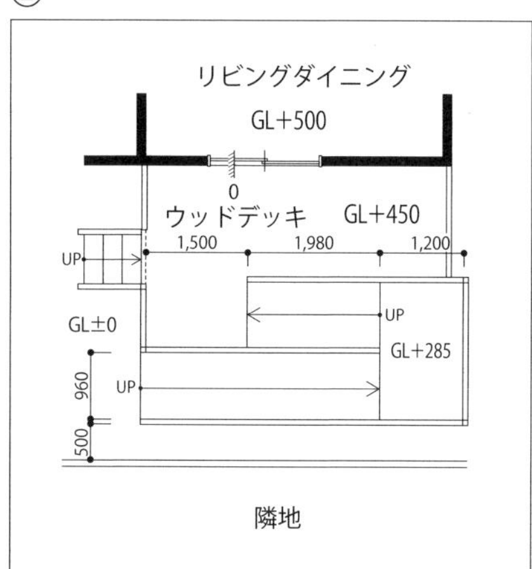

③

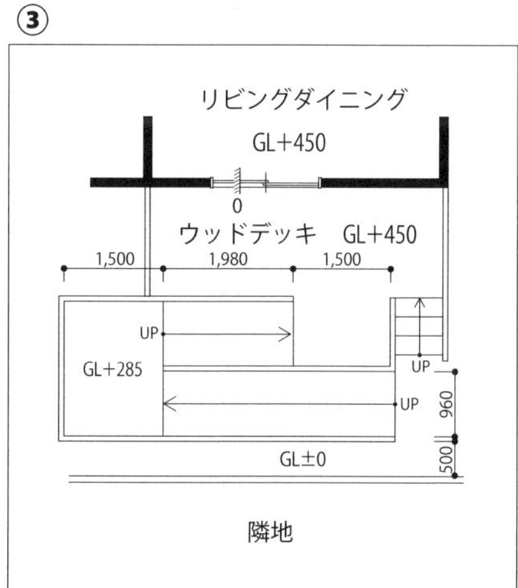

④

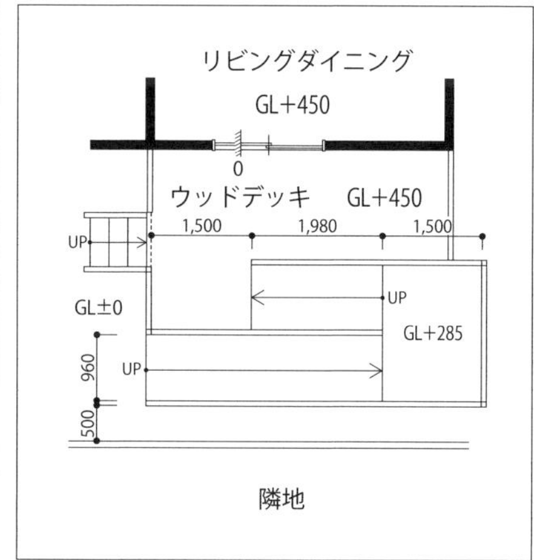

○ ①

○ ②

○ ③

○ ④

解答・解説➡本冊 p.203

第 58 問

T さんは、脳梗塞により左半身に麻痺が残っており、屋内、屋外ともに、移動時は車椅子を使用している。自宅のトイレは狭く、車椅子でのアプローチが困難なので、T さんの寝室に隣接した納戸を撤去し、トイレを新設することにした。T さんが車椅子を使用して自力で便器にアプローチし、自力で立ち上がって便器に移乗できるようにしたい。トイレの出入り口と便器、手すり等の配置、車椅子のアプローチ方向として、次ページの図①～④のうち最も適切なものを 1 つ選びなさい。

■参考図（改修前の 1 階平面図）

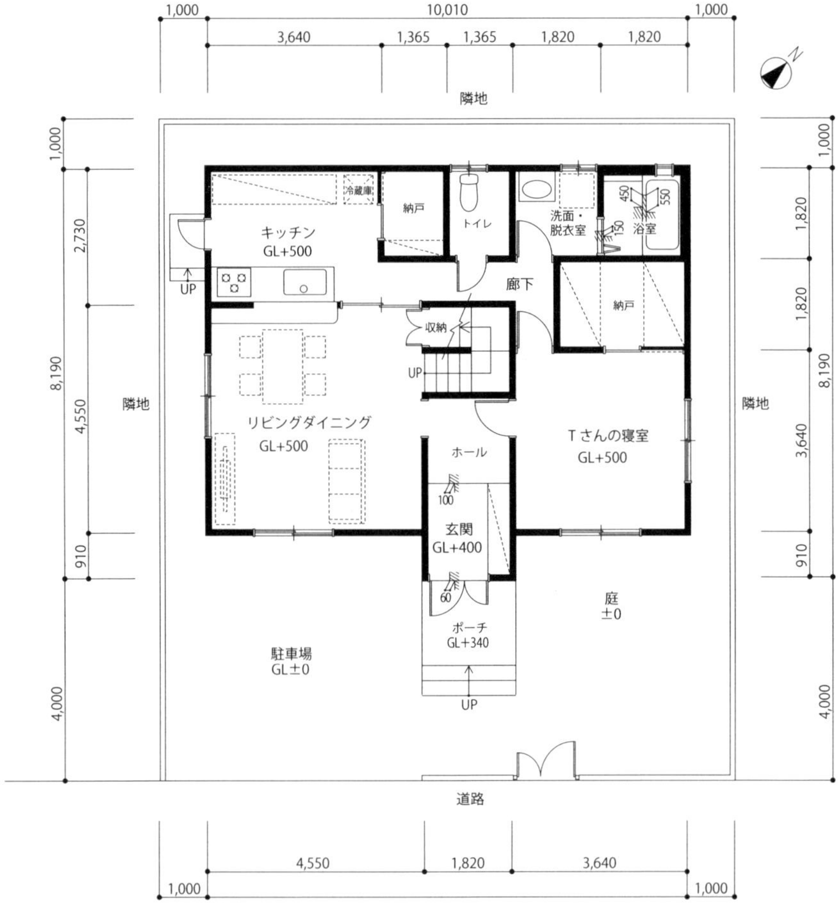

①

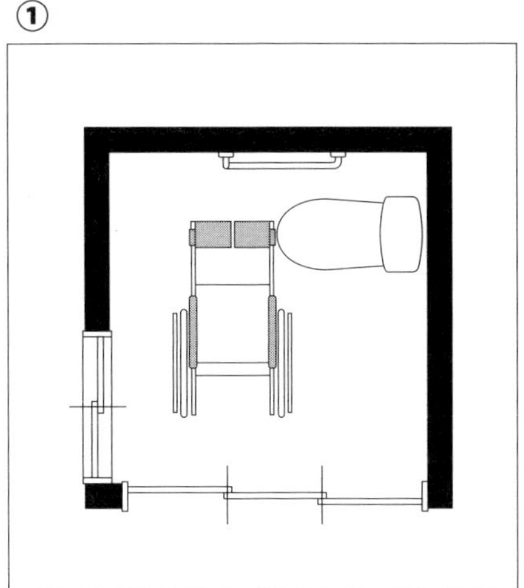

②

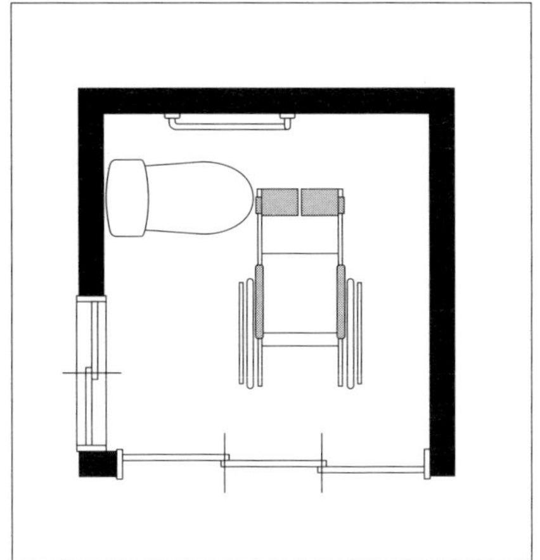

③

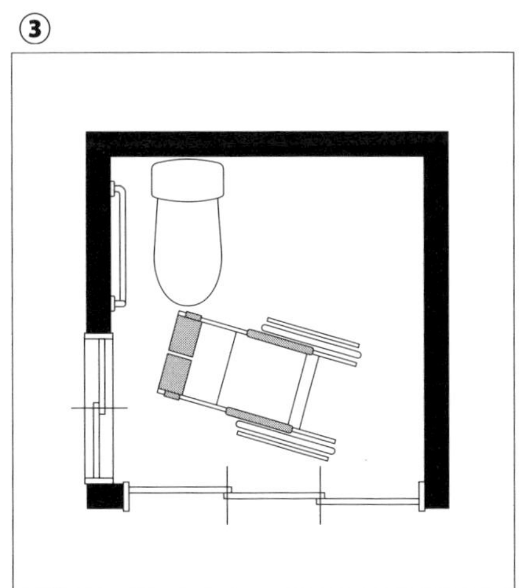

④

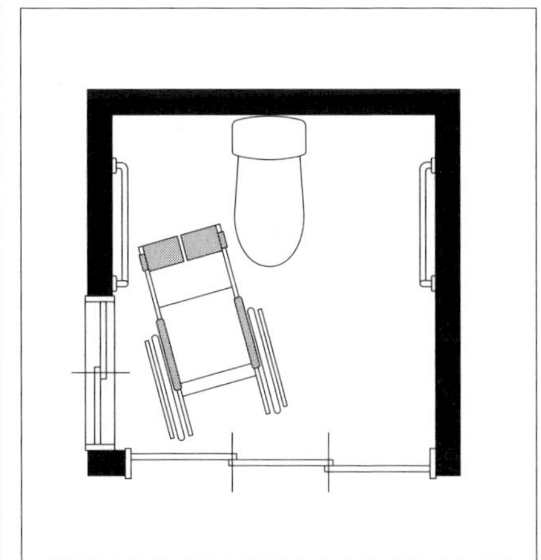

○ ①

○ ②

○ ③

○ ④

解答・解説➡本冊 p.203

予想模試　問題 第2回

試験時間：90分
解答一覧：本冊 p.191

〈大問1〉 第1問～第14問

第1問

次の文章の内容が適切であれば○を、不適切であれば×を選びなさい。

厚生労働省によると、介護保険制度により要介護・要支援の認定を受けている人のおおよそ4人に1人は、何らかの介護、支援を必要とする認知症高齢者であるという。

- ① ○
- ② ×

第2問

次の文章の内容が適切であれば○を、不適切であれば×を選びなさい。

わが国の住宅では、伝統的に、畳などの床面に座って生活動作を行う床座の生活が基本であった。現在は、生活習慣の多くが洋式化されているが、高齢者には、和式の床座の生活を好む人が少なくない。高齢者にとっては、洋式の生活よりも床座のほうが、身体への負担も少ない。

- ① ○
- ② ×

第 3 問

次の文章の内容が適切であれば○を、不適切であれば×を選びなさい。

一般に、65 歳以上の高齢者人口の全人口に占める割合（高齢化率）が 7% を超えた社会を高齢化社会、14% を超えた社会を高齢社会、21% を超えると超高齢社会という。わが国は、すでに超高齢社会の段階にある。

◯ ①○

◯ ②×

第 4 問

次の文章の内容が適切であれば○を、不適切であれば×を選びなさい。

介護保険制度では、要介護・要支援の認定を受けた場合に、保険給付による介護サービスを受けることができる。ただし、第 2 号被保険者は、要介護・要支援となった原因が、加齢に起因する 16 種類の特定疾病である場合に限り給付を受けることができる。

◯ ①○

◯ ②×

第 5 問

次の文章の内容が適切であれば○を、不適切であれば×を選びなさい。

介護保険制度による要介護・要支援の認定の結果に対して異議がある場合は、30 日以内に、市町村に設置された介護保険審査会に不服申し立てを行うことができる。

◯ ①○

◯ ②×

解答・解説➡本冊 p.204

第 6 問

次の文章の内容が適切であれば○を、不適切であれば×を選びなさい。

2017（平成 29）年の介護保険制度改正では、すでに廃止が決定され、転換が進められている介護療養型医療施設の機能（日常的な医学管理や看取り・ターミナル等）を引き継ぎつつ、生活施設としての機能を兼ね備えた新しい介護保険施設として、介護老人福祉施設が創設された。

◯ ①○

◯ ②×

第 7 問

次の文章の内容が適切であれば○を、不適切であれば×を選びなさい。

加齢に伴う心身の生理機能の低下を老化現象といい、一般的には、30 歳を頂点として、神経機能、呼吸機能、腎機能、運動機能などが低下し始める。女性の場合、特に閉経期以降に生理機能が著しく低下する。

◯ ①○

◯ ②×

第 8 問

次の文章の内容が適切であれば○を、不適切であれば×を選びなさい。

健常な高齢者にもみられる一時的なもの忘れと、認知症によるもの忘れとは異なる。認知症の場合は、時間や場所に関する周囲の状況の判断力に支障をきたし、人間関係にも支障が生じるなど、人格の崩れとしてとらえられる。

◯ ①○

◯ ②×

第 9 問

次の文章の内容が適切であれば○を、不適切であれば×を選びなさい。

先天的あるいは成長発達の途上で障害をもった人は、障害をもつ以前の生活で経験してこなかったことに対しては、あえてそれを行う必要性を感じない場合がある。

- ① ○
- ② ×

第 10 問

次の文章の内容が適切であれば○を、不適切であれば×を選びなさい。

高齢者に多い大腿骨近位部骨折は、転倒時に膝をついて太ももをひねったり、打ちつけたりしたときに生じる骨折である。ギプスで固定することにより比較的短期間で治癒し、歩行能力も骨折の前と同じレベルまで回復することが多い。

- ① ○
- ② ×

第 11 問

次の文章の内容が適切であれば○を、不適切であれば×を選びなさい。

認知症の初期には、手段的日常生活動作（IADL）の障害が目立ち、買い物、調理、掃除、洗濯、金銭管理などが困難になる。病状が進行すると、排泄、入浴、食事といった ADL のレベルにまで生活上の支障が拡大する。

- ① ○
- ② ×

解答・解説➡本冊 p.204 ～ 205

第 12 問

次の文章の内容が適切であれば○を、不適切であれば×を選びなさい。

脊髄損傷では、損傷を受けた部位により、症状や障害の程度が大きく異なる。頸髄の上部が損傷されると、上肢·下肢ともに障害される四肢麻痺、呼吸障害が生じ、ADL は全介助となる。

- ① ○
- ② ×

第 13 問

次の文章の内容が適切であれば○を、不適切であれば×を選びなさい。

脳性麻痺とは、新生児期から小児期に生じた脳の障害が原因となり、運動機能に異常が生じる疾患である。基本的な症状は運動障害だが、重度の知的障害や、視覚・聴覚・構音障害などを合併することが多い。

- ① ○
- ② ×

第 14 問

次の文章の内容が適切であれば○を、不適切であれば×を選びなさい。

慢性呼吸不全のような呼吸器機能障害を引き起こす最も多い病態は「慢性閉塞性肺疾患（COPD)」である。その他の病態として、肺結核後遺症、間質性肺炎、肺がんなどがある。

- ① ○
- ② ×

〈大問 2〉 第 15 問～第 30 問

第 15 問

次の文章の内容が適切であれば○を、不適切であれば×を選びなさい。

介護保険制度では「介護予防」の考え方が重視されており、要介護・要支援状態には該当しないが、そのおそれがあり、介護予防のための支援が必要な人を把握するために「基本チェックリスト」が用いられている。介護予防とは、将来介護が必要になったときに備えて、あらかじめ住環境整備等を行っておくことをいう。

○ ①○

○ ②×

第 16 問

次の文章の内容が適切であれば○を、不適切であれば×を選びなさい。

保健師は、保健師助産師看護師法により定められた国家資格で、主に、保健所、保健センター、学校、施設、市町村役場等に勤務する。集団検診や健康相談を行うほか、地域住民に疾病の予防や健康に関するアドバイスや指導を行い、家庭を訪問して健康指導をするなど、人々の健康生活を保持、増進する仕事に従事する専門職である。要支援者については、原則として地域包括支援センターの保健師等がケアマネジメントを行う。

○ ①○

○ ②×

解答・解説➡本冊 p.205

第 17 問

次の文章の内容が適切であれば〇を、不適切であれば×を選びなさい。

加齢に伴う身体機能の低下は、どうしても避けられないものである。そのため、福祉住環境整備を行う場合は、本人の現在の身体機能のレベルだけでなく、将来の身体機能の低下も見据えて、本人や家族の要望を聞きながら幅広いプランを提案していく必要がある。

- ①〇
- ②×

第 18 問

次の文章の内容が適切であれば〇を、不適切であれば×を選びなさい。

引き戸の敷居周辺の段差解消には、フラットレールを床面に取り付ける方法とV溝レールを埋め込む方法がある。フラットレールは、平坦な床面に板状のレールを固定するだけなので工事は容易だが、誤差が生じやすい。

- ①〇
- ②×

第 19 問

次の文章の内容が適切であれば〇を、不適切であれば×を選びなさい。

屋外で使用する車椅子を屋内でも使用する場合、車輪に付いた砂ぼこりなどで床材を傷つけることが多い。床材がフローリングの場合は、表面仕上げ部分の厚さが重要で、合板の上に張られた仕上げ板の厚さが 0.3mm以上のものを使用する。

- ①〇
- ②×

第 20 問

次の文章の内容が適切であれば○を、不適切であれば×を選びなさい。

開き戸用の把手には、下図**ア**のノブ（握り玉）や、下図**イ**のレバーハンドル型などの種類がある。レバーハンドル型は、ノブに比べて形状が大きく扱いやすいので、最近はよく用いられている。レバーを下げて開閉するため動作が容易で、高齢者や障害者にも使いやすい。

図

ア

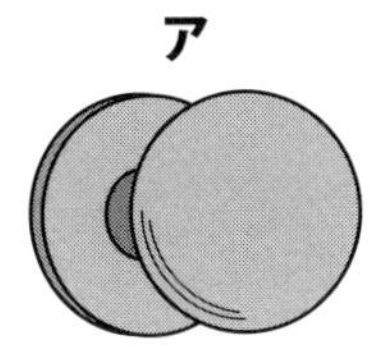

イ

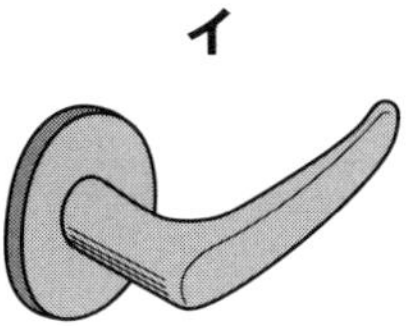

- ① ○
- ② ×

第 21 問

次の文章の内容が適切であれば○を、不適切であれば×を選びなさい。

住宅で必要なスペースを確保する場合に、壁や柱を取り外す方法と、モジュールをずらす方法がある。前者は部分的な増改築に、後者は新築や大規模な増改築に適している。

- ① ○
- ② ×

解答・解説➡本冊 p.205 ～ 206

第 22 問

次の文章の内容が適切であれば○を、不適切であれば×を選びなさい。

道路から玄関までのアプローチに高低差がある場合、その段差を解消するためには、スロープを設置する方法と、緩やかな階段を設置する方法が考えられる。車椅子を使用する場合はスロープを設置する必要があるが、一般に、高齢者や障害者には階段よりもスロープのほうが適しているので、敷地に余裕がある場合は必ずスロープを設置する。

① ○

② ×

第 23 問

次の文章の内容が適切であれば○を、不適切であれば×を選びなさい。

排泄時に介助を必要とする場合は、下図のように、便器の側方や前方に幅 500mm 以上の介助スペースを確保する。将来介助が必要になった場合に備えて、トイレ内に手洗いカウンターを設置しておき、介助が必要になったときに取り外してスペースを拡張する方法もある。

図

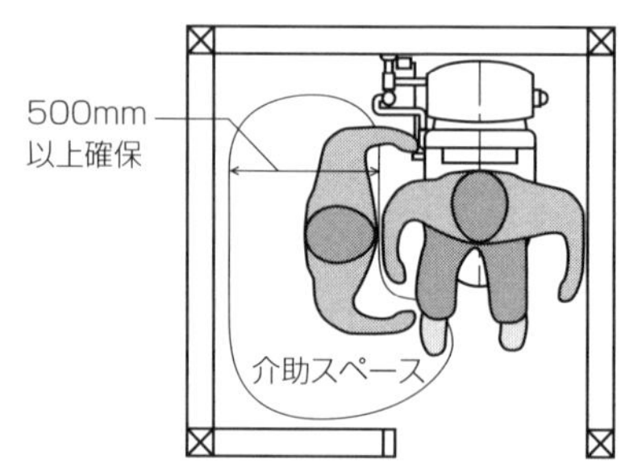

① ○

② ×

第 24 問

次の文章の内容が適切であれば○を、不適切であれば×を選びなさい。

電気調理器は、鍋底に渦電流を発生させ、その電気抵抗により鍋自体が発熱するしくみである。天板自体は発熱しないが、鍋を下ろした直後は鍋からの余熱で熱くなっているので、火傷に注意する必要がある。

○ ①○

○ ②×

第 25 問

次の文章の内容が適切であれば○を、不適切であれば×を選びなさい。

下図の福祉用具は六輪車椅子といい、車椅子の後輪の取り付け位置を前方にずらすことで回転半径を小さくし、小回りが利くようにしたものである。転倒防止のために車椅子後方に後輪キャスタが取り付けられているので、6 輪になっている。日本の狭い家屋での使用を前提に開発された車椅子で、10cm 程度の段差は容易に乗り越えることができる。

図

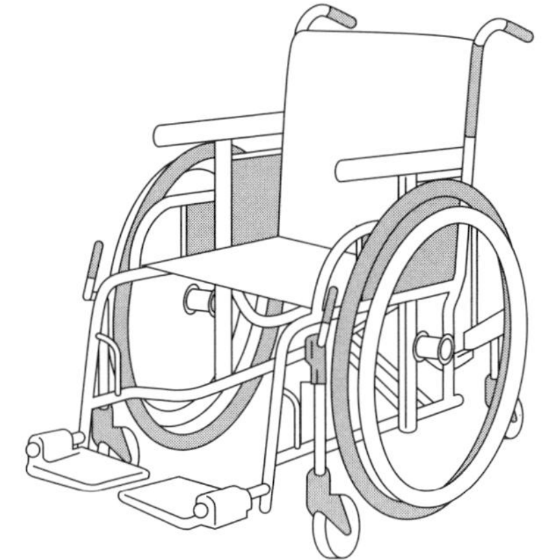

○ ①○

○ ②×

解答・解説➡本冊 p.206

第 26 問

次の文章の内容が適切であれば○を、不適切であれば×を選びなさい。

障害者総合支援法では、失われた身体機能を補完または代替する福祉用具として補装具を給付している。対象種目には、車椅子など介護保険制度で貸与される福祉用具も含まれているが、これらの種目については、介護保険の受給者であっても、原則として補装具としての給付が行われる。

- ① ○
- ② ×

第 27 問

次の文章の内容が適切であれば○を、不適切であれば×を選びなさい。

下図の福祉用具は床走行式リフトといい、リフト架台にキャスタが付いたものである。利用者を吊り上げた状態で介助者が手で押して操作し、住宅内の任意の場所に移動できるので、寝室の中だけでなく、部屋から部屋への移動にもよく用いられる。

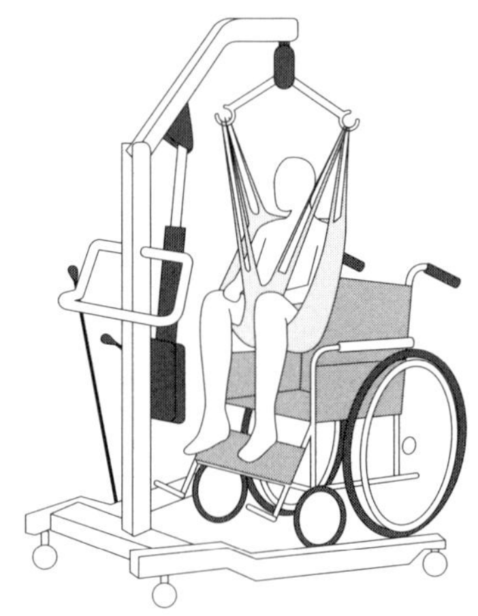

- ① ○
- ② ×

第 28 問

次の文章の内容が適切であれば○を、不適切であれば×を選びなさい。

歩行器・歩行車は、つえに比べて歩行時に安定性や支持性を必要とする人が使用する。段差や路面の傾きがある場所では操作が困難で、つえ歩行の場合よりも方向転換のために大きなスペースが必要となる。

○ ①○

○ ②×

予想模試 第2回

第 29 問

次の文章の内容が適切であれば○を、不適切であれば×を選びなさい。

浴槽内椅子は、浴槽内で姿勢を保持する椅子として、また、浴槽に出入りする際の踏み台として使用する。椅子としての使用は、下肢の関節に痛みや可動制限域があり浴槽の底に座れない人や、片麻痺や筋力の低下などにより床座位からの立ち上がりが困難な人に有効である。

○ ①○

○ ②×

解答・解説➡本冊 p.206 ～ 207

第 30 問

次の文章の内容が適切であれば○を、不適切であれば×を選びなさい。

廊下幅の有効寸法とは、下図の**イ**の長さのことである。

図

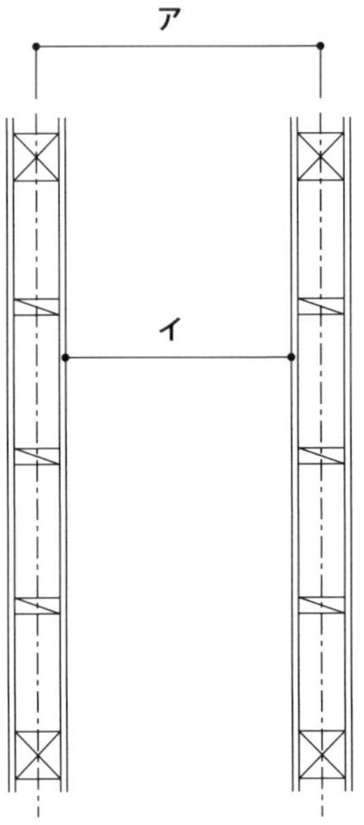

◯ ①○

◯ ②×

〈大問 3〉 第 31 問～第 37 問

第 31 問

次の文章の【A】および【B】の部分にあてはまる最も適切な語句を、①～④の中から 1 つ選びなさい。

介護保険の被保険者は、第 1 号被保険者と第 2 号被保険者に分けられている。65 歳以上の人が第 1 号被保険者、【A】の【B】が第 2 号被保険者で、それぞれ、介護サービスの受給要件や保険料の納付方法が異なる。

- ○ ①【A】20 歳以上 65 歳未満　【B】すべての人
- ○ ②【A】40 歳以上 65 歳未満　【B】すべての人
- ○ ③【A】20 歳以上 65 歳未満　【B】医療保険加入者
- ○ ④【A】40 歳以上 65 歳未満　【B】医療保険加入者

第 32 問

次の文章の【A】の部分にあてはまる最も適切な語句を、①～④の中から 1 つ選びなさい。

生活福祉資金貸付制度は、低所得者世帯、障害者世帯、高齢者世帯（65 歳以上で日常生活上療養または介護を要する高齢者などのいる世帯）に対して、生活支援費、住居入居費などの総合支援資金や福祉資金（住居の移転、住宅の増改築や補修、公営住宅の譲り受けに必要な経費など）を低利で貸し付ける制度である。市町村の【A】が窓口となって実施している。

- ○ ①地域福祉課
- ○ ②地域包括支援センター
- ○ ③社会福祉協議会
- ○ ④障害福祉課

予想模試 第2回

解答・解説➡本冊 p.207

第 33 問

次の文章の【A】の部分にあてはまる最も適切な語句を、①～④の中から1つ選びなさい。

【A】は、高齢者向けの公的賃貸住宅で、供給主体は地方公共団体、UR都市機構、地方住宅供給公社である。入居対象者は、60歳以上の高齢者単身世帯、高齢者夫婦世帯（夫婦のいずれか一方が60歳以上であれば可）、高齢者（60歳以上）のみからなる世帯だが、事業主体の長が必要と認めた場合は、障害者単身世帯か障害者とその配偶者からなる世帯の入居も可能になっている。

- ○ ①スマートウェルネス住宅
- ○ ②ケアハウス
- ○ ③サービス付き高齢者向け住宅
- ○ ④シルバーハウジング

第 34 問

次の文章の【A】および【B】の部分にあてはまる最も適切な語句を、①～④の中から1つ選びなさい。

世界保健機関（WHO）は1973（昭和48）年に、高齢者リハビリテーションの目標として、**【A】**の回復、**【B】**の回復、社会への再統合の3つを挙げた。

- ○ ①**【A】**身体機能　**【B】**社会参加
- ○ ②**【A】**身体機能　**【B】**人との交流
- ○ ③**【A】**活動性　**【B】**人との交流
- ○ ④**【A】**活動性　**【B】**社会参加

第 35 問

次の文章の【A】および【B】の部分にあてはまる最も適切な語句を、①～④の中から 1 つ選びなさい。

日本人に多い 2 型糖尿病は、**【A】**から**【B】**が分泌されるものの必要量より少なかったり、分泌のタイミングが遅れたり、あるいは**【B】**の作用が不十分なことにより生じる。

○ ① **【A】**肝臓　**【B】**インスリン
○ ② **【A】**腎臓　**【B】**ドパミン
○ ③ **【A】**膵臓　**【B】**インスリン
○ ④ **【A】**胆のう　**【B】**ドパミン

第 36 問

次の文章の【A】および【B】の部分にあてはまる最も適切な語句を、①～④の中から 1 つ選びなさい。

腎臓疾患は、糸球体濾過値を指標として診断される。糸球体濾過値が正常値の 30% 以下になると**【A】**と診断され、さらに 10% 以下まで低下すると**【B】**と診断される。**【B】**になると、腎臓による生体の恒常性の維持は困難になり、透析療法や腎移植が必要になる。

○ ① **【A】**ネフローゼ症候群　**【B】**尿毒症
○ ② **【A】**尿毒症　**【B】**慢性腎不全
○ ③ **【A】**慢性腎不全　**【B】**ネフローゼ症候群
○ ④ **【A】**慢性腎不全　**【B】**尿毒症

解答・解説➡本冊 p.207 ～ 208

第 37 問

次の文章の【A】の部分にあてはまる最も適切な語句を、①〜④の中から1 つ選びなさい。

精神障害者のリハビリテーションで行われる【A】は、対人関係において意思疎通を図ることができる能力や、金銭、服薬などの自己管理の技能の改善を目的として行う、系統的な学習訓練である。

- ①レクリエーション療法
- ②ソーシャルスキルズ・トレーニング
- ③アサーション・トレーニング
- ④作業療法

〈大問 4〉 第 38 問〜第 44 問

第 38 問

次の文章の【A】の部分にあてはまる最も適切な語句を、①〜④の中から1 つ選びなさい。

【A】は、施主に対してインテリアに関する適切な商品選択ができるように助言等を行う専門職で、公益社団法人インテリア産業協会が資格試験を実施している。受験資格については特に制限はない。

- ①インテリアコーディネーター
- ②インテリアデザイナー
- ③インテリアプランナー
- ④マンションリフォームマネジャー

第 39 問

次の文章の【A】の部分にあてはまる最も適切な語句を、①～④の中から1つ選びなさい。

【A】とは、壁の下地材や仕上げ材を張るために、柱と柱の間に垂直に立てる部材である。壁面に手すりを設置する場合、軸組構法の住宅では、手すり受け金具を**【A】**に取り付けると十分な支持力が得られないことがある。

○ ①垂木
○ ②大引
○ ③幅木
○ ④間柱

第 40 問

次の文章の【A】の部分にあてはまる最も適切な語句を、①～④の中から1つ選びなさい。

近年、熱中症の急増が問題になっている。熱中症は、65 歳以上の高齢者に限ると、半数以上が**【A】**で発生している。

○ ①屋外での運動中に
○ ②外出や散歩の途中で
○ ③就労中に
○ ④住宅内で

解答・解説➡本冊 p.208

第 41 問

次の文章の【A】および【B】の部分にあてはまる最も適切な語句を、①～④の中から 1 つ選びなさい。

廊下に設置する手すりは、主に【A】として使用するので、直径【B】程度のものが適している。ただし、手の大きさや障害の特性によっては、これよりも細い手すりが適する場合もある。

〇 ①【A】ハンドレール　【B】32 ～ 36mm
〇 ②【A】グラブバー　【B】32 ～ 36mm
〇 ③【A】グラブバー　【B】28 ～ 32mm
〇 ④【A】ハンドレール　【B】28 ～ 32mm

第 42 問

次の文章の【A】の部分にあてはまる最も適切な語句を、①～④の中から 1 つ選びなさい。

【A】は、180 度回り部分を 60 度＋ 30 度＋ 30 度＋ 60 度の 4 ツ割にした形状の階段である。【A】は、60 度の段に広い平坦部分ができるので、そこで方向転換を行うことができ、30 度部分ではまっすぐに移動できるので転落の危険性が低い。

〇 ①回り階段
〇 ②踊り場＋ 3 段折れ曲がり階段
〇 ③吹き寄せ階段
〇 ④踊り場付き階段

第 43 問

次の文章の【A】の部分にあてはまる最も適切な語句を、①～④の中から1つ選びなさい。

座位変換形車椅子の一種であるティルト＆リクライニング式車椅子は、ティルト機構を有する。ティルト機構とは、**【A】**機能である。

- ◯ ①シートの位置はそのままで、バックサポートが後方に傾斜する
- ◯ ②シートとバックサポートの角度を一定に保ったまま後方に傾斜する
- ◯ ③シートとバックサポートの角度を一定に保ったまま左右に傾斜する
- ◯ ④シートとバックサポートの角度を一定に保ったまま座面が昇降する

第 44 問

次の文章の【A】の部分にあてはまる最も適切な語句を、①～④の中から1つ選びなさい。

タイポスコープは、中心暗点や視野狭窄がある視覚障害者が使用する福祉用具で、黒い紙を短冊状に切り抜いたものである。本を読むときなどに、文章の読みたい部分以外を黒い紙でマスキングすることにより、**【A】**、読みやすくなる。

- ◯ ①波長の短い青い光がカットされ
- ◯ ②文字が白黒反転し
- ◯ ③文字が大きく見えるようになり
- ◯ ④光の反射が軽減され

解答・解説➡本冊 p.208 ～ 209

〈大問 5〉 第 45 問～第 50 問

第 45 問

介護保険制度に関する①～④の記述の中で、その内容が最も適切なものを 1 つ選びなさい。

○ ① 介護保険の財源は、公費（税金）と保険料で賄われており、その割合はそれぞれ 50％である。公費の内訳は、市町村 12.5％、都道府県 12.5％、国 25％であるが、都道府県指定の介護保険 3 施設および特定施設については、市町村 12.5％、都道府県 17.5％、国 20％とされている。

○ ② 介護保険の保険給付による介護サービスは、寝たきりや認知症等で常時介護を必要とする状態（要介護者）や、日常生活を営むのに支障があると見込まれる状態（要支援者）になった場合に受けることができる。ただし、要支援者は、加齢に起因する 16 種類の特定疾病が原因である場合に限りサービスを受けられる。

○ ③ 介護保険制度では、保険者である市町村が 5 年を 1 期とする介護保険事業計画を策定し、5 年ごとに見直しを行うことになっている。保険料は、介護保険事業計画に定めるサービス費用見込額等に基づき、5 年間を通じて財政の均衡を保つように設定される。

○ ④ 介護保険のサービスを利用するためには、要介護・要支援認定を受けることが必要である。認定結果に対して異議がある場合は、3 か月以内に市町村が設置する介護保険審査会に不服申し立てができる。

第 46 問

サービス付き高齢者向け住宅に関する (a) ～ (d) **の記述について、その内容が適切なものを○、不適切なものを×としたとき、正しい組み合わせを①～④の中から 1 つ選びなさい。**

(a)　2011（平成 23）年の高齢者住まい法の改正に伴い、同年 10 月からサービス付き高齢者向け住宅の登録制度が始まった。

(b)　サービス付き高齢者向け住宅の制度開始に伴い、従来の高齢者円滑入居賃貸住宅（高円賃）、高齢者専用賃貸住宅（高専賃）、高齢者向け優良賃貸住宅（高優賃）は廃止された。

(c)　サービス付き高齢者向け住宅は、高齢者世帯が安心して住まえる賃貸借方式や利用権方式の住宅で、厚生労働省・経済産業省の共管により創設された。

(d)　サービス付き高齢者向け住宅に入居できるのは、60 歳以上の高齢者または介護保険制度により要介護・要支援認定を受けている人で、単身または夫婦などの世帯である。

○ ①　(a)○　(b)○　(c)○　(d)○
○ ②　(a)○　(b)○　(c)×　(d)×
○ ③　(a)○　(b)○　(c)×　(d)○
○ ④　(a)×　(b)○　(c)×　(d)○

解答・解説➡本冊 p.209

第 47 問

障害者総合支援法に基づく居住支援系のサービスであるグループホーム（共同生活援助）に関する①～④の記述の中で、その内容が最も不適切なものを 1 つ選びなさい。

○ ①　グループホームは、障害者が地域住民との交流が確保される地域の中で、家庭的な雰囲気のもとで共同生活を営む居住の場である。1 共同生活住居当たりの定員は、新築の場合 2 ～ 10 人、既存の建物を活用する場合は 2 ～ 20 人（都道府県知事が認めた場合は 30 人以下）である。

○ ②　グループホームでは、障害者に対して、共同生活を営む住居において、主に夜間、相談、入浴・排泄または食事の介護、その他日常生活上の援助を行う。24 時間の支援体制を確保するものもある。

○ ③　グループホームの利用対象者は、身体障害者の場合、65 歳未満の者または 65 歳に達する日の前日までに障害福祉サービスもしくはこれに準ずるものを利用したことがある者に限られる。また、障害支援区分によっては利用できない場合もある。

○ ④　グループホームは、定員分の居室に加えて、日常生活を営むために必要な居間、食堂、トイレ、浴室、洗面設備、台所などの設備をユニットごとに備えなければならない。1 ユニットの定員は 2 ～ 10 人である。

第48問

高齢者の心身の特性に関する(a)～(d)**の記述の中で、その内容が適切なものの数を①～④の中から1つ選びなさい。**

(a) 老化現象には個人差がある。老化の進み方が遅く、高齢になっても心身を比較的若く保っていられる状態を通常老化（健常老化）という。一方、老化現象が急速に進行する状態を病的老化という。

(b) 高齢者に生じやすい褥瘡は、身体の骨ばった部分に持続して圧迫力が加わり、血流の循環障害を起こして皮膚が壊死することにより発症する。高齢者は皮膚が薄くなり、傷つきやすくなっていること、皮脂の分泌量が減少していることなど、さまざまな要因により褥瘡を生じやすい。

(c) 認知症の人は、口腔内の食べ物を喉に送り込もうとしないことがある。それに喉での飲み込みのエラーが加わると摂食・嚥下障害を起こし、さらに低栄養などによる免疫機能低下で増殖した口腔内の細菌が気管などに入って、慢性閉塞性肺疾患（COPD）が生じやすくなる。

(d) 東京都老人総合研究所（現・東京都健康長寿医療センター研究所）が中高年者を対象に行った調査によると、50～64歳の人は子どもとの別居を「よいライフイベント」としている一方、65～74歳の人は子どもとの同居を「よいライフイベント」として挙げている。

○ ① 1個
○ ② 2個
○ ③ 3個
○ ④ 4個

解答・解説➡本冊 p.210

第 49 問

認知症に関する（a）〜（d）**の記述について、その内容が最も適切なものを○、不適切なものを×としたとき、正しい組み合わせを①〜④の中から 1 つ選びなさい。**

（a） 認知症とは、いったん正常の水準まで達していた記憶・認識・判断・学習能力等の知的機能が、脳神経細胞の減少や機能低下などにより持続的に低下し、日常生活や社会生活に支障をきたすようになった状態をいう。記憶障害があっても社会生活に支障が生じていない状態を、軽度認知障害という。

（b） 認知症の原因疾患は 100 以上に及ぶ。なかでも最も多いのが、脳出血や脳梗塞などの脳血管疾患に伴って発症する脳血管性認知症で、認知症の約 2/3 を占めている。

（c） 認知症の症状のうち、さまざまな原因による認知症に共通して現れるものを中核症状という。中核症状には、妄想、幻覚、抑うつ、せん妄、徘徊、多動・興奮、暴言・暴力などがある。

（d） 認知症高齢者は、新しいことを覚えるのにはそれほど支障がないが、昔のできごとを思い出すのは苦手である。そのため、脳を活性化させるリハビリテーションとして、昔の思い出を振り返る回想法という手法がよく用いられる。

○ ①（a）○ （b）× （c）× （d）×
○ ②（a）○ （b）× （c）○ （d）×
○ ③（a）× （b）× （c）○ （d）○
○ ④（a）× （b）○ （c）× （d）○

第 50 問

関節リウマチに関する (a) ～ (d) **の記述について、その内容が適切なものを○、不適切なものを×としたとき、正しい組み合わせを①～④の中から1つ選びなさい。**

(a)　関節リウマチは、関節の骨と骨の間にあってクッションの役目をしている軟骨が免疫システムの異常により攻撃を受け、軟骨に炎症が生じ、関節に腫れや痛みなどの炎症を起こす病気である。病状が進むと、軟骨が炎症により肥大し、骨と骨とがしだいに離れていき、関節の変形を生じる。

(b)　現在、日本には関節リウマチの患者が 60 万～ 100 万人いると推定されている。関節リウマチはどの年代でも発症するが、最も多いのは 30 ～ 50 歳代で、男女比は 2.5 ～ 4 対 1 と男性に圧倒的に多い。

(c)　関節リウマチの代表的な症状は、関節の腫れや痛み、朝のこわばりである。症状は、最初に手足の指などの小さな関節に現れ、やがて肘や肩、膝、股関節などの大きな関節へと広がっていく。また、多くの症状が身体の左右いずれかの片側に現れるのも特徴である。

(d)　関節リウマチでは、こわばりかけている関節を動かすとさらに症状を悪化させてしまうので、すでに症状が現れている関節はなるべく動かさないようにして日常生活を営むことが重要である。

○ ①　(a) ○　(b) ○　(c) ×　(d) ×
○ ②　(a) ○　(b) ×　(c) ○　(d) ×
○ ③　(a) ×　(b) ×　(c) ○　(d) ○
○ ④　(a) ×　(b) ×　(c) ×　(d) ×

解答・解説➡本冊 p.210 ～ 211

〈大問 6〉　第 51 問～第 58 問

第 51 問

福祉住環境整備の進め方に関する①～④の記述の中で、その内容が最も不適切なものを 1 つ選びなさい。

○ ①　福祉住環境整備にかかわる相談では、高齢者や障害者本人の意見や要望を聞くことが重要なのはいうまでもないが、本人と生活を共にする家族の要望も把握することが重要である。

○ ②　高齢者は、個人差はあるものの、加齢に伴い身体機能が低下することは避けられないので、現在の状態だけでなく、本人の将来の身体機能の低下に備えた福祉住環境整備を検討する必要がある。

○ ③　福祉住環境整備にかかわる相談では、高齢者や障害者本人では速やかな対応がとれないことも多いので、本人の身体状況をよく把握している身近な家族などに相談者側のキーパーソンになってもらい、本人の要望等はその人から伝えてもらうようにすると、効率よく相談を進めることができる。

○ ④　福祉住環境整備にかかわる相談では、住宅改修等の大がかりな工事を伴う案だけでなく、家具の配置換えや既存品の代用、福祉用具の活用といった比較的費用のかからない案も含めて、いくつかの改善案を提示することが望ましい。

第 52 問

段差の解消に関する (a) **～** (d) **の記述の中で、その内容が適切なものの数を①～④の中から 1 つ選びなさい。**

(a)　一般に、住宅の和室の床面は、洋室の床面よりも 10 ～ 40mm 程度高くなっている。この段差を解消する最も簡便な方法はミニスロープを設置することである。ただし、ミニスロープの設置は、介護保険制度による住宅改修項目には含まれていない。

(b)　床面と敷居との段差はできる限りなくすことが望ましいが、実際の工事では段差を完全に解消することは困難なので、住宅品確法に基づく「日本住宅性能表示基準」の考え方では、10mm 以下の段差は許容している。

(c)　建具敷居と床仕上げの厚さの違いによる段差を解消するには、敷居を床面レベルまで埋め込むか、敷居を用いず、異なる床仕上げの境目をへの字プレートで押さえる方法がある。

(d)　引き戸の敷居周辺の段差を解消するには、フラットレールを床面に取り付ける方法と V 溝レールを床面に埋め込む方法がある。フラットレールの設置は、平坦な床面に板状のレールを固定するだけなので、工事が容易で誤差が生じにくい。

○　①　1 個
○　②　2 個
○　③　3 個
○　④　4 個

解答・解説➡本冊 p.211

第 53 問

福祉住環境整備の基本技術に関する①～④の記述の中で、その内容が最も適切なものを 1 つ選びなさい。

◯ **①** 部屋の一部分に明るい色彩を取り入れると全体の雰囲気が変わってくる。床の色は部屋の雰囲気に大きくかかわるので、同じ部屋の中でも床面の色彩や仕上げを部分的に変えると特に効果的である。

◯ **②** トイレや洗面・脱衣室に設置する暖房設備としては、輻射暖房を行うものでは床置き式や壁掛け式の小型のパネルヒーター、対流暖房を行うものでは小型の温風暖房機がある。感覚障害がある場合は、対流暖房を避け、輻射暖房を選択することが望ましい。

◯ **③** 防災設備の一つであるガス漏れ検知器は、使用するガスの種類によって設置場所が異なる。空気より軽い LP ガスのガス漏れ検知器はガス器具より上方に、空気より重い都市ガスのガス漏れ検知器はガス器具より下方に設置する。

◯ **④** 機器を設置した後に、月ごとに、もしくは年ごとに支払わなければならない保守点検のための費用や、月々の電気代などの経費を、イニシャルコストという。

第 54 問

排泄に関する (a) ～ (d) の記述について、その内容が適切なものを○、不適切なものを×としたとき、正しい組み合わせを①～④の中から 1 つ選びなさい。

(a)　一般に、高齢になるとトイレの使用頻度が高くなるので、排泄行為の自立を促すために寝室とトイレの距離をできるだけ短くし、移動を容易にすることが望ましい。

(b)　通常、トイレのスペースは内法寸法で間口 750mm ×奥行き 1,200mm 程度である。自立歩行ができ、排泄動作も自立している場合は、このスペースでも問題なく使用できる。

(c)　関節リウマチや骨折などにより股関節の関節可動域に制限がある場合や、膝関節・股関節等の下肢関節に痛みを伴う場合は、座位姿勢を安定させるために、便器の座面高さを低く設定するとよい。

(d)　自走用車椅子を使用して自立して便器にアプローチする場合、便器の側方または斜め前方から車椅子を便器に近づけることが多い。この場合、出入り口から車椅子を直進させていったときに便器と平行に近い配置になるように、あらかじめ出入り口の位置と便器の配置をきめるとよい。

○ ①　(a) ○　(b) ×　(c) ○　(d) ×
○ ②　(a) ×　(b) ×　(c) ○　(d) ○
○ ③　(a) ○　(b) ○　(c) ×　(d) ×
○ ④　(a) ○　(b) ○　(c) ×　(d) ○

解答・解説➡本冊 p.212

第 55 問

下図は、自走用（自操用）標準形車椅子の構造を表している。図の各部分に関する①～④の記述の中で、その内容が最も不適切なものを 1 つ選びなさい。

図

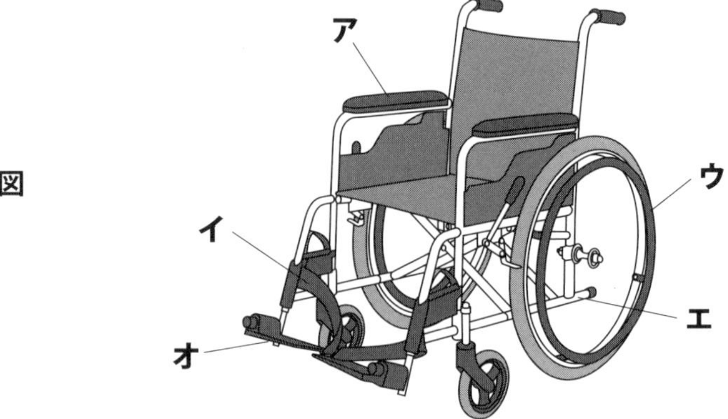

◯ ① 図中の**ア**は、アームサポート（肘当て）といい、車椅子使用時の座位姿勢を安定させるとともに、移乗や立ち上がりの際の支えにもなる。

◯ ② 図中の**イ**は、フットサポートといい、車椅子使用中に足が後方に落ちるのを防ぐ。

◯ ③ 図中の**ウ**は、ハンドリムといい、車椅子の使用者が手で握って駆動輪（後輪）を操作する部分である。

◯ ④ 図中の**エ**は、ティッピングレバーといい、段差などを乗り越えるときに、介助者が足で踏んでキャスタ（前輪）を持ち上げるために用いる。

第 56 問

義肢・装具に関する①～④の記述の中で、その内容が最も適切なものを 1 つ選びなさい。

◯ ① 能動義手とは、労働作業に向いた実用性を主目的とする義手で、主に農業、林業などに従事する人が特定の作業を行うために用いるものである。

◯ ② 義足は、下肢切断の場合に、歩行能力を獲得するために使用される。義足の種類は、下肢のどの部位で切断したかによって異なる。サイム義足は、下腿部での切断に適応される義足である。

◯ ③ 下肢装具は、股関節から足先にかけての部位に装着し、変形の予防や矯正、体重の支持、立位保持、歩行機能の改善等を目的として使用される。よく使用されるものに、プラスチック短下肢装具、金属支柱付き長下肢装具がある。

◯ ④ 装具には、使用目的による分類として、医学的治療の手段として使用される治療用装具と、障害等の症状固定後に日常生活動作等の向上に使用される更生用装具がある。病院で立位や歩行の訓練を行う際に必要な治療用装具は、理学療法士の指示に基づいて義肢装具士が製作する。

解答・解説➡本冊 p.213

第 57 問

M さんは脳梗塞のため右半身が麻痺している。入浴時は、バスボードを使用して、座位で浴槽縁をまたいで浴槽に出入りすることを検討している。次ページの図①〜④のうち、入浴用椅子とバスボードの配置として最も適切なものを 1 つ選びなさい。

■参考図（M さん宅の 1 階平面図）

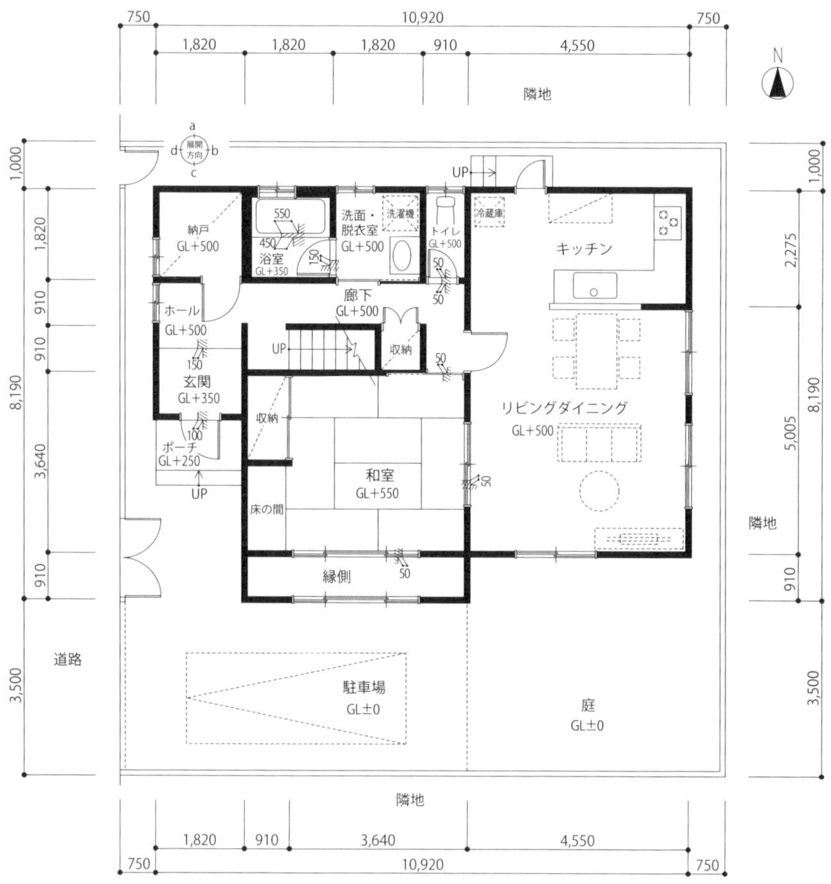

①

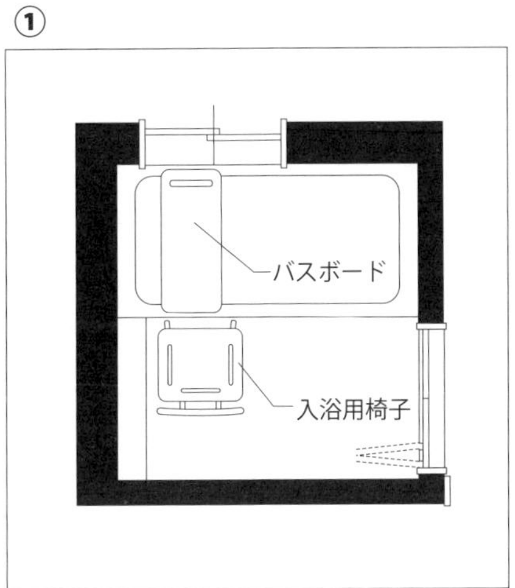

②

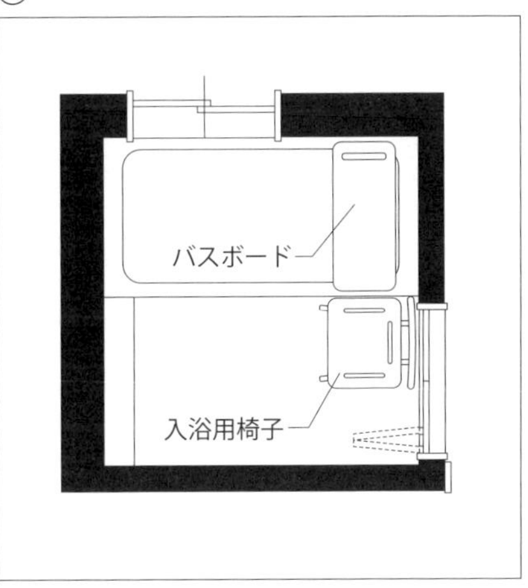

③

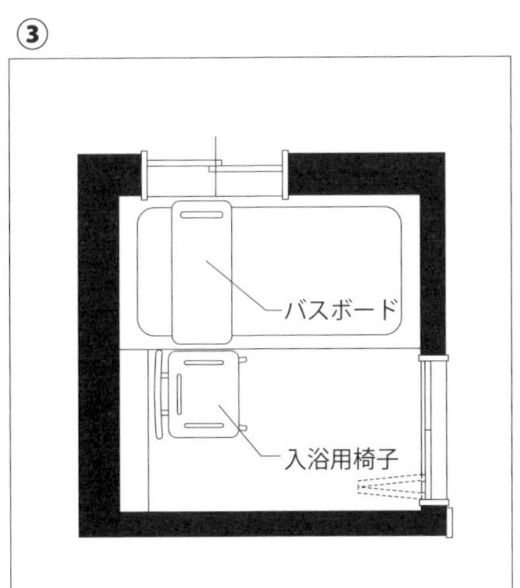

④

○ ①
○ ②
○ ③
○ ④

解答・解説➡本冊 p.213

第 58 問

D さんの自宅は共同住宅の 3 階で、D さんが区分所有している。D さんは、妻とともに北西側の洋室を使用していたが、パーキンソン病による歩行障害の症状が現れてきたため、家族の介助の負担を軽減し、できるかぎり自立した生活を送るために、南東側の和室を洋室に改修して D さんの寝室にすることにした。D さんの要望は、寝室からトイレまで、手すりを使用して自立して移動できることである。D さんの寝室の介護用ベッドと手すりの設置場所として、次ページの図①～④のうち最も適切なものを 1 つ選びなさい。

■参考図（改修前の平面図）

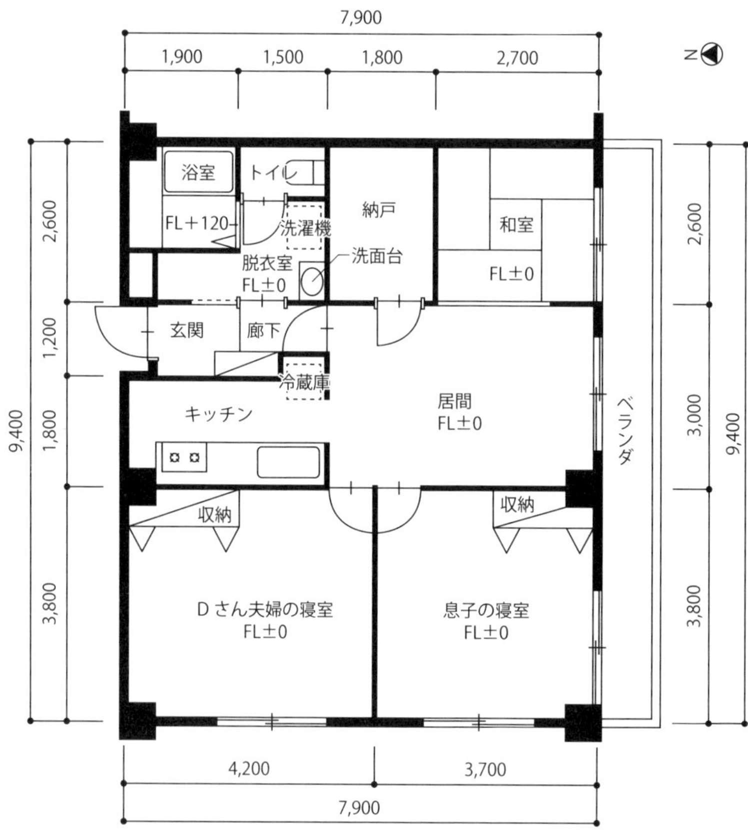

①

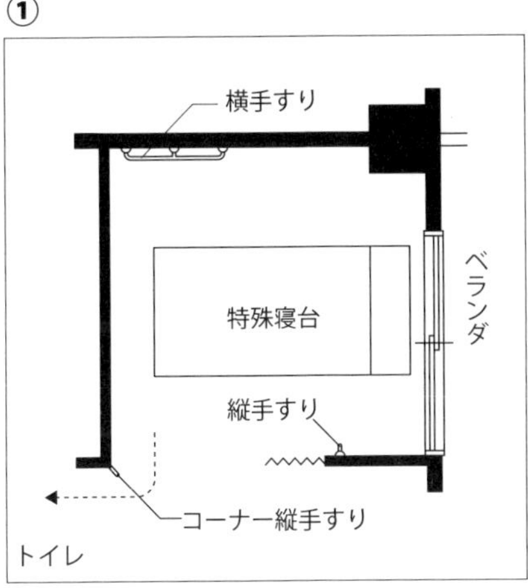

②

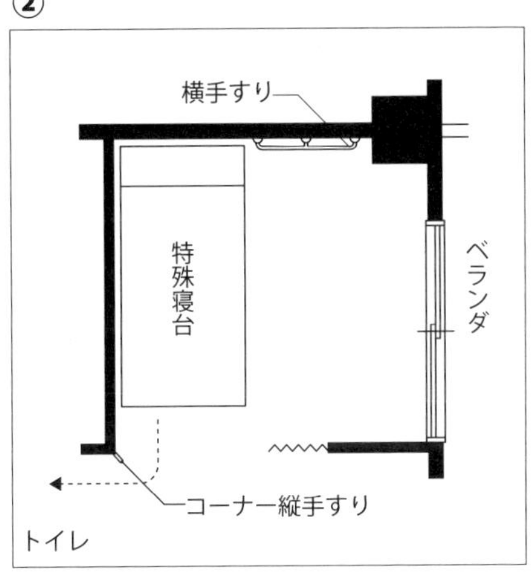

③

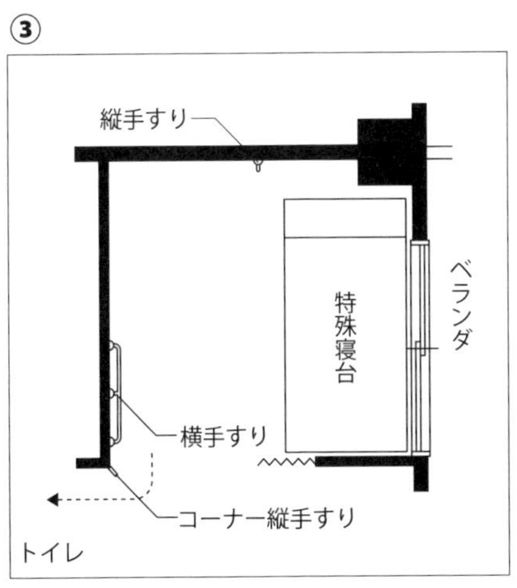

④

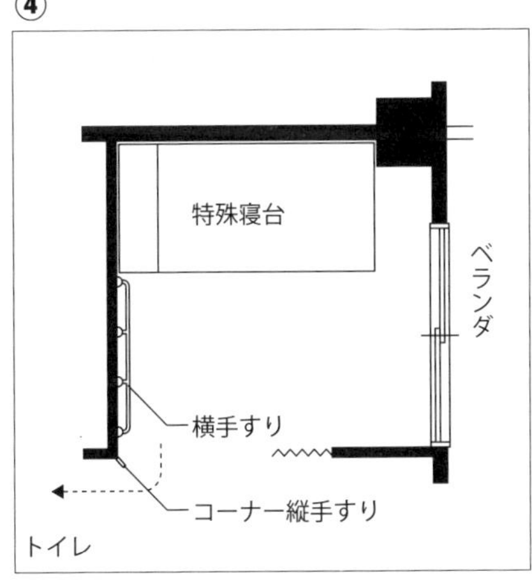

○ ①
○ ②
○ ③
○ ④

解答・解説➡本冊 p.213

予想模試　問題　第3回

試験時間：90分
解答一覧：本冊 p.192

〈大問1〉　第1問～第14問

第1問

次の文章の内容が適切であれば○を、不適切であれば×を選びなさい。

総務省が2018（平成25）年に行った調査によると、わが国の全世帯の持家率が6割強であるのに対し、高齢者がいる世帯の持家率はそれを下回っている。

- ①○
- ②×

第2問

次の文章の内容が適切であれば○を、不適切であれば×を選びなさい。

従来の日本の木造住宅の問題点の一つは、床面に段差が生じやすいことである。玄関の敷居、上がりがまち、廊下と和室、洋室と和室、洗面・脱衣室と浴室など、多くの場所に段差がみられ、高齢者や障害者がこれらの段差につまずいて転倒する事故が頻繁に発生している。

- ①○
- ②×

第 3 問

次の文章の内容が適切であれば○を、不適切であれば×を選びなさい。

1963（昭和 38）年に老人福祉法が制定され、新たな老人福祉施設として、養護老人ホーム、特別養護老人ホーム、軽費老人ホーム、老人福祉センター等が創設された。

- ① ○
- ② ×

第 4 問

次の文章の内容が適切であれば○を、不適切であれば×を選びなさい。

介護保険制度では、多様な民間事業者の参入が促進された。そのねらいは、全国どこでも共通の福祉サービスを受けられるようにし、公平性を保つことである。

- ① ○
- ② ×

第 5 問

次の文章の内容が適切であれば○を、不適切であれば×を選びなさい。

介護保険制度により利用したサービス費用の一部は、利用者の自己負担となる。自己負担の割合は、65 歳以上の一定所得者が 2 割、65 歳以上の現役並み所得者が 3 割、それ以外の被保険者については 1 割である。

- ① ○
- ② ×

解答・解説➡本冊 p.214

第 6 問

次の文章の内容が適切であれば○を、不適切であれば×を選びなさい。

2014（平成 26）年の介護保険制度改正では、従来の介護予防事業と一部の市町村で導入されていた総合事業が「新しい総合事業（介護予防・日常生活支援総合事業）」に再編され、従来の予防給付のうち、介護予防訪問介護と介護予防通所介護はこの事業に移行した。

◯ ①○

◯ ②×

第 7 問

次の文章の内容が適切であれば○を、不適切であれば×を選びなさい。

老化に伴い動脈はしなやかさを失って硬くなるので、大動脈内の血流の速さは、加齢とともに遅くなる。大動脈内を大量の血液が流れる際に、動脈が膨らみにくくなるためである。

◯ ①○

◯ ②×

第 8 問

次の文章の内容が適切であれば○を、不適切であれば×を選びなさい。

後天的障害とは、障害が生じる原因をもって生まれても、出生時には明らかな障害が認められず、その後の成長過程において障害が顕在化、重度化することをいう。

◯ ①○

◯ ②×

第 9 問

次の文章の内容が適切であれば○を、不適切であれば×を選びなさい。

「その人らしい暮らし」の実現に向けた第一歩は、その人らしい ADL の実現にある。そのためには、人の手を借りずに、本人が ADL の各動作を一人で行えることが絶対条件となる。

- ①○
- ②×

第 10 問

次の文章の内容が適切であれば○を、不適切であれば×を選びなさい。

認知症の原因疾患は 100 以上にも及ぶが、その多くには効果的な根治療法がない。したがって、認知症に対しては、残された身体的・精神的機能をできるだけ長く維持することが治療の目標となる。

- ①○
- ②×

第 11 問

次の文章の内容が適切であれば○を、不適切であれば×を選びなさい。

心筋梗塞の治療を行って退院した高齢者の大半は、住み慣れた自宅での生活に不便を感じることはない。ただし、福祉住環境整備の面では、階段の昇降などにより心臓に負担をかけないことと、温度変化に注意することが重要である。

- ①○
- ②×

解答・解説➡本冊 p.214 ～ 215

第 12 問

次の文章の内容が適切であれば〇を、不適切であれば×を選びなさい。

脊髄小脳変性症は、小脳から脊髄にかけての神経細胞が変性、萎縮し、四肢の動きがぎこちなくなるなどの運動失調を主な症状とする。症状は、両下肢・体幹の運動失調による歩行中のふらつきに始まり、経過とともに歩行がより不安定になり、一人での歩行は困難になる。

◯ ①○

◯ ②×

第 13 問

次の文章の内容が適切であれば〇を、不適切であれば×を選びなさい。

角膜から入った光は、カメラのレンズに当たる水晶体を通って網膜上に像を結ぶ。しかし、近視の場合は、網膜よりも奥で焦点が合ってしまうので、遠くの物が見えにくくなる。遠視では、逆に網膜の手前で焦点が合うので、物がぼけて見える。

◯ ①○

◯ ②×

第 14 問

次の文章の内容が適切であれば〇を、不適切であれば×を選びなさい。

失語症は言語障害の一種で、大脳の言語野に受けた障害により、言葉を組み立てたり理解したりすることが困難になることをいう。失語症では、言葉を話すことや、言葉を聞いて理解することに障害が生じるが、文字を書くことや読むことについて障害が生じることはない。

◯ ①○

◯ ②×

〈大問 2〉 第 15 問〜第 30 問

第 15 問

次の文章の内容が適切であれば○を、不適切であれば×を選びなさい。

援助者と被援助者との関係は、「援助する側」と「援助される側」という構図に置かれるが、その構図が援助の内容に影響を及ぼすことがある。援助者は専門的な知識や情報、技術をもっているので、非援助者は援助者を絶対的に信頼し、援助者に依存することができる。相談援助においては、「パターナリズム」と呼ばれるこのような関係をできる限り速やかに築き、揺るぎないものにすることが望ましい。

○ ①○

○ ②×

第 16 問

次の文章の内容が適切であれば○を、不適切であれば×を選びなさい。

相談面接においては、対象者の訴えに心を傾けて聞く「傾聴」の姿勢が求められる。傾聴とは、対象者の話を単に受け身の形で聞き入れることではなく、積極的に聞くことを意味する。援助者は、真摯な態度で話を聞き、重要な点を引き出しながら、対象者が自ら課題を整理し、解決方法を発見できるように、強制的でなく自然な形で導いていくことが必要である。

○ ①○

○ ②×

解答・解説➡本冊 p.215

第 17 問

次の文章の内容が適切であれば○を、不適切であれば×を選びなさい。

言語聴覚士は、音声機能、言語機能または聴覚に障害のある人に対して、言語訓練その他の訓練やそれに必要な検査、助言、指導その他の援助を行う専門職である。脳血管障害による失語症や老人性難聴などのコミュニケーション障害、摂食・嚥下障害の機能訓練なども行う。

- ①○
- ②×

第 18 問

次の文章の内容が適切であれば○を、不適切であれば×を選びなさい。

床面と敷居との段差はできるかぎり解消することが望ましいが、実際の工事では、段差を完全に解消することは困難である。住宅品確法に基づく「日本住宅性能表示基準」では、10mm 以下の段差は許容している。

- ①○
- ②×

第 19 問

次の文章の内容が適切であれば○を、不適切であれば×を選びなさい。

各室に冷暖房用エアコンや暖房用ファンヒーターを設置する個別式の冷暖房は、寒冷地ではランニングコストが大きくなりやすい。

- ①○
- ②×

第 20 問

次の文章の内容が適切であれば○を、不適切であれば×を選びなさい。

手すりをせっこうボードに取り付ける場合、せっこうボードの下地を合板で補強し、合板の部分でネジをしっかり受けられるようにする。その際に使用する木ネジは、下図**ア**のように、ネジ山が途中から始まっているタイプのものがよい。

図

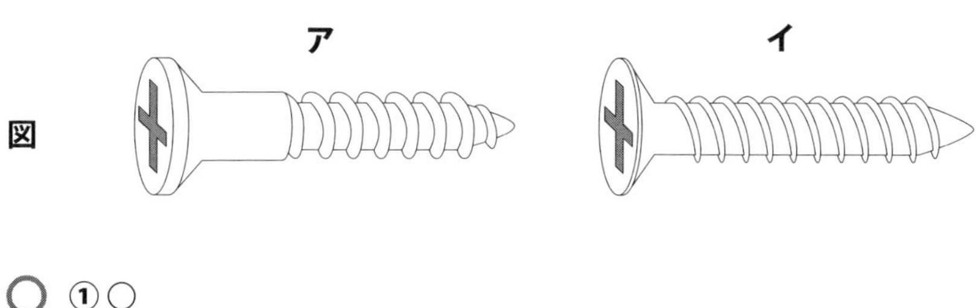

○ ①○

○ ②×

第 21 問

次の文章の内容が適切であれば○を、不適切であれば×を選びなさい。

玄関の土間部分は、通常、玄関ポーチより一段高くなっている。この段差はできるだけ解消することが望ましいが、玄関戸の下枠に最小限の段差が生じることはやむを得ない。

○ ①○

○ ②×

解答・解説➡本冊 p.215 ～ 216

第 22 問

次の文章の内容が適切であれば○を、不適切であれば×を選びなさい。

廊下や階段などで使用する手すりは、下図**ア**のように端部を壁側に曲げ込んで納めるようにする。これは、手すりの端部に手などをぶつけてけがをすることを防ぐためで、端部を壁側に曲げ込む代わりに、下図**イ**のようにエンドキャップを取り付けてもよい。

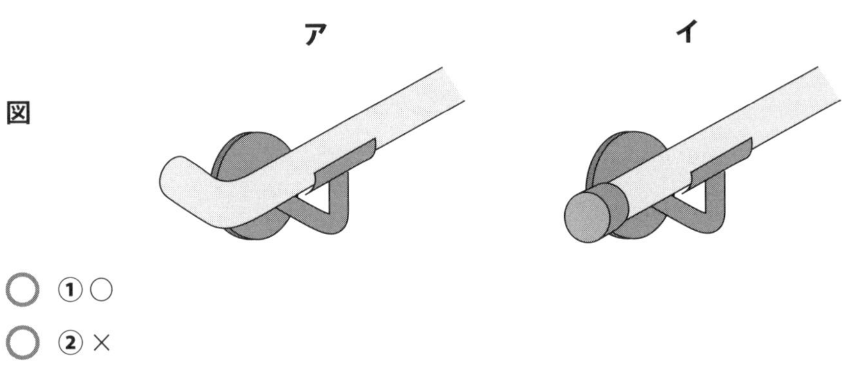

○ ①○

○ ②×

第 23 問

次の文章の内容が適切であれば○を、不適切であれば×を選びなさい。

食事や読書などの作業をする机を選ぶときは、椅子と合わせて検討する。椅子の肘かけが机に当たって近づけない、机の天板が厚く、車椅子のアームサポートなどが当たって近づけないなどの不具合が生じないようにするためである。

○ ①○

○ ②×

第 24 問

次の文章の内容が適切であれば〇を、不適切であれば×を選びなさい。

下図**ア**、**イ**は、いずれも引き戸に使用される把手で、**ア**は彫り込み型、**イ**は棒型である。指先に力が入らない人でも開閉しやすいのは、**イ**の棒型である。

図

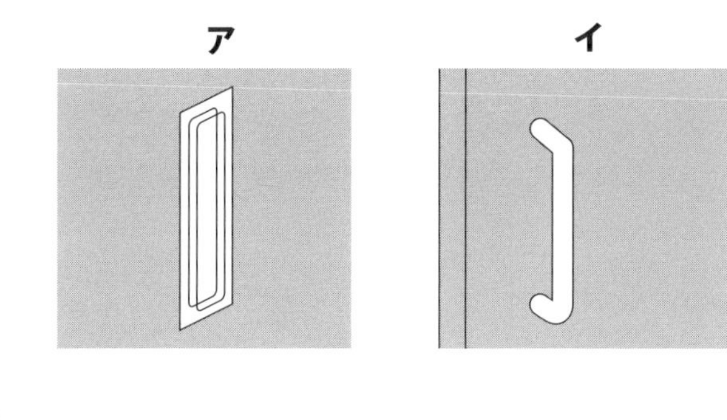

○ ①〇

○ ②×

第 25 問

次の文章の内容が適切であれば〇を、不適切であれば×を選びなさい。

介護保険制度における福祉用具の貸与・販売については、福祉用具の種目ごとの公定価格はなく、各事業者が価格を決定するしくみになっている。ただし、貸与については、適正価格での貸与を確保するため、国が全国平均貸与価格を公表し、貸与価格の上限設定を行っている。

○ ①〇

○ ②×

解答・解説➡本冊 p.216

第 26 問

次の文章の内容が適切であれば○を、不適切であれば×を選びなさい。

介助用ベルトは、椅子やベッドからの立ち上がりや、車椅子等への移乗動作の介助を容易にするための福祉用具である。介護保険制度では、入浴時の介助に用いる入浴用介助ベルトが貸与の対象になっており、その他の介助用ベルトは給付の対象になっていない。

① ○

② ×

第 27 問

次の文章の内容が適切であれば○を、不適切であれば×を選びなさい。

下図の起き上がり補助装置は、特殊寝台の上に置いて起き上がりを補助する機器で、スイッチを操作することにより電動で背部が昇降するものである。

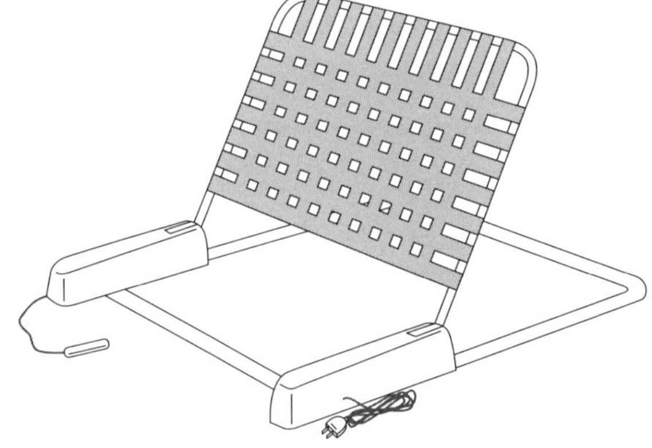

① ○

② ×

第 28 問

次の文章の内容が適切であれば○を、不適切であれば×を選びなさい。

電動車椅子は、手動車椅子を操作することができない人や、操作の耐久性がない人が、効率的かつ安全に移動するために利用する。標準形電動車椅子は、肘当ての前方に取り付けられたジョイスティックレバーで操作するもので、上肢機能に障害がある場合は使用できない。

○ ①○

○ ②×

第 29 問

次の文章の内容が適切であれば○を、不適切であれば×を選びなさい。

認知症老人徘徊感知機器は、認知症の高齢者が屋外に出ようとしたときや、ベッドや布団から離れようとしたとき、屋外のある地点を通過したときなどに、センサーによりその動きを感知し、家族や隣人等に通報する機器である。介護保険制度による福祉用具貸与の対象になっている。

○ ①○

○ ②×

解答・解説➡本冊 p.217

第 30 問

次の文章の内容が適切であれば○を、不適切であれば×を選びなさい。

居室の掃き出し窓から車椅子で直接庭に下りられるように、下図のように段差解消機を設置した。段差解消機には、据置式、移動式、設置式の 3 種類があるが、下図の段差解消機は設置式である。

図

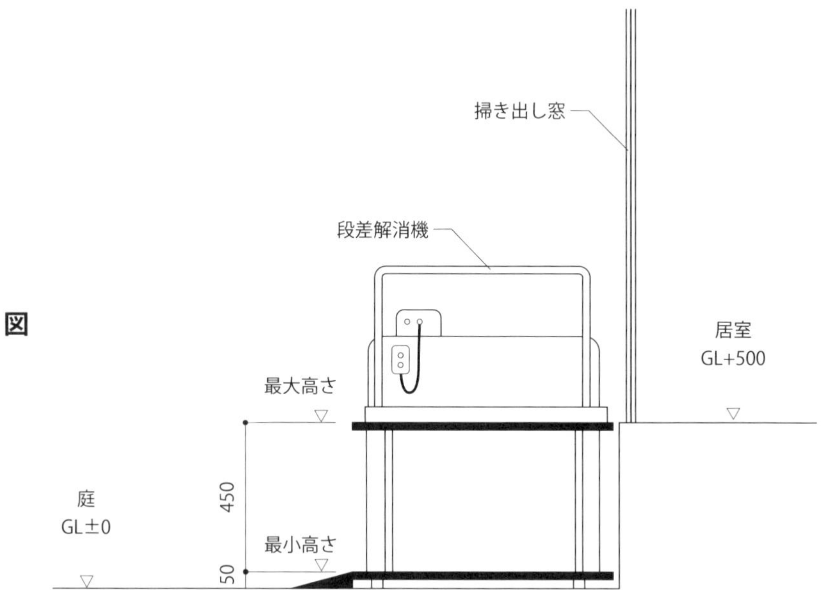

◯ ①○

◯ ②×

〈大問 3〉　第 31 問〜第 37 問

第 31 問

次の文章の【A】の部分にあてはまる最も適切な語句を、①〜④の中から 1 つ選びなさい。

介護保険制度では、保険者である市町村が 3 年を 1 期とする【A】を策定し、3 年ごとに見直しを行うことになっている。保険料についても、3 年ごとに【A】に定めるサービス費用見込額等に基づき、3 年間を通じて財政の均衡を保つよう設定される。

◯ ①高齢社会対策大綱
◯ ②ゴールドプラン
◯ ③介護保険事業計画
◯ ④新オレンジプラン

予想模試 第3回

第 32 問

次の文章の【A】および【B】の部分にあてはまる最も適切な語句を、①〜④の中から 1 つ選びなさい。

厚生労働省の定めた指針により、有料老人ホームは、「介護付（一般型特定施設入居者生活介護）」「介護付（外部サービス利用型特定施設入居者生活介護）」「【A】」「【B】」に分けられる。

◯ ①【A】住宅型　【B】生活支援型
◯ ②【A】住宅型　【B】健康型
◯ ③【A】サービス付　【B】健康型
◯ ④【A】家事援助付　【B】生活支援型

解答・解説➡本冊 p.217

第 33 問

次の文章の【A】および【B】の部分にあてはまる最も適切な語句を、①～④の中から 1 つ選びなさい。

障害者総合支援法では、2014（平成 26）年に、一人暮らしに近い形態の【A】を創設した。【A】は、共同生活を営む【B】の趣旨を踏まえつつ、地域のなかで障害者向けの多様な居住の場を増やしていくという観点から新設された住居形態で、【B】との密接な連携を条件としている。

- ◯ ①【A】ケアハウス　【B】福祉ホーム
- ◯ ②【A】サテライト型住居　【B】福祉ホーム
- ◯ ③【A】ケアハウス　【B】グループホーム
- ◯ ④【A】サテライト型住居　【B】グループホーム

第 34 問

次の文章の【A】の部分にあてはまる最も適切な語句を、①～④の中から 1 つ選びなさい。

高齢者に現れやすい褥瘡は、身体の骨ばった部分に持続して圧迫力が加わり、血流の循環障害を起こして【A】ことにより生じる。

- ◯ ①免疫力が低下する
- ◯ ②感染症にかかりやすくなる
- ◯ ③皮膚が壊死する
- ◯ ④血圧が上昇する

第 35 問

次の文章の【A】の部分にあてはまる最も適切な語句を、①～④の中から1 つ選びなさい。

いったん正常な水準に達していた知的機能が、脳神経細胞の減少や機能低下などにより持続的に低下し、日常生活や社会生活に支障をきたすようになった状態を認知症という。記憶障害が存在しても、社会生活には支障を生じず、認知症の定義に当てはまる段階ではない状態を【A】という。

◯ ①高次脳機能障害
◯ ②軽度認知障害
◯ ③学習障害
◯ ④実行機能障害

予想模試 第3回

第 36 問

次の文章の【A】の部分にあてはまる最も適切な語句を、①～④の中から1 つ選びなさい。

肢体不自由とは、上肢、下肢、体幹などに永続的な運動機能障害が生じ、日常生活に不自由をきたしている状態をいう。脳や脊髄などの【A】の障害により肢体不自由となる場合が多い。

◯ ①自律神経
◯ ②交感神経
◯ ③副交感神経
◯ ④中枢神経

解答・解説➡本冊 p.217 ～ 218

第 37 問

次の文章の【A】および【B】の部分にあてはまる最も適切な語句を、①～④の中から 1 つ選びなさい。

1985（昭和 60）年に【A】が医療保険適用となったことにより、多くの慢性呼吸不全の患者が在宅で生活することが可能になった。これにより、呼吸不全患者の生命予後の延長や、【B】の向上がもたらされた。

◯ ①【A】在宅酸素療法（HOT）　【B】QOL
◯ ②【A】在宅酸素療法（HOT）　【B】ADL
◯ ③【A】在宅人工呼吸療法（HMV）　【B】QOL
◯ ④【A】在宅人工呼吸療法（HMV）　【B】ADL

〈大問 4〉　第 38 問～第 44 問

第 38 問

次の文章の【A】の部分にあてはまる最も適切な語句を、①～④の中から 1 つ選びなさい。

【A】は、マンションの専有部分について、施主のニーズを的確に把握したうえで、法的な制約にも配慮しつつリフォーム内容の企画・提案等を行うとともに、工事実施に際しては、管理組合や近隣住戸、施工者、施主の間の連絡調整や、助言、指導などを行う専門職である。

◯ ①増改築相談員
◯ ②マンションリフォームマネジャー
◯ ③マンション管理士
◯ ④インテリアプランナー

第 39 問

次の文章の【A】の部分にあてはまる最も適切な語句を、①～④の中から1 つ選びなさい。

【A】とは、開き戸を支持し、自由に開閉できるようにするために取り付ける金具である。車椅子の使用などに必要な幅員を確保するために建具を取り外す場合は、**【A】**も同時に取り外すよう配慮する。

- ①ドアクローザー
- ②レバーハンドル
- ③戸当り
- ④丁番

第 40 問

次の文章の【A】の部分にあてはまる最も適切な語句を、①～④の中から1 つ選びなさい。

居室の暖房方法の一つである**【A】**は、適切な室温になるまで時間がかかるが、ほこりもたたず静かである。**【A】**を行う機器としては、床暖房やパネルヒーターが代表的である。

- ①対流暖房
- ②局所暖房
- ③輻射暖房
- ④中央式暖房

解答・解説➡本冊 p.218

第 41 問

次の文章の【A】の部分にあてはまる最も適切な語句を、①～④の中から1 つ選びなさい。

玄関の上がりがまちの段差を解消するために、玄関土間に【A】を設ける方法がある。【A】は、上がりがまちの段差を小さな段差に分割して昇降しやすくするもので、据え置きによる簡易な設置方法だけでなく、固定や造り付けにする場合もある。

- ◯ ①スロープ
- ◯ ②踏台
- ◯ ③立ち上がり
- ◯ ④段差昇降機

第 42 問

次の文章の【A】の部分にあてはまる最も適切な語句を、①～④の中から1 つ選びなさい。

自走用車椅子を用いて自立して便器にアプローチする場合に最も多いのは、【A】方法である。この場合、トイレのスペースは間口 1,650mm × 奥行き 1,650mm とするのが標準的である。

- ◯ ①便器の正面からアプローチする
- ◯ ②便器と平行に車椅子を近づけて移乗する
- ◯ ③便器の側方または斜め前方から車椅子を近づける
- ◯ ④便器に向かって後ずさりするように車椅子を近づける

第 43 問

次の文章の【A】の部分にあてはまる最も適切な語句を、①〜④の中から1 つ選びなさい。

自動排泄処理装置は、センサーで尿や便を感知し、真空方式で自動的に尿や便を吸引する装置である。介護保険制度では、専用パッド、洗浄液等の消耗品は **【A】**。

◯ ①本体の付属品として福祉用具貸与の対象になっている
◯ ②特定福祉用具として販売の対象になっている
◯ ③数量を限定して販売の対象になっている
◯ ④保険給付の対象外である

第 44 問

次の文章の【A】の部分にあてはまる最も適切な語句を、①〜④の中から1 つ選びなさい。

装具には、医学的治療の手段として使用される治療用装具と、障害等の症状固定後に日常生活動作等の向上のために使用される更生用装具がある。治療を目的としてよく使用される装具として、**【A】** ために用いる軟性体幹装具（ダーメンコルセット）がある。

◯ ①頸椎を固定する
◯ ②背骨の彎曲を矯正する
◯ ③股関節の動きを制限する
◯ ④腰痛を軽減する

解答・解説➡本冊 p.218 〜 219

〈大問 5〉 第 45 問〜第 50 問

第 45 問

下のグラフは、高齢者の家庭内事故死の原因の割合を表している。グラフ内のア、イ、ウにあてはまる語句の組合せとして最も適切なものを、下表の①〜④から 1 つ選びなさい。

■高齢者（65 歳以上）の家庭内事故死の原因

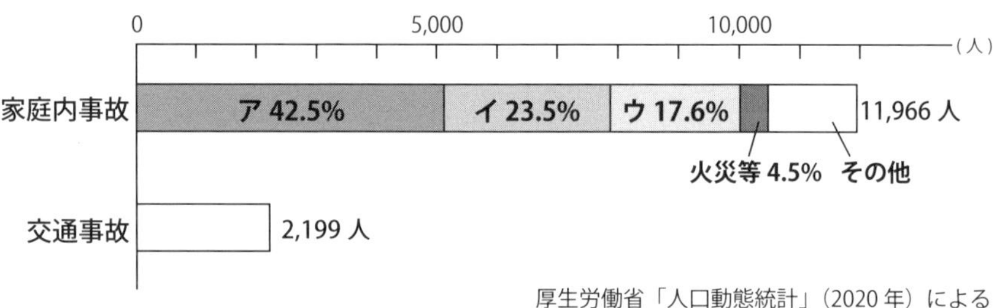

厚生労働省「人口動態統計」（2020 年）による

	ア	イ	ウ
○①	転倒・転落	溺死・溺水	その他の不慮の窒息
○②	溺死・溺水	転倒・転落	その他の不慮の窒息
○③	転倒・転落	その他の不慮の窒息	溺死・溺水
○④	溺死・溺水	その他の不慮の窒息	転倒・転落

第 46 問

介護保険制度に関する①～④の記述の中で、その内容が最も不適切なものを 1 つ選びなさい。

○ ① 介護保険の在宅（居宅）サービスの利用にあたっては、要介護のレベルごとに設定されている利用限度額の範囲内でケアプランを作成することが必要である。ケアプランの作成は、介護支援専門員に依頼することもできるが、利用者が自らケアプランを作成することもできる。

○ ② 介護サービスには、要介護者を対象とする介護給付と要支援者を対象とする予防給付がある。これらはそれぞれ、都道府県・政令指定都市・中核市が指定・監督を行う居宅・施設サービスと市町村が指定・監督を行う地域支援事業に分かれている。

○ ③ 介護保険の財源の 50% を占める保険料の内訳は、第 1 号被保険者と第 2 号被保険者の人口比に基づいて設定されている。介護保険事業計画の第 8 期に当たる 2021（令和 3）～ 2023（令和 5）年度は、第 1 号被保険者分相当が 23%、第 2 号被保険者分相当が 27% となっている。

○ ④ 介護保険の第 1 号被保険者の保険料は、所得状況に応じて市町村ごとにきめ細かく設定されている。低所得者等に配慮し、負担能力に応じた負担を求める観点から、保険料基準額の 0.3 倍から 1.7 倍の範囲で、課税状況に応じて 9 段階で設定することが標準とされている。

解答・解説➡本冊 p.219

第 47 問

障害者向けの住宅施策に関する (a) ～ (d) の記述について、その内容が適切なものを○、不適切なものを×としたとき、正しい組み合わせを①～④の中から 1 つ選びなさい。

(a)　公営住宅の入居者の募集・選考においては、障害者世帯は特に住宅困窮度が高いものとして、地方公共団体の裁量により入居者の収入基準を緩和するとともに、当選倍率の優遇や別枠選考などの措置がとられている。

(b)　UR 賃貸住宅では、現在居住している人が、高齢、障害、疾病、要介護等の理由で階段の昇降に支障をきたすようになり、階下の住宅への住み替えを希望する場合に、同一団地内の 1 階またはエレベーター停止階の住宅をあっせんしている。

(c)　日常生活用具給付等事業は、障害者総合支援法に基づいて市町村が行う地域生活支援事業の任意事業に位置づけられている。日常生活用具給付等事業の居宅生活動作補助用具として、障害者を対象にした住宅改修費の支給が行われている。

(d)　グループホーム（共同生活援助）は、障害者総合支援法に基づく障害福祉サービス（訓練等給付）の一つで、障害をもつ人が必要な援助を受けながら共同生活をおくることができる。1 住居あたりの定員は、新築の場合 2 ～ 10 人である。

◯ ① (a) ○ (b) ○ (c) ○ (d) ×
◯ ② (a) ○ (b) × (c) ○ (d) ○
◯ ③ (a) ○ (b) ○ (c) × (d) ○
◯ ④ (a) × (b) ○ (c) × (d) ×

第 48 問

福祉住環境整備において重要な移動能力の把握に関する(a)〜(d)**の記述について、その内容が適切なものの数を①〜④の中から１つ選びなさい。**

(a)　移動能力は、同一人物であってもさまざまな要因で変化しやすい。季節や一日の時間帯などによって自立度が変化する場合もあるので、福祉住環境整備を行う場合、できるだけ体調のよいときを基本に検討することが望ましい。

(b)　片麻痺や関節障害などの機能障害があり、屋内の良好な条件でないと歩行ができない人の場合、トイレはなるべく寝室に隣接させることが望ましい。便器での立ち座りをしやすくするため、便座の高さはやや低めにし、姿勢保持のための手すりを設置する。

(c)　移動に車椅子を使用する人の場合、段差の解消、通路幅員の確保、車椅子の転回スペースの確保が特に重要である。通路が狭く、車椅子の方向転換が難しい場合は、車椅子の座面の幅を狭くしたり、よりコンパクトな車椅子に換えたりすることを検討する。

(d)　車椅子使用者に対応した福祉住環境整備では、トイレや浴室、寝室などの基本的な生活空間は、玄関と同一階に配置することが基本である。上階への移動が必要な場合は、ホームエレベーターの設置なども検討する。

○ ①　１個
○ ②　２個
○ ③　３個
○ ④　４個

解答・解説➡本冊 p.219 〜 220

第 49 問

脳血管障害に関する①～④の記述の中で、その内容が最も適切なものを 1 つ選びなさい。

○ ① 脳血管障害は、1950（昭和 25）年から約 30 年間、わが国の死因別死亡率の第 1 位を占めていたが、救命処置と治療薬の進歩により死亡率は低下し、現在は、悪性新生物、心疾患（高血圧性を除く）、老衰に次いで第 4 位となっている。脳血管障害による要介護者の数も著しく減少し、要介護の原因としては、認知症、高齢による衰弱、骨折・転倒に続いて第 4 位である。

○ ② 脳血管障害は、脳の血管が破れる「クモ膜下出血」と「脳出血」、脳の血管が詰まる「脳梗塞」の 3 種類に大きく分けられる。そのうち、発症者数が最も多いのは脳出血である。

○ ③ 脳血管障害の急性期には、絶対安静を保って病状を改善させる治療法が優先される。リハビリテーション医療はこの時期には行われず、病状が安定した回復期から開始される。

○ ④ 脳血管障害に伴う生活上の不便・不自由さは、脳の障害部位や合併症の有無、発症時の年齢などにより大きく異なる。障害があっても、つえや下肢装具などの使用の有無にかかわらず、一人で屋外歩行が可能な場合は、一般的には洋式の生活様式のほうが生活しやすいことが多いが、下肢の麻痺レベルによっては畳での生活も可能である。

第 50 問

シックハウス症候群に関する (a) ～ (d) の記述について、その内容が適切なものを○、不適切なものを×としたとき、正しい組み合わせを①～④の中から 1 つ選びなさい。

(a)　シックハウス症候群とは、建材等から発生する空気汚染化学物質による健康障害である。近年、住宅が高気密化していることから、さまざまな空気汚染化学物質が室内に充満しやすく、シックハウス症候群が大きな問題として浮上してきた。

(b)　シックハウス症候群とは、室内の空気汚染化学物質に起因する健康障害の総称で、その中には、中毒、アレルギー、化学物質過敏症が含まれる。これらは、いずれも原因となる物質が発生している場所を離れることにより早期に改善する。

(c)　厚生労働省は、シックハウス症候群の原因となる 13 の化学物質について室内濃度指針値を設定している。また、建築基準法でも、それらすべての物質の使用について規制を設けている。

(d)　室内の空気汚染化学物質の濃度が、厚生労働省が定める指針値以下であっても、シックハウス症候群の症状が現れることがある。居住しながら改築・改装を行う際は十分に換気を行い、鼻、気道および目の粘膜の刺激症状が現れたら、早期に現場から避難すべきである。

○ ①　(a) ○　(b) ○　(c) ○　(d) ○
○ ②　(a) ○　(b) ×　(c) ○　(d) ○
○ ③　(a) ○　(b) ×　(c) ×　(d) ○
○ ④　(a) ×　(b) ○　(c) ×　(d) ×

解答・解説➡本冊 p.220

〈大問 6〉　第 51 問～第 58 問

第 51 問

福祉住環境整備とケアマネジメントに関する①～④の記述の中で、その内容が最も適切なものを 1 つ選びなさい。

○ ①　ケアマネジメントとは、ケアを必要とする人に対して、適切な諸サービスを受けられるように支援する活動をいう。介護保険制度では、保険者である市町村の職員が、要介護者・要支援者や家族の相談に応じ、ケアプランの作成やサービス提供機関との連絡調整を行うなど、ケアマネジメントにおける中心的な役割を担う。

○ ②　ケアマネジメントの援助過程におけるアセスメントとは、サービスの提供状況を定期的・継続的にチェックすることであり、住宅改修のプロセスに当てはめると、改修後の利用者の生活状況を確認し、問題点があれば対応することに相当する。

○ ③　ケアプランの作成にあたって、介護支援専門員はサービス提供者とともにサービス担当者会議を開催し、最も効果的なプランを立案する。福祉住環境コーディネーターはサービス提供者ではないためこの会議には参加できないが、会議終了後に介護支援専門員と連絡をとって情報収集に努めるべきである。

○ ④　2006（平成 18）年 4 月の介護保険制度の一部改正では、要介護状態になることをできる限り防ぎ、要介護状態であっても状態がそれ以上に悪化しないようにする「介護予防」の考え方が重視されることになった。特に、転倒による骨折や心身機能の低下を予防する対策が重要視されている。

第 52 問

建具に関する (a) **～** (d) **の記述について、その内容が適切なものを○、不適切なものを×としたとき、正しい組み合わせを①～④の中から 1 つ選びなさい。**

(a) 開き戸は、開閉時に身体を前後に大きく動かさなければならないので、高齢者や障害者には引き戸のほうが開閉しやすい。ただし、引き戸は、気密性においては開き戸に劣る。

(b) 開き戸は、開閉時に身体を前後に動かす必要がある。しかし、建具の把手側に 300mm 以上の袖壁を設けることで、開閉する際にからだをよけるスペースができ、開閉動作がしやすくなる。

(c) 最近では、浴室の出入り口に、開口有効寸法が大きい引き分け戸がよく使用され、入浴時に介護が必要な人や、福祉用具を使用する高齢者や障害者に利用されている。

(d) 介護保険制度による住宅改修項目には、開き戸の引き戸への変更などのほか、把手の変更、開閉方向の変更、戸の撤去などが含まれるが、引き戸等の新設は含まれない。

◯ ① (a) × (b) ○ (c) ○ (d) ×
◯ ② (a) ○ (b) ○ (c) × (d) ×
◯ ③ (a) ○ (b) × (c) ○ (d) ○
◯ ④ (a) × (b) ○ (c) × (d) ×

解答・解説➡本冊 p.221

第 53 問

外出に関する (a) ～ (d) の記述について、その内容が適切なものの数を①～④の中から 1 つ選びなさい。

(a)　道路面から玄関までのアプローチは、雨にぬれると路面が滑りやすく、歩行が不安定になりやすいので、2 ～ 3 段の階段であっても手すりの取り付けを検討する。手すりは通常、下りのときの利き手側に取り付けるが、可能であれば両側に取り付けることが望ましい。

(b)　玄関土間から屋外用として車椅子を使用する場合、玄関土間に車椅子への移乗や介助者のためのスペースが必要になる。この場合、玄関土間のスペースは、奥行き、間口ともに有効寸法で 1,200mm 以上確保することが望ましい。

(c)　玄関の上がりがまちを安全に昇降するために手すりを設置する場合、基本的には、階段の手すりと同様に、勾配に合わせて傾斜した横手すりを取り付ける。握力が弱く、手すりがしっかりと握れない場合には、上がりがまちぎわの壁面の鉛直線上に縦手すりを取り付ける。

(d)　玄関の上がりがまちの昇降や靴の脱ぎ履きを行う際に、玄関ホールにベンチを置いて腰かける方法もある。その場合、ベンチからの立ち上がり動作の安定を図るために、ベンチ座面端部から 250 ～ 300mm 程度離れた位置に縦手すりを設置するとよい。

- ○ ①　1 個
- ○ ②　2 個
- ○ ③　3 個
- ○ ④　4 個

第 54 問

建築図面に関する (a) **〜** (d) **の記述について、その内容が適切なものを○、不適切なものを×としたとき、正しい組み合わせを①〜④の中から 1 つ選びなさい。**

(a) 建築図面に用いられる線は、線種が 3 種類、線の太さが 2 種類または 3 種類ある。見えるものの外形線には、実線の中間の線を用いる。

(b) 設計者が建築主の要望を具体化するために、計画方針や改修方針に基づく建築的な内容を取りまとめて図面化したものを、実施設計図という。

(c) 建物を垂直に切った切り口を横から見た姿を示し、建物全体の高さ、屋根の形状、天井や窓の高さなどを表す図面を、立面図という。

(d) 建物を窓の高さで水平に切り、壁等の切り口と床面を上から見た姿で示す図面を、展開図という。

○ ① (a)○ (b)× (c)○ (d)×
○ ② (a)○ (b)× (c)× (d)×
○ ③ (a)× (b)○ (c)× (d)○
○ ④ (a)× (b)× (c)× (d)×

解答・解説➡本冊 p.221 〜 222

第 55 問

福祉用具の活用に関する①～④の記述の中で、その内容が最も不適切なものを 1 つ選びなさい。

○ ①　T 字型つえは、荷重をかけやすく、つえを振り出しやすいように握り部が床面にほぼ平行に支柱に取り付けられ、外観が T 字の形をしている。脳血管障害による片麻痺者、膝関節症により下肢機能が低下した高齢者などに広く用いられているが、介護保険制度による給付対象にはなっていない。

○ ②　エルボークラッチ（ロフストランド・クラッチ）は、肘から手首までの前腕部分で荷重をかけられるように、前腕受けが付いたつえである。関節リウマチで手指や手関節の変形や痛みなどがある場合に使用される。

○ ③　歩行器・歩行車は、つえに比べて歩行時に安定性や支持性を必要とする人に使用される。段差や路面の傾きがあると操作が困難になることや、方向転換にある程度のスペースを要することなどから、使用環境をよく確認してから導入する。

○ ④　シルバーカーは、自立歩行ができる高齢者がより安定して歩行できるように補助的に使用するもので、歩行器・歩行車のように身体を十分に支えることはできない。したがって、手すりなどにつかまらなければ歩行できない人や、歩行に介助を必要とする人には適さない。

第 56 問

福祉用具の活用に関する(a)～(d)**の記述について、その内容が適切なものを○、不適切なものを×としたとき、正しい組み合わせを①～④の中から 1 つ選びなさい。**

(a) 福祉用具の入浴用椅子は、一般的に使用されている入浴用の椅子よりも座面が高く、立ち座りや座位姿勢の保持がしやすくなっている。下肢の筋力低下や麻痺、膝、股関節の痛みなどにより立ち座りが困難になっている人などに用いられる。

(b) 福祉用具の浴槽用手すりは、浴槽縁をはさんで固定する手すりで、立位保持が難しい人が浴槽を立ってまたぐときに、体重をかけて身体をしっかり支えるために用いる。

(c) 浴槽内椅子は、浴槽の中に置く台で、浴槽内で姿勢を保持する椅子として使用するほか、浴槽の出入りの際に踏台として使用することもできる。椅子として使用する場合は、座面の高さだけ浴槽が浅くなることに注意する。

(d) 入浴台は、浴槽に座位で出入りすることを可能にする福祉用具で、両側を浴槽縁に掛けて使用するバスボードと、片側を浴槽縁に掛け、もう一方の縁を脚で支える移乗台（ベンチ型シャワー椅子）がある。

○ ① (a)○ (b)○ (c)○ (d)○
○ ② (a)○ (b)× (c)○ (d)○
○ ③ (a)× (b)× (c)○ (d)×
○ ④ (a)○ (b)× (c)× (d)○

解答・解説➡本冊 p.222 ～ 223

第 57 問

H さんは下肢機能が低下しているが、T 字型つえを使用して自立歩行ができる。階段の昇降も可能であるが、安全に昇降するために、階段 1 段分の高さ（蹴上げ寸法）や、玄関の上がりがまちの段差は 120mm 以下にしたい。次ページの図①〜④のうち、H さんの自宅玄関周辺の住環境整備の例として最も適切なものを 1 つ選びなさい。

■参考図（改修前の 1 階平面図）

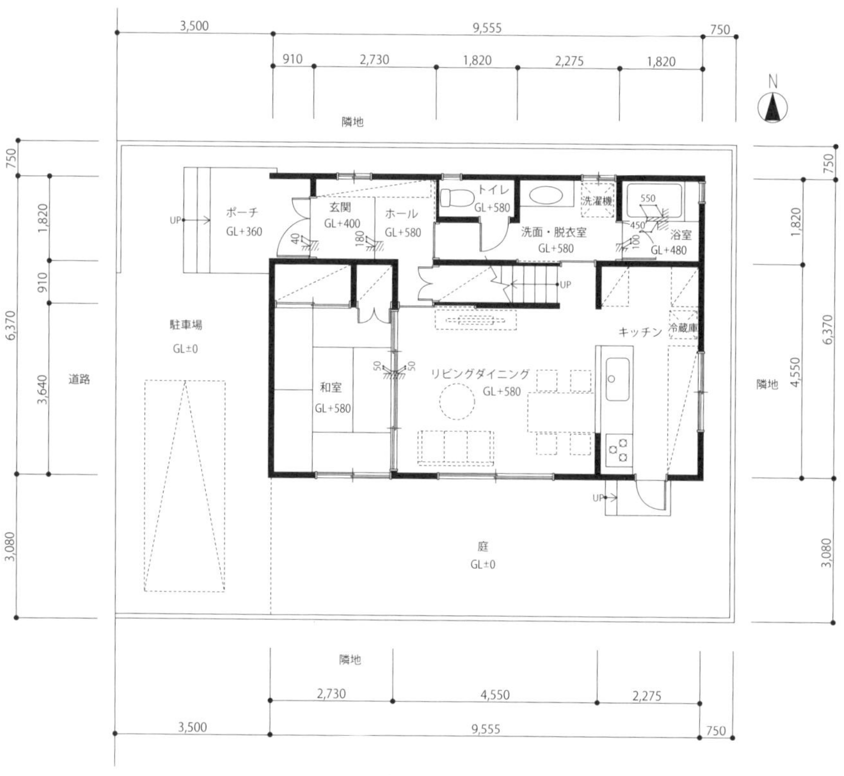

①

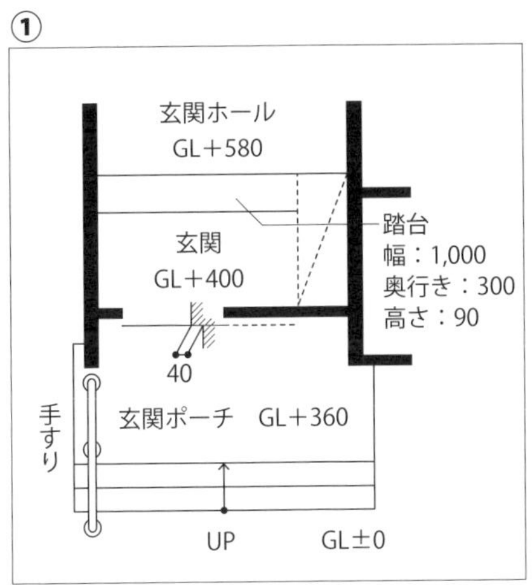

②

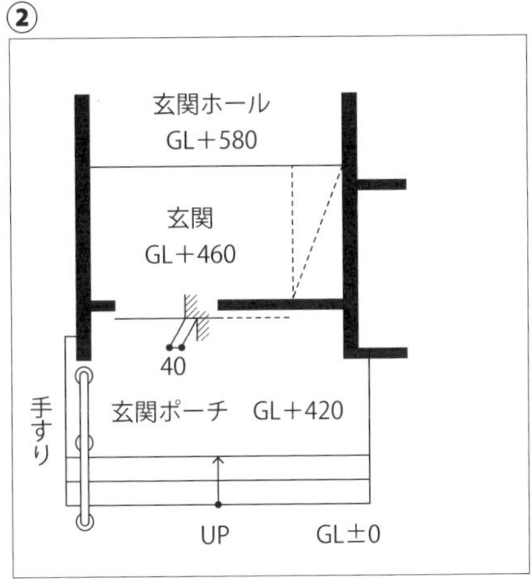

③

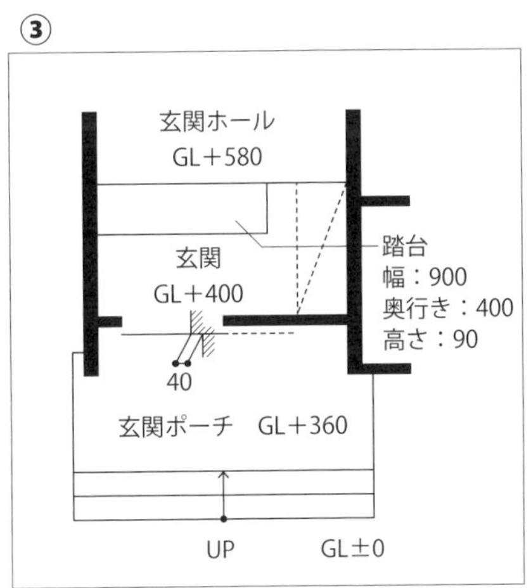

④

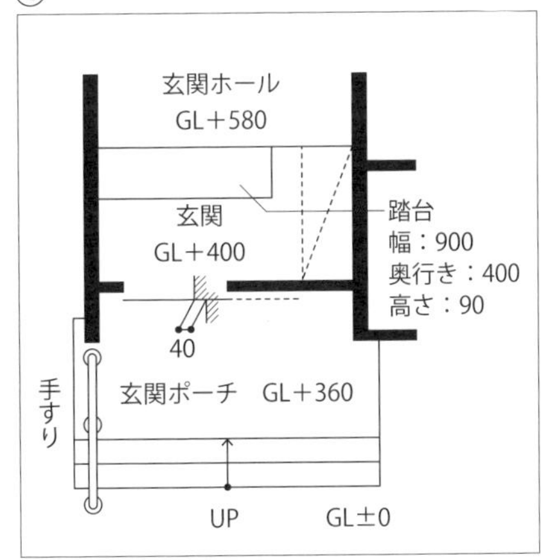

○ ①

○ ②

○ ③

○ ④

解答・解説➡本冊 p.223

第 58 問

N さんは脳性麻痺のために下肢機能が低下しており、歩行時にバランスをくずしやすくなってきたので、鉄筋コンクリート造のマンションの 5 階にある自宅（自己所有）の改修を検討している。浴室の改修については下記のような要望がある。次ページの図①～④のうち、N さん宅の浴室の改修後の A － A' 断面図として最も適切なものを 1 つ選びなさい。

＜浴室の改修についての N さんの要望＞

・洗面・脱衣室と浴室との段差は 20mm 以下にする。

・浴槽縁がまたぎ越しがしやすい高さになるように、浴槽を埋め込む。

・洗い場移動用の横手すり、浴槽出入り用の縦手すりを設置する。

■参考図（N さん宅の改修プラン）

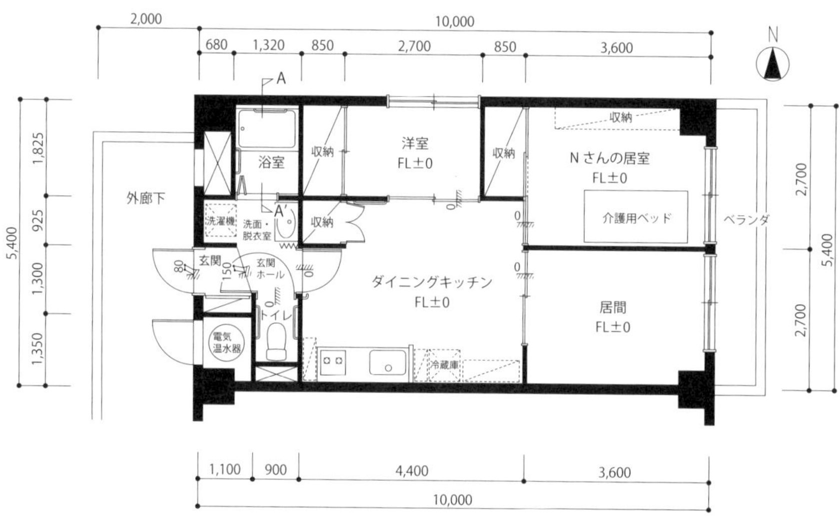

①

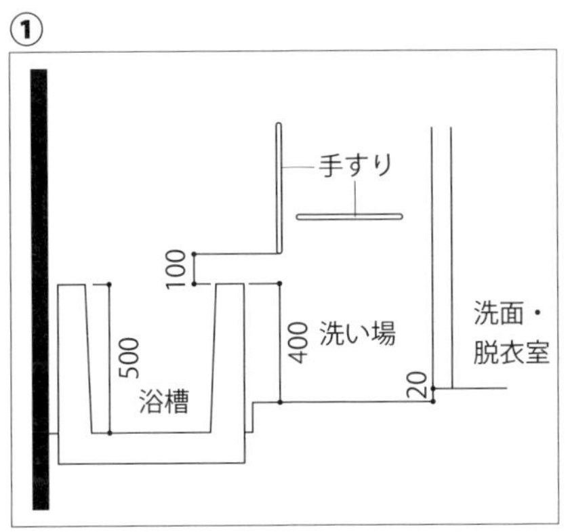

②

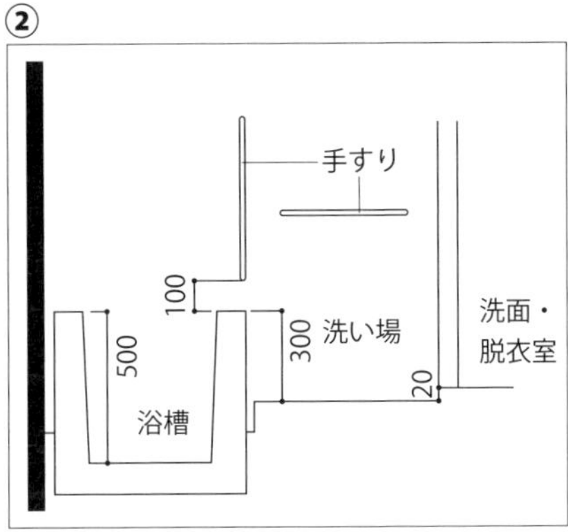

③

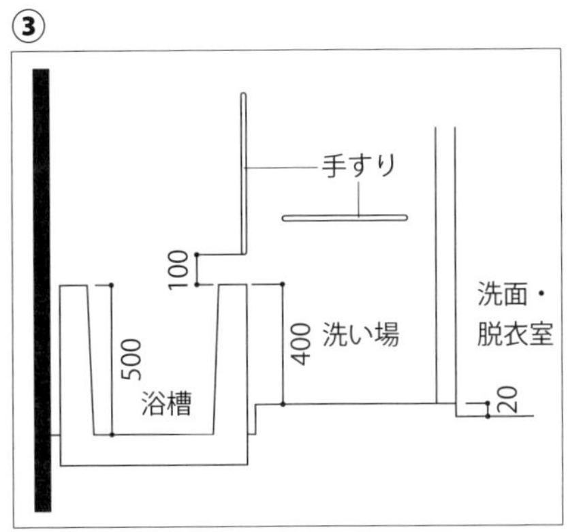

④

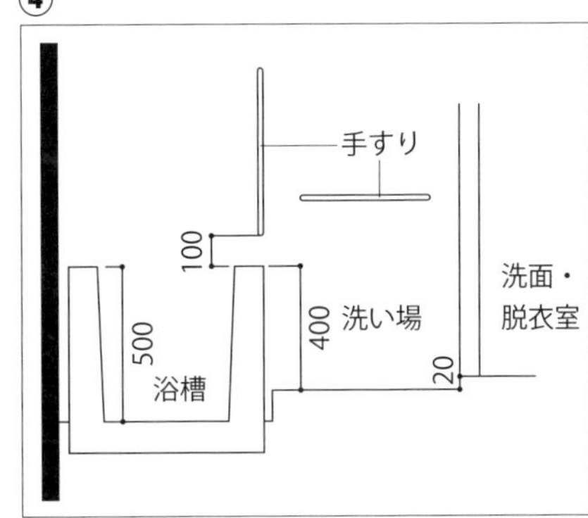

○ ①

○ ②

○ ③

○ ④

解答・解説➡本冊 p.223

MEMO

MEMO

MEMO

※矢印の方向に引くと問題編が取り外せます。